JAHRBUCH
DER
ALBERTUS-UNIVERSITÄT
ZU KÖNIGSBERG/PR.

1974 BD. XXIV

Herausgeber:
DER GÖTTINGER ARBEITSKREIS

JAHRBUCH

DER

ALBERTUS-UNIVERSITÄT

ZU KÖNIGSBERG/PR.

BEGRÜNDET
VON FRIEDRICH HOFFMANN
UND
GÖTZ VON SELLE

BAND XXIV

1974

DUNCKER & HUMBLOT · BERLIN

Umschlag: Willi Greiner, Würzburg

Alle Rechte vorbehalten

© 1975 Duncker & Humblot, Berlin 41
Druck: H. Heenemann KG, Berlin 42

Der Göttinger Arbeitskreis: Veröffentlichung Nr. 418

ISBN 3 428 03405 8

Hans Werner Bracht

DAS RECHT ALS EIN WEG ZUM FRIEDEN ZWISCHEN DEN VÖLKERN IM WANDEL DER ZEIT

Die Bedeutung der „normativen Kraft des Faktischen" im internationalen Rechtsverkehr zwischen den Staaten

Seit Menschen in Formen organisierten Gemeinschaftslebens sich zusammengefunden haben, ist oberstes Ziel unter ihnen die hohe Idee eines ewigen, sie alle umfassenden Friedens. Dieses letzte Streben war immer allgegenwärtig, es beherrscht im Grunde unverändert auch die politische Gegenwart, so uneinheitlich und in sich zerfallen sie im einzelnen auch erscheinen mag.

Dieser weltumfassenden Bedeutung der Idee vom ewigen Frieden hat es auch keinen wesensmäßigen Abbruch getan, wenn bisweilen recht erhebliche Zweifel geltend gemacht worden sind, ob ein solches Ziel eigentlich überhaupt so erstrebenswert sei, wie es gemeinhin gilt. So sprach etwa Voltaire vom ewigen Frieden als von einem Traum, der ebensowenig zwischen Herrschern wie zwischen Elefanten und Rhinozeros, zwischen Wolf und Hund bestehen könne. Auch Moltke hielt die Wunschidee des ewigen Friedens für einen solchen Traum und, wie er meinte, nicht einmal für einen schönen. Noch deutlicher und mit seherischem Bezug auf die politische Gegenwart gab Oswald Spengler seiner tiefen Skepsis gegenüber allem Streben nach einem dauerhaften Weltfrieden Ausdruck, in dem er nur den privaten Verzicht der ungeheuren Mehrzahl der Menschen auf den Krieg sehen wollte. Ein Verzicht, der so zugleich die uneingeschränkte Bereitschaft enthalte, die Beute derer zu werden, die einen solchen Verzicht niemals aussprechen oder auch nur erwägen würden: „Es beginnt mit dem staatenzerstörenden Wunsch einer allgemeinen Versöhnung und endet damit, daß niemand die Hand rührt, sobald das Unglück nur den Nachbarn trifft."

Sicherlich ist gerade im atomaren Zeitalter weltweiter, bis aufs Sorgfältigste verfeinerter technischer Massenvernichtungsmöglichkeiten mit allen ihren apokalyptisch anmutenden Zukunftsdrohungen und Schrecken die Wirklichkeit eines solchen Idealbildes des ewigen Friedens entfernter gerückt denn je. Auf der gleichen Grundlage aber stellt sich zugleich um so realer und dringlicher die Aufgabe, nach gangbaren Wegen zu suchen, die dieses höchste Wunschziel menschlichen Gemeinschaftsstrebens der politischen Gegenwart zumindest näherzubringen geeignet wären[1]).

Solcher Suche wird gerade das Recht als wesentlichste Ordnungsgrundlage dieses Strebens unverzichtbarer Weggenosse sein müssen, wenn die Aufgabe, diese in politische, wirtschaftliche, soziale, religiöse und nicht zuletzt weltanschauliche Gegensätze anscheinend unheilbar zerrissene Welt der Gegenwart einer einigermaßen objektiv zu bewertenden gemeinsamen Existenz- und Wirkungsebene zuzuführen, überhaupt mit Aussicht auf Erfolg gekrönt sein soll. Eine solche Grundlage wäre gewiß noch nicht etwa identisch mit dem Idealbild des ewigen Friedens. Sie wäre aber sicherlich eine der bedeutendsten Entwicklungsstufen, über die ein Weg zu diesem Idealbild führen müßte.

Älteste Form einer Erforschung der Bedingungen und Möglichkeiten von Frieden ist dabei in gewissem Sinne das Völkerrecht, das damit für die friedliche Gestaltung auch der weltpolitischen Gegenwart eminente Bedeutung gewinnt[2]). Es kommt daher nicht von ungefähr, wenn aus dieser Erkenntnis schon die Einsicht abgeleitet wurde, daß der Frieden ohne die Konstitution eines Rechtszustandes im Verhältnis der Völker zueinander schlechthin undenkbar ist: „Frieden ist das Bestehen eines Rechtszustandes"[3]). Das kann und soll aber nicht bedeuten, daß damit etwa der Status quo absolut gesetzt würde[4]). Und gleichermaßen kann diese Erkenntnis wieder auch nichts über die Realisierung und Realisierbarkeit des Friedens selbst aussagen. Unter den Bedingungen und mit den Mitteln der wissenschaftlich-technischen Zivilisation wird diese Realisierung jedenfalls immer nur ein Postulat der reinen praktischen Vernunft sein können. Dagegen wird die Realisierbarkeit des Friedens ewig zweifelhaft sein, „weil es mit Kant

---

[1]) Diese Gesamtproblematik ist Forschungsgegenstand der im Rahmen der allgemeinen Politikwissenschaft selbständigen Wissenschaftsdisziplin der Internationalen Beziehungen. Deren Lehren sind etwas anderes als das Völkerrecht, sie stellen dessen sozialen Bezug dar. Einen guten Zugang hierzu vermittelt das von Ernst-Otto Czempiel herausgegebene Sammelwerk „Die Lehre von den Internationalen Beziehungen". Darmstadt 1969, 356 S.
[2]) Darauf weist besonders hin Ekkehart Krippendorff, Friedensforschung, Einleitung zu dem von ihm herausgegebenen gleichnamigem Sammelwerk, Köln-Berlin 1968, S. 21.
[3]) Günter Freudenberg, Kants Lehre vom ewigen Frieden und ihre Bedeutung für die Friedensforschung, Studien zur Friedensforschung, herausgegeben von Georg Picht und Heinz Eduard Tödt, Band 1, Stuttgart, 1969, S. 190.
[4]) Freudenberg, a. a. O., S. 198.

apriori zweifelhaft bleiben muß, ob die Geschichte jemals den ‚sicheren Gang einer Wissenschaft annehmen' könne"[5]).

Eine Feststellung, die formell zwar erschöpfend ist, sachlich aber immer unbefriedigend bleiben wird, und die daher schon Kants Schüler Gentz resignierend auf die politische Wirklichkeit zurückzuführen versuchte: „Es gibt schlechterdings keinen Plan zum ewigen Frieden, der auch nur in der Idee und ohne noch an die Schwierigkeiten der Ausführung zu denken, Stich hielte. Ein ewiger Frieden ist so gut eine Chimäre, wie eine absolut vollkommene rechtliche Verfassung unter Menschen eine Chimäre ist. Als Menschen, die wir sind, werden wir uns in Theorie und Praxis nicht den ewigen, sondern einen möglichst dauerhaften Frieden zum Ziel setzen müssen"[6]).

Auf dem Weg zu einem so verstandenen Frieden kommt dem Recht allgemein und dem Völkerrecht besonders ein bedeutender Eigenwert zu, der einer eigenen Gesetzlichkeit folgt. Ihr kann nicht verwehrt sein, auf dem Postulat des ewigen Friedens aufzubauen, wenn dieses Ziel auch nicht erreicht werden kann. Denn die Welt wird als Ganzes immer mehr von der gewaltlosen, aber machtvollen Autorität der internationalen Ethik getragen, die sich neben das positive Recht der geltenden zwischenstaatlichen Verträge zu schieben begonnen hat[7]). Diese Einsicht gewinnt besondere Bedeutung gerade für die Kernfrage nach dem Geltungsgrund des Völkerrechts.

2. Das Recht als Weggefährte zum ewigen Frieden.

a) Der Universalitätsanspruch des Rechts.

Als Faktor der Ordnung, einer der wesentlichsten zumal, ist auch das Recht in seinem Wesen immer universal, muß es sein. Es füllt alle Bereiche in den Beziehungen menschlicher Ordnungsvorstellungen aus. Ein „rechtsleerer Raum" ist begrifflich daher nicht denkbar: Die dort nach außen als solche erscheinende Anarchie der „Rechtlosigkeit" ist nur eine scheinbare. In Wirklichkeit ist sie anarchische Regelung, von der Rechtsordnung selbst getroffen, die für dieses Gebiet eben nichts, also nicht etwa nicht wollen, gewollt hat. Ein solches Gebiet ist dann von der Rechtsordnung dem freien Spiel der in ihm wirkenden Kräfte ausgeliefert worden. So sieht sich der Geltungsanspruch jeder Rechtsordnung an sich immer aus der Machtvollkommenheit

---

[5]) Hermann Timm, Wer garantiert den Frieden? Über Kants Schrift „Zum ewigen Frieden", Studien zur Friedensforschung, Band 1, S. 233.
[6]) Fr. Gentz, Über den ewigen Frieden, (1800), zitiert bei Timm, a. a. O., S. 235.
[7]) Kurt Rabl, Die Völkerrechtsgrundlagen der modernen Friedensordnung, Hannover, 1967, S. 29.

der eigenen Ordnung allein begründet. Er müßte daher letztlich eigentlich wesensmäßig den ganzen Erdball umfassen.

Die Bestätigung eines derartigen, allumfassenden Geltungsanspruchs könnte dabei schon rein äußerlich etwa gerade darin gesehen werden, daß jede nationale Rechtsordnung eigensouverän mit ihren Regelungen und Bestimmungen in einem zu ihrem ureigensten Bestandteil gehörenden, dennoch so genannten „Internationalen Privat- und Strafrecht" in die Geltungssphäre anderer nationaler Rechtskreise einzugreifen sich für berechtigt hält und dies mit Verbindlichkeit tun zu dürfen fordert[8]).

Indessen ist aber auch diese Rechtstatsache nur ein scheinbarer Beweis dafür, daß jede nationale Rechtsordnung von sich aus ihren Universalitätsanspruch real erhebt. In Wirklichkeit beschränkt sich jede nationale Rechtsordnung in ihrem Geltungsbereich und Anspruch immer nur auf ein bestimmtes Gebiet der Erdoberfläche, was in der Sache selbst freilich eine contradictio in adjecto ist. Doch beruht diese Beschränkung wiederum als weise Selbsteinschätzung der eigenen Bedeutung und Macht in eben jener souveränen Selbstvollkommenheit der eigenen Existenz, die sich als „Souveränität" in sich, als Nichtabgeleitetsein von irgendeiner anderen Quelle von Ordnung oder Macht darstellt.

Letzterer machtpolitischer Grund für diese Selbstbeschränkung der Souveränität ist die Erkenntnis, daß diesem in sich daraus wesensmäßig gerechtfertigten Einzelsouveränitätsanspruch eines Staates vollumfassende Geltung zuzuerkennen die Souveränität als oberstes Rechtsprinzip vernichten müßte und würde[9]): „Die souveränen Herrschaftsverbände dürfen — anderenfalls wird die zwischen ihnen bestehende Ordnung nicht nur verletzt, sondern aufgehoben, weil im Wesen zerstört — ihre Herrschaftsmacht nicht so anwenden, daß sie die von ihnen beherrschten zu Handlungen kommandieren oder auch nur zu Handlungen zu kommandieren androhen, die geeignet sein könnten, einem anderen souveränen Herrschaftsverband fremden Willen aufzuerlegen"[10]).

Damit ist diese Zwischen-Souveränitäten-Ordnung aus ihrem Wesen heraus Friedensordnung[11]).

---
[8]) Nach Gustav Radbruch, Rechtsphilosophie, herausgegeben von Erik Wolf. 5. Aufl., Stuttgart, 1956, S. 298.
[9]) Nach Radbruch, a. a. O., S. 302.
[10]) Hermann Jahrreiss, Macht, Macht-Denken und Völkerrecht, im Sammelwerk „Von der Macht", Hannover, 1962, S. 94.
[11]) Jahrreiss, a. a. O., S. 95.

b) Die Kompromißproblematik des allgemeinen Völkerrechts.

Bei dieser Wertung und Bedeutung der Souveränität wäre aber die jeweilige nationale Grenzziehung zufällig und rein willkürlich und kann daher von der Souveränität allein her nicht begründet werden. Die Souveränität kann als solche noch nicht die Existenz eines Völkerrechts erklären, sie müßte jeden Vertrag etwa als eine Vergünstigung verstehen, die souveräne Mächte einander freiwillig zugestehen. „Das Bild, das das Souveränitätsdogma von dem Nebeneinander der Staaten bietet, ist also nicht das einer Rechtsgemeinschaft einander zu gegenseitiger Anerkennung verpflichteter Rechtssubjekte, sondern einer Arena voller Raubtiere, von denen jedes beansprucht, den Platz allein zu behaupten und die, unfähig, einander zu vernichten oder zu vertreiben, einstweilen in widerwilliger Duldung fauchend und knurrend umeinander herumstreichen"[12]).

Von einer solchen Basis her kann der Staat, wenn er überhaupt eine metaphysische Rechtfertigungsgrundlage haben und nicht einfach als bloße Verkörperung absoluter Gewalt und Macht erscheinen soll, allenfalls verstanden werden als „die Wirklichkeit der sittlichen Idee, der sittliche Geist, als der offenbare, sich selbst deutliche Wille, der sich denkt und weiß, und der das, was er weiß und insofern er es weiß, vollführt"[13]).

Wie kann, so lautet die sich aus dieser Erkenntnis ergebende Grundproblematik des allgemeinen Völkerrechts, in dieser Dimension überhaupt Recht entstehen, bestehen und wirken?

Wenn nun anerkannt werden muß, daß alles Recht, um verbindlich zu sein, einen höher gestellten Willen voraussetzt, von dem es ausgeht, wird diese Feststellung auch für das Völkerrecht gelten müssen, wenn es verbindliches Recht sein soll. Dieser Grundsatz leitet sich für das Leben der Menschen untereinander von der Erkenntnis ab: „Die Ordnung des Zusammenlebens kann den Rechtsanschauungen der zusammenlebenden Einzelnen nicht überlassen bleiben, da diese verschiedenen Menschen möglicherweise entgegengesetzte Weisungen erteilen, muß vielmehr durch eine überindividuelle Stelle eindeutig geregelt werden"[14]). Ähnlich gilt dann auch im Völkerrecht als Grundkriterium: „Wenn keine höhere Norm meinen Willen von heute an meinen gestrigen Willen bindet, so ist nicht verständlich zu machen, warum er an ihn gebunden bleiben soll"[15]).

---
[12]) Radbruch, a. a. O., S. 302 f.
[13]) Hegel, Grundlinien der Philosophie des Rechts, Berlin, 1840, S. 305.
[14]) Radbruch, a. a. O., S. 179.
[15]) Radbruch, a. a. O., S. 301.

Sollte die souverän-originäre Machtselbstvollkommenheit des Staates wirklich schon in sich selbst ein solcher oberster Wille sein, würde das Verhältnis der Staaten unter sich niemals mehr als nur ein Sollen sein und bleiben können. Die unausbleibliche Folge wäre dann: „Das Verhältnis von Staaten ist das von Selbständigkeiten, die zwischen sich stipulieren, aber zugleich über diesen Stipulationen stehen"[16]. Ein solcher anarchischer Zustand aber könnte nicht Recht genannt werden, denn „anarchisches Recht" ist ein Widerspruch in sich[17]).

Ergibt sich somit aus dem tatsächlichen Nebeneinanderbestehen verschiedenster staatlicher souverän-originärer Machtselbstvollkommenheiten unter Berücksichtigung des für den internationalen Verkehr unverzichtbaren Erfordernisses der Rechtssicherheit das Dasein eines Völkerrechts über ihnen als Postulat[18]), so ist damit der eigentliche Geltungsgrund der Verbindlichkeit eines solchen Weltrechtes doch noch nicht auch schon in seiner Begründung im einzelnen offenbart.

3. Der Geltungsgrund des allgemeinen Völkerrechts.

a) Völkerrecht als internationale Erscheinungsform des kategorischen Imperativs.

Das allgemeine gegenwärtige positive Völkerrecht wurde schon in seiner ersten Entwicklung in seiner Rechtsverbindlichkeit auf der Existenz eines Weltgewissens begründet, das als Übertragung einer Grundanlage des Menschen in den Bereich des zwischenstaatlichen Verkehrs verstanden wurde. Hierbei erscheint ein Versuch, das Wesen eines so gesehenen Weltgewissens gerade aus dem Kriegsvölkerrecht heraus aufzeichnen zu wollen, besonders bemerkenswert, und das nicht etwa nur, weil dieser Versuch gerade am Vorabend der Französischen Revolution unternommen wurde.

„Bei der Bösartigkeit der menschlichen Natur, die sich im freien Verhältnis der Völker unverhohlen blicken läßt (indessen daß sie im bürgerlich-gesetzlichen Zustande durch den Zwang der Regierung sich sehr verschleiert), ist es doch sehr zu verwundern, daß das Wort ‚Recht' aus der Kriegspolitik noch nicht als pedantisch ganz hat verwiesen werden können, und sich noch kein Staat erkühnt hat, sich für die letztere Meinung öffentlich zu erklären; denn noch werden Hugo Grotius, Puffendorf, Vattel u. a. m. (lauter leidige

---
[16]) Hegel, a. a. O., S. 417.
[17]) Nach Georg Jellinek, Allgemeine Staatslehre, II. Buch, 3. Aufl., 1921, S. 379, zitiert bei Radbruch, a. a. O., S. 301.
[18]) Nach Radbruch, a. a. O., S. 299.

Tröster), obgleich ihr Kodex, philosophisch oder diplomatisch abgefaßt, nicht die mindeste gesetzliche Kraft hat, oder auch nur haben kann (weil Staaten als solche nicht unter einem gemeinschaftlichen äußeren Zwange stehen), immer treuherzig zur Rechtfertigung eines Kriegsangriffs angeführt, ohne daß es ein Beispiel gibt, daß jemals ein Staat durch mit Zeugnissen so wichtiger Männer bewaffnete Argumente wäre bewogen worden, von seinem Vorhaben abzustehen. — Diese Huldigung, die jeder Staat dem Rechtsbegriffe (wenigstens den Worten nach) leistet, beweist doch, daß eine noch größere, obzwar zur Zeit schlummernde, moralische Anlage im Menschen anzutreffen sei, über das böse Prinzip in ihm (was er nicht ableugnen kann) doch einmal Meister zu werden, und dies auch von anderen zu hoffen; denn sonst würde das Wort ‚Recht' den Staaten, die sich einander befehden wollen, nie in den Mund kommen, es sei denn, bloß um seinen Spott damit zu treiben, wie jener gallische Fürst es erklärte: ‚Es ist der Vorzug, den die Natur dem Stärkeren über den Schwächeren gegeben hat, daß dieser ihm gehorchen soll.'"[19])

Diesen Grundgedanken der Allgemeinverbindlichkeit eines Weltrechts über den Staaten hat Kant auf den kategorischen Imperativ „Handle so, daß du wollen kannst, deine Maxime solle ein allgemeines Gesetz werden (der Zweck mag sein, welcher er wolle)"[20]) zurückgeführt, den er auch für das Leben der Völker untereinander gelten lassen wollte als „a priori gegebener allgemeiner Wille (in einem Volk oder im Verhältnis verschiedener Völker untereinander), der allein, was unter Menschen Rechtens ist, bestimmt"[21]).

b) Das Weltgewissen als Grundlage der Allgemeinverbindlichkeit des modernen Völkerrechts.

Es mag nicht von ungefähr sein, daß jene Grundüberzeugung vom Wesen der Allgemeinverbindlichkeit des Völkerrechts gerade am Kriegsvölkerrecht vom Vorabend der Französischen Revolution dargestellt, auch wieder im positiven Kriegsvölkerrecht der weltpolitischen Gegenwart Niederschlag gefunden hat, und das wiederum am Vorabend vor einer geschichtlichen Wende in dieser Zeit. Es ist einer der großen und von der Weltöffentlichkeit viel zu wenig gewürdigten Verdienste des „Abkommens betreffend die Gesetze und Gebräuche des Landkriegs" vom 18. Oktober 1907[22]), das als Haager Landkriegsordnung weithin bekanntgeworden ist und noch immer

---
[19]) Immanuel Kant, Zum ewigen Frieden, ein philosophischer Entwurf, (1794), herausgegeben von Theodor Valentiner, Stuttgart, 1969, S. 31 f.
[20]) Kant, a. a. O., S. 62.
[21]) Kant, a. a. O., S. 64.
[22]) RGBl. 1910, S. 107 ff.

zu den Grundgesetzen des gegenwärtigen geltenden allgemeinen Kriegsvölkerrechts zählt, dem Weltgewissen wieder zum obersten Rang aller völkerrechtlichen Verbindlichkeiten Anerkennung verschafft zu haben.

Absatz IX der Einleitung dieses Gesetzeswerks nennt das Weltgewissen als Schöpfer von Forderungen, die neben den unter gesitteten Völkern feststehenden Gebräuchen und Gesetzen der Menschlichkeit als Quellen der Prinzipien des Völkerrechts anzusehen sind: „En attendant qu'un Code plus complet des lois de la guerre puisse être édicté, les Hautes Parties contractantes jugent opportun de constater que, dans les cas non compris dans les disposition réglementaires adoptées par elles, les populations et les belligérants restent sous la sauvegarde et sous l'empire des principes du droit des gens, tels qu'ils résultent des usages établis entre nations civilisées, des lois de l'humanité et des exigences de la conscience publique." Da aber die hier noch zusätzlich als Rechtsquelle aufgeführten feststehenden Gebräuche unter zivilisierten Nationen wie auch die Gesetze der Menschlichkeit zugleich Forderungen des Weltgewissens sind, haben auf diese Weise fast alle Staaten der Erde ausdrücklich anerkannt, daß das Weltgewissen die eigentliche Entstehungsquelle der Prinzipien des Völkerrechts ist[23]).

Damit folgt auch das gegenwärtige positive Völkerrecht dem allgemeinen rechtsphilosophischen Postulat, daß nur die Moral allein die verpflichtende Kraft des Rechts zu begründen vermag. Aus den einzelnen Rechtssätzen als Imperativen oder Willensäußerungen kann jedenfalls für sich genommen grundsätzlich nur ein Müssen, niemals aber auch schon ein zusätzliches Sollen abgeleitet werden. Die eigentliche rechtliche Verbindlichkeit kann sich aus Willens- und Machtgestaltungen aller Art vielmehr erst dann ergeben, wo die moralisch begründete Verpflichtungskraft zu einem solchem Imperativ hinzutritt[24]).

In der herkömmlichen Völkerrechtslehre ist diese eigentliche Grundlage der rechtlichen Verbindlichkeit des Völkerrechts immer wieder bestätigt worden:

„Le problème de l'obligation en droit international rentre dans le problème de l'obligation en général et celui-ci se ramène a son tour à un problème

---

[23]) So mit Recht Rudolf Laun, Die Haager Landkriegsordnung, 4. Aufl., Wolfenbüttel und Hannover, 1948, S. 22.
[24]) Nach Radbruch, a. a. O., S. 138.

moral... L'explication dernière de la société comme du droit se trouve au-delà de la société; elle se trouve dans les consciences individuelles"[25]).

c) Der konkrete Wille der Staaten als zusätzlicher Grund für die Rechtsverpflichtung des Völkerrechts.

Dieser letzte und eigentliche Verpflichtungsgrund des Völkerrechts ist rechtsphilosophischer Natur und muß begrifflich von der Erscheinungsform der einzelnen völkerrechtlichen Norm geschieden werden[26]). Ist somit die Existenz des Völkerrechts als universales, verpflichtendes Ordnungssystem in sich als in jener weltweiten moralischen Macht beruhend von allen Staaten der Erde in der einen oder der anderen Form als für sich verbindlich anerkannt, so kommen dann als konkrete Erscheinungsformen des positiv-geltenden Völkerrechts vor allem das Gewohnheitsrecht, die allgemeinen Rechtsgrundsätze und internationale Verträge in Betracht. Dabei gilt als Grundregel, daß das Gewohnheitsrecht als sich verdichtende Staatenpraxis die eigentliche materielle Quelle des Völkerrechts ist[27]).

Die internationale Praxis ist dieser Grundregel freilich nicht gefolgt. Wegen der überwiegenden Bedeutung für die Regelung konkreter Sachverhalte ist vielmehr der internationale Vertrag diejenige Rechtsquelle, die der Internationale Gerichtshof, dessen Funktion es ist, über die von den Staaten ihm vorgelegten Streitfälle in Übereinstimmung mit dem Völkerrecht zu entscheiden, an erster Stelle anwenden soll. Internationale Verträge in diesem Sinne sind nach Art. 38 der Satzung dieses Gerichts „internationale Abkommen, sowohl allgemeine wie besondere, die von den streitenden Staaten ausdrücklich anerkannte Regeln aufstellen".

4. Das Wesen des Völkerrechts im Ost-West-Konflikt.

a) Der Einfluß der Ideologie auf die Bestimmung des Völkerrechts.

Der so verstandene herkömmlich entwickelte allgemeine Völkerrechtsbegriff wird seit dem ersten Auftreten einer sozialistischen Ordnungsmacht im Jahre 1917 mit einer wesensmäßig grundlegend verschiedenartigen Auffassung vom Wesen eines Rechtsverkehrs zwischen den Staaten konfrontiert,

---

[25]) Charles de Visscher, Théories et Réalités en Droit International Public, Paris, 1953, S. 126 f. So auch Friedrich Berber, Lehrbuch des Völkerrechts, 1. Band, Allgemeines Friedensrecht, München und Berlin, 1960, S. 9 ff. gegen die Leugner der Rechtsverbindlichkeit und damit der Existenz eines Völkerrechts überhaupt, mit weiteren Fundstellen. Ebenso Friedrich August Freiherr von der Heydte, Völkerrecht, Ein Lehrbuch, Band I, Köln, 1958, S. 27 f.
[26]) Das betont mit Recht von der Heydte, a. a. O., S. 66.
[27]) Berber, a. a. O., S. 41. Ebenso Eberhard Menzel, Völkerrecht, München und Berlin, 1962, S. 91.

die von einer anders als das herkömmliche Bild ausgestalteten Vorstellung vom Frieden zwischen den Staaten und Völkern ausgeht[28]).

Dieser Gegensatz ist vor allem seit dem Ende des Zweiten Weltkriegs und der dadurch bewirkten machtpolitischen Verstärkung des Ordnungssystems in den von kommunistischen Parteien beherrschten Staaten zu einer weltweiten Herausforderung an das herkömmliche Völkerrechtsverständnis herangewachsen, die sich aus dem Wesen dieses neuen Ordnungssystems, aus dem sich das Völkerrechtsverständnis der sozialistischen Staaten entwickelt hat, folgerichtig ergibt. Dieses neue Völkerrechtsverständnis als einen der verschiedenen Kreise aufzufassen, in die sich das gegenwärtige positive Völkerrecht als partikulares Recht durchaus einteilen läßt, verkennt jedoch gerade das Wesen eben dieses Völkerrechtsverständnisses, das auf einer Ideologie beruht, die in ihrem Universalitäts- und ihrem Totalitätsanspruch nicht unberücksichtigt bleiben kann, wenn sie ernst genommen werden soll[29]).

Das Völkerrecht des Ost-West Verhältnisses der Zeit nach dem Ende des Zweiten Weltkriegs wird vielmehr durch eine doppelte Grundaufgabe gekennzeichnet, die sich zugleich als seine doppelte Grundproblematik darstellt.

Kann schon ganz allgemein die Begründung der Denknotwendigkeit der Existenz eines für alle Staaten der Erde gleichermaßen verbindlichen Völkerrechts — wegen der rechtswesensmäßig unvereinbaren Widersprüchlichkeit zwischen dem allein in sich begründeten und damit absolut gestellten Geltungsanspruch jeder nationalen Rechtsordnung und dem aus den gleichen Gründen ebenso absoluten Anspruch eines internationalen Rechtssystems — in der herkömmlichen Rechtsüberzeugung letztlich nur mit einem Hinweis auf die für alle verbindliche conscience publique im internationalen Rahmen erfolgen, so kann ein solcher Hinweis aber nur scheinbar die Notwendigkeit begründen, vor deren Zwang sich das Völkerrecht im Ost-West-Verhältnis gestellt sieht: Einen Ausgleich zwischen dem mit diesem Hinweis letztlich begründeten Universalitätsanspruch des gegenwärtigen allgemeinen Völkerrechts und dem in erster Linie wegen der ihn vollkommen durchdringenden marxistisch-leninistischen Ideologie ebenso abso-

---

[28]) Eine gute Einführung in diese Vorstellung gibt Irving Fetscher, Marxistisch-leninistische Friedenskonzeptionen, im Sammelwerk „Vom Frieden", Hannover, 1967, S. 135 ff.
[29]) Diese Erkenntnis läßt die gegenwärtig herrschende Ansicht in der herkömmlichen Völkerrechtslehre vollkommen außer acht, womit sie zu dem Wesen der marxistisch-leninistischen Völkerrechtsvorstellung eindeutig widersprechenden Ansichten kommt. Das gilt etwa allgemein für Berber, a. a. O., S. 52 oder besonders für Menzel, a. a. O., S. 84 ff

luten Geltungsanspruch des sozialistischen Ordnungssystems und seiner Werte anzustreben. Denn die Notwendigkeit eines solchen Ausgleichs ergibt sich nicht aus den sittlich-moralischen Geboten der conscience publique, die die sozialistische Seite als Über-Klassen-Wert in einer international noch bestehenden Klassengesellschaft nicht anerkennt[30]), sondern allein politisch-pragmatisch aus der Erkenntnis, daß beide weltanschaulich getrennten Teile dieser Welt, die nun einmal mit ihrer gegenseitigen Existenz als Tatsache konfrontiert sind, eine allgemeine Grundlage und konkrete Regeln für ein friedliches Nebeneinanderbestehen und womöglich darüber hinaus auch für eine beiderseitige Zusammenarbeit suchen und finden müssen, wenn sie sich nicht gegenseitig vernichten wollen.

Das so entstehende Kompromißgebilde eines Völkerrechts der „friedlichen Koexistenz" ist, wenn nicht schon das wichtigste, so doch aber zumindest eines der wesentlichsten Probleme der Begriffsbestimmung des gegenwärtigen Völkerrechts und seiner Aufgaben im Atomzeitalter.

b) Bewertungs- und Beurteilungsgrundlagen für das „Völkerrecht der Koexistenz".

Dem Wesen dieses neuartigen Völkerrechts kann jedenfalls die herkömmliche Ansicht vom Völkerrecht nicht mehr allein gerecht werden. Um dieses Wesen bestimmen zu können, bedarf es vielmehr ebenso, wenn nicht gar in noch weit stärkerem Maße, einer Untersuchung der weltanschaulichen Grundlagen, auf denen das neue Ordnungsbild aufbaut, aus dem sich die Regeln ableiten, die von seiten der sozialistischen Staaten und ihrer Diplomatie für jene „friedliche Koexistenz" bereits entwickelt wurden und noch weiterhin aufgestellt werden.

Die sowjetische Auffassung vom Völkerrecht, der unter den sozialistischen Staaten sicherlich noch immer die führende Rolle zukommt, wenn sie auch nicht mehr die einzige marxistisch-leninistische ist, läßt sich daher auch aus einzelnen Völkerrechtslehrbüchern nicht mehr erfassen[31]). Sie kann vielmehr nur in engem Zusammenhang mit der marxistisch-leninistischen Ideologie gesehen werden, die in ihrem Kern eine Revolutionslehre von Anfang an war und auch noch immer geblieben ist. Diese Grundtatsache wird in der

---

[30]) Kennzeichnend für diese Grundeinstellung ist die interessante Untersuchung von G. P. Žukov, Kritika estestvennopravovych teorii meždunarodnogo prava, (Kritik der naturrechtlichen Theorien des Völkerrechts), Moskau, 1961, 164 S.
[31]) Das versucht gerade Eberhard Menzel im Vorwort zur deutschen Übersetzung des Völkerrechtslehrbuchs der Akademie der Wissenschaften der UdSSR von 1957, die in Hamburg 1960 erschien. So mußte er auch zu einzelnen, den Gegebenheiten in der sowjetischen Völkerrechtslehre nicht entsprechenden Auffassungen vom Wesen dieser Lehre kommen.

herkömmlichen Völkerrechtslehre bisher noch so gut wie überhaupt nicht berücksichtigt[32]). Darüber hinaus ist die Berücksichtigung der Ideologie für die sowjetische Völkerrechtslehre auch schon deswegen so bedeutsam, weil sie, und nicht etwa das Anerkenntnis autonomer Rechtsverpflichtung aus einer conscience publique über den Völkern, deren pseudo-naturrechtliche Basis bildet[33]).

So ergibt sich die Erkenntnis, daß wie ihre zugrundeliegende Ideologie die einzelnen Lehren der sowjetischen Völkerrechtsauffassung sich gegenseitig bedingen und in erster Linie nicht etwa als wissenschaftlicher Selbstzweck in sich, sondern vielmehr als eine konkrete Anleitung zu politisch-pragmatischem Handeln für die Sowjetdiplomatie verstanden werden wollen. Diese Aufgabe ist in der sowjetischen Völkerrechtslehre selbst bereits von einem ihrer bedeutendsten Vertreter bestätigt worden: „The task of Soviet science of international law is to prove equal to Soviet international practise, to generalize and comprehend its experience, to map out and blaze new trails for it"[34]).

Damit ist sowjetisches Völkerrechtsverständnis marxistisch-leninistisches Rechtsdenken im internationalen Raum. So wird das Völkerrecht zur jeweiligen Rechtsform der Außenpolitik eines Staates, die nach dessen Klassencharakter und politischer Macht bestimmt wird, nicht aber durch eine über den Völkern stehende conscience publique, deren Existenz in herkömmlicher Sicht die Außenpolitik zumindest in gewissem Umfang bindet, so daß ohne diese Bindung die Existenz des Völkerrechts selbst in Frage gestellt wäre[35]).

Für die Sowjetunion insbesondere gilt dabei als Grundregel einer so verstandenen Wertung des Völkerrechts, daß die Gesetzmäßigkeiten des dialektischen und historischen Materialismus, ebenso wie die des Leninismus, für eine solche Wertung mit herangezogen werden müssen. Das hat dann zur Folge, daß in diesem Rahmen auch das Gebot unbedingter Parteilichkeit

---

[32]) Sie wird hauptsächlich berücksichtigt nur bei Boris Meissner, etwa in: „Völkerrechtswissenschaft und Völkerrechtskonzeption der UdSSR", Recht in Ost und West, Nr. 1, S. 4. Einen allgemeinen Überblick über die grundlegende Bedeutung der Ideologie in der sowjetischen Völkerrechtslehre gibt Hans Werner Bracht, Ideologische Grundlagen der sowjetischen Völkerrechtslehre, Köln, 1964, 253 S.
[33]) Darauf weist zu Recht hin Boris Meissner, Sowjetunion und Völkerrecht 1917—1962, Köln, 1963, S. 90.
[34]) F. A. Korovin, The Second World War and International Law, The American Journal of International Law, 1946, S. 755.
[35]) Das betont mit Recht Berber, a. a. O., S. 27 f.

gilt: Verbot jeder Objektivität und ausschließliche Beachtung des jeweiligen Standpunkts der Kommunistischen Partei[36]).

c) Die drei Völkerrechtskreise der weltpolitischen Gegenwart und die Rechtsnatur des „Völkerrechts der Koexistenz."

Völkerrecht in dieser Sicht kann daher, wenn die Auffassung der sozialistischen Staaten hierzu in ihrem Wesen berücksichtigt und ernst genommen werden soll, niemals abstrakt-absolut, isoliert vom konkreten Klassencharakter des Rechts als Überbauerscheinung in wesensmäßiger Abhängigkeit von und Gebundenheit an eine jeweilige ökonomische Grundlage einer gegebenen Gesellschaftsordnung im Sinne der Lehren von Marx über Basis und Überbau[37]) gesehen und bewertet werden.

Auf die internationale Ebene übertragen, führt diese Auffassung zur Konstruktion dreier Erscheinungsformen des modernen Völkerrechts, die derzeit noch als nebeneinander gleichberechtigte Teile eines einheitlichen Begriffs aufgefaßt werden. Doch ist in ihrer Formulierung bereits deutlich zu erkennen, daß sie nicht als beständig gedacht sind, sondern als Verlauf einer Entwicklung, die über ein schon jetzt in den Anfängen bestehendes sozialistisches Völkerrecht zum endgültigen völkerrechtslosen Zustand im Kommunismus überleiten sollen, in dem wegen Fehlens jeder Klassen auch keinerlei Rechtsordnungserscheinungen mehr in Frage kommen.

Diese drei Völkerrechtskreise sind nach Darstellung der sozialistischen Staaten:

a) Das allgemeine Völkerrecht mit seinen allgemein anerkannten Grundsätzen und Normen. Es ist das Völkerrecht der Gegenwart und für alle Staaten in West und Ost verbindlich. Beispiel: Die Satzung der UNO.

b) Das bürgerlich-kapitalistische Völkerrecht. Es ist das Völkerrecht der Vergangenheit, dessen Grundsätze und Normen von der Sowjetunion und den sozialistischen Staaten nicht anerkannt werden.

Beispiel: Das Kolonialrecht.

c) Das sozialistische Völkerrecht. Es ist das einzige Völkerrecht der Zukunft, in der noch Staaten bestehen, das jetzt schon im Rechtsverkehr der sozialistischen Staaten unter sich entsteht und gilt.

Beispiel: Der Einmarsch von Ostblocktruppen in die CSSR als auf dieser Völkerrechtsgrundlage gebotene Maßnahme zur Bekämpfung antisozialistischer konterrevolutionärer Bestrebungen in einem bereits sozialistischen Staat.

---
[36]) Boris Meissner, Außenpolitische Theorie und Völkerrechtsdoktrin der Sowjetunion, Internationales Recht und Diplomatie, 1960, Nr. 3/4, S. 2.
[37]) Karl Marx, Zur Kritik der politischen Ökonomie, herausgegeben von Karl Kautsky, 3. Aufl., Stuttgart, 1909, Vorwort, S. LV.

Diese Völkerrechtskreise bestehen nicht etwa streng voneinander isoliert. Vielmehr können sie sich durchaus überschneiden, da ja einzelne Staaten verschiedenen Gesellschaftsordnungen und damit auch verschiedenen Völkerrechtskreisen angehören können. So gilt in dieser Sicht etwa für den Rechtsverkehr der westlichen Staaten unter sich das allgemeine Völkerrecht ebenso wie das bürgerlich-kapitalistische Völkerrecht, während für den Rechtsverkehr zwischen westlichen und sozialistischen Staaten die Grundsätze der friedlichen Koexistenz gelten, die Regeln aus dem allgemeinen und aus dem sozialistischen Völkerrecht umfassen.

Dieser Zustand ist nach der für die sozialistischen Staaten, wenn auch nicht unmittelbar verbindlichen, so doch als oberste anzustrebende Richtlinie maßgeblichen Begriffsbestimmung im Parteiprogramm der Kommunistischen Partei der Sowjetunion von 1961 gekennzeichnet als „Grundlage des friedlichen Wettbewerbs zwischen Sozialismus und Kapitalismus im internationalen Maßstab und stellt eine spezifische Form des Klassenkampfes zwischen ihnen dar"[38]). Damit sind deutlich zwei sich gegenseitig vollauf bedingende Seiten der so verstandenen Koexistenz unterschieden:

a) Die Koexistenz als Zustand der Beziehungen aller Art zwischen den Staaten und

b) die Koexistenz als Instrument des weltweiten Klassenkampfes zwischen Sozialismus und Kapitalismus[39]).

Es liegt auf der Hand, daß bei einer solchen Auffassung vom Wesen des modernen Völkerrechts jedenfalls im Ost-West Verhältnis der vertragliche Kompromiß im Einzelfall als einzige annnehmbare Grundlage für eine rechtsverbindliche Regelung zwischen westlichen und sozialistischen Staaten erscheinen muß. Das ist in der sowjetischen Völkerrechtslehre schon von Anfang an anerkannt worden: „Für das Völkerrecht der Übergangszeit[40]) ist der Verzicht auf vertragliche Kompromisse gleichbedeutend mit der Wiedereinführung des Kampfes aller gegen alle in seinen Kriegs-, Halbkriegs- und Friedensformen der internationalen Gewalttätigkeit"[41]).

An dieser Auffassung hat sich, wenn auch mit etwas anderer Begründung, nichts grundlegend geändert. Auch die gegenwärtige sowjetische Völker-

---

[38]) Parteiprogramm der KPdSU von 1961, abgedruckt bei Boris Meissner, Das Parteiprogramm der KPdSU 1903—1961, Köln, 1962, S. 184.
[39]) Einzelheiten hierzu bringt Hans Werner Bracht, Die sowjetrussische Konzeption der „friedlichen Koexistenz", Internationales Recht und Diplomatie, 1966, S. 29 ff.
[40]) Gemeint ist der Übergang zwischen kapitalistischer und sozialistischer Entwicklungsstufe der Weltgesellschaft im Sinne des historischen Materialismus.
[41]) E. A. Korovin, Das Völkerrecht der Übergangszeit, Berlin, 1929, S. 24. Das russische Originalwerk erschien bereits 1924 in Moskau.

rechtslehre sieht im internationalen Vertrag noch immer grundsätzlich die bedeutendste und wichtigste Grundlage jedes Rechtsverkehrs zwischen Ost und West und mißt in diesem Zusammenhang dem Satz „pacta sunt servanda" eine so überragende Bedeutung bei, daß er fast schon als die eigentliche Grundlage der Rechtsverbindlichkeit des Völkerrechts nach sowjetischer Darstellung bezeichnet werden könnte[42]).

Da sich das Wesen der sowjetischen Völkerrechtsauffassung nur bei entsprechender Berücksichtigung der Ideologie erschließt, gelangt eine gleichzeitige Analyse der ideologischen Grundlage dieser Auffassung von der grundlegenden Bedeutung des Satzes „pacta sunt servanda" zu der Folgerung, daß Vereinbarungen und Kompromisse immer nur auf der ersten, niemals aber etwa auch auf der zweiten, der ideologischen-klassenkämpferischen Seite der Koexistenz abgeschlossen werden können[43]).

Ein Aufgeben oder auch nur ein Zurückstecken in Fragen des ideologischen Standpunkts kommt daher für die sowjetische Seite niemals in Betracht, denn in dieser Sicht kann selbst bei internationalen Abkommen „das ideologische Credo eines Volkes niemals zur Diskussion stehen"[44]).

Daher ist es auch durchaus verständlich, wenn von sowjetischer Seite die Ideologie bereits geradezu als „vierte Dimension" in der Außenpolitik zusammen mit der Diplomatie, der Wirtschaft und dem Militärwesen klassifiziert worden ist[45]).

Dennoch muß betont werden, daß die Bedeutung der Ideologie wiederum nicht so stark ist, daß sich die Sowjetunion auf diese Weise etwa außerhalb der Völkerrechtsgemeinschaft gestellt hätte. Das folgt schon aus der Zwiespältigkeit des geltenden positiven Völkerrechts, aber auch aus der wach-

---

[42]) Meždunarodnoe Pravo, (Völkerrechtslehrbuch), unter der Redaktion von F. I. Koževnikov, Moskau, 1957, S. 243 und 276; Meždunarodnoe Pravo, (Völkerrechtslehrbuch), unter der Redaktion von F. I. Koževnikov, 2. Aufl., Moskau, 1966, S. 328; Sovetskoe gosudarstvo i mžedunarodnoe pravo, (Der Sowjetstaat und das Völkerrecht), Sammelwerk unter der Redaktion von F. I. Koževnikov, Moskau, 1967, S. 111; V. I. Lisovskij, Meždunarodnoe Pravo, (Völkerrechtslehrbuch), Moskau, 1970, S. 8 und 89.
[43]) So jetzt ausdrücklich das Lehrbuch „Vnešnjaja politika SSSR", (Die Außenpolitik der UdSSR), 3. Aufl., Moskau, 1968, S. 22 und G. I. Tunkin, Teorija meždunarodnogo prava, (Die Theorie des Völkerrechts), Moskau, 1970, S. 44.
[44]) O. V. Bogdanov, Vypolnenie meždunarodnych objazatel'stv — važnoe uslovie mirnogo sosuščestvovanija, (Die Erfüllung internationaler Verbindlichkeiten — eine wichtige Bedingung der friedlichen Koexistenz), Sovetskoe Gosudarstvo i Pravo, (Sowjetstaat und Recht, Organ des Instituts für Staat und Recht der Akademie der Wissenschaften der UdSSR, Moskau, fortan: SGiP.), 1958, Nr. 8, S. 46. Ebenso Živs, Reakcionno-utopičeskaja koncepcija „sinteza" socialističeskoj i buržuaznoj pravovych sistem, (Die reaktionär-utopische Konzeption einer „Synthese" des sozialistischen und des bürgerlichen Rechtssystems), SGiP., 1960, Nr. 6, S. 55 ff.
[45]) V. N. Kelin, Vnešnjaja politika i ideologija (Außenpolitik und Ideologie), Moskau, 1969, S. 43.

senden Stärke der öffentlichen Meinung in der Welt, die in der sowjetischen Völkerrechtslehre immer wieder Beachtung gefunden hat[46]). Darüber hinaus bietet die sowjetische Völkerrechtslehre selbst keinen Anlaß zu einer gegenteiligen Annahme. Die Sowjetunion erkennt vielmehr einen wesentlichen Ausschnitt des geltenden allgemeinen Völkerrechts an[47]) und arbeitet darüber hinaus an einer Weiterentwicklung dieses Völkerrechts wesentlich mit, wenn sie dabei freilich auch versucht, ihre Vorstellungen zur Geltung zu bringen. Das ist immerhin bereits in zahlreichen wesentlichen Fragen durchaus gelungen[48]). Von sowjetischer völkerrechtswissenschaftlicher Seite ist darüber hinaus sogar schon festgestellt worden: „Die wichtigsten Rechtsvorstellungen des Kommunismus haben ihren Niederschlag im Grundgesetz der internationalen Beziehungen, in der UNO-Satzung, gefunden"[49]).

Damit ist der Rahmen eines völkerrechtlich verbindlichen Verkehrs zwischen West und Ost abgesteckt, wie er von den sozialistischen Staaten selbst entwickelt und praktiziert wird. Es ist aber immer nur ein rein formeller Rahmen, da Vereinbarungen im Ost-West Verhältnis in dieser Sicht keineswegs etwa eine Annäherung der weltanschaulichen Standpunkte bedeuten, was ja der zweiten, ideologischen Grundlinie der Koexistenz widersprechen würde[50]). Vielmehr gilt entsprechend dieser tragenden Grundlinie: „Die Willenskoordinierung im Prozeß der Vereinbarung selbst ist eine spezi-

---

[46]) J. W. Hazard, The Soviet Union and International Law, Soviet Studies, 1950, S. 198, ist mit Recht der Auffassung, die Betonung der Allgemeinverbindlichkeit des Völkerrechts von seiten der Sowjetunion solle die öffentliche Meinung der Welt beeinflussen.
[47]) In der sowjetischen Völkerrechtslehre wird die Ansicht, die Sowjetunion habe sich mit ihrer Völkerrechtsauffassung außerhalb der Völkerrechtsgemeinschaft gestellt, als grobe Entstellung marxistisch-leninistischen Völkerrechtsdenkens bezeichnet. So etwa F. I. Koževnikov — I. P. Bliščenko, Socializm i sovremennoe meždunarodnoe pravo, (Der Sozialismus und das moderne Völkerrecht), SGiP., 1970, Nr. 4, S. 91 f.
[48]) Anschaulich schildern diese sowjetischen Bestrebungen und ihre Erfolge etwa G. I. Tunkin, Bor'ba dvuch koncepcij v Meždunarodnom prave, (Der Kampf zweier Konzeptionen im Völkerrecht), SGiP., 1967, Nr. 11, S. 140; V. M. Čchikvadze und Ju. D. Il'in, Kodifikacija principov mirnogo sosuščestvovanija, (Kodifikation der Prinzipien der friedlichen Koexistenz), SGiP., 1968, Nr. 3, S. 22 ff.; I. I. Lukašuk, O nekotorych tendencijach razvitija universal'nogo meždunarodnogo prava, (Über einige Entwicklungstendenzen des universalen Völkerrechts), SGiP., 1969, Nr. 2, S. 82 ff. und auch Koževnikov-Bliščenko, a. a. O., S. 88 ff.
[49]) M. I. Lazarev, Antikommunizm i meždunarodnoe pravo, (Antikommunismus und Völkerrecht), SGiP., 1968, Nr. 7, S. 69. Weitere Hinweise über den Einfluß kommunistischer Rechtsideen im modernen Völkerrecht bringt I. P. Bliščenko, Antisovetizm i meždunarodnoe pravo, (Antisowjetismus und Völkerrecht), Moskau, 1968, 189 S.
[50]) Die gerade hierfür besonders wichtige ideologische Grundlage derartiger Vereinbarungen schildern anschaulich R. L. Bobrov, Ideologija i meždunarodnoe sotrudničestvo social'no protivopoložnych gosudarstv (Ideologie und internationale Zusammenarbeit sozial entgegengesetzter Staaten), Vestnik Leningradskogo universiteta, Serija ekonomiki, filosofii i prava, (Jahrbuch der Leningrader Universität, Reihe Wirtschaft, Philosophie und Recht), Pravo, vypusk 3, No. 17, (Recht, Band 3), Leningrad, 1965, S. 97 ff. und G. I. Tunkin, Ideologičeskaja bor'ba i meždunarodnoe pravo, (Der ideologische Kampf und das Völkerrecht), Moskau, 1967, 175 S.

fische Form des internationalen Klassenkampfes" und daher keine „Aussöhnung internationaler antagonistischer Gegensätze, sondern eine Form ihres Austragens mit friedlichen Mitteln"[51]).

Die friedliche Koexistenz verhindert daher nicht den Klassenkampf, sondern sie setzt ihn sogar voraus. Auf dieser ideologischen Grundlage wird es dann auch verständlich, daß die nur im Westen vertretenen Ansichten von der Möglichkeit einer allmählichen Angleichung der beiden Sozialsysteme in der weltpolitischen Gegenwart von sowjetischer Seite nachdrücklich abgelehnt und scharf bekämpft werden[52]).

Wenn diese Auffassung vom Wesen des Völkerrechts als Grundlage der Rechtsbeziehungen zwischen West und Ost gebührend berücksichtigt wird, muß es als offensichtlich erkannt werden, daß damit der Vereinbarung zwischen den Staaten in diesem Rahmen die Bedeutung als oberste, wenn nicht schon direkt als einzige Quelle von Rechtsverpflichtungen im Völkerrecht zukommen muß und das Gewohnheitsrecht nur noch, wenn überhaupt, hierbei eine sehr untergeordnete Rolle spielen kann[53]).

Doch ist gerade von sowjetischer Seite betont worden, daß der Satz „pacta sunt servanda" damit noch nicht etwa schon zu der Grundnorm im Völkerrecht schlechthin erhoben wäre, wie sie etwa Triepel generell in der von ihm benannten Vereinbarung als oberste Willenserscheinung sehen wollte[54]). Eine oberste Norm, aus der sich die Rechtsverpflichtung des Völkerrechts ableiten ließe, wird daher in diesem Sinne von sowjetischer Seite nicht anerkannt[55]).

Wohl aber gilt das Völkerrecht als echte Rechtsverpflichtung aller Staaten, wobei etwa auf die schon von Marx aufgestellte Forderung verwiesen wird, es dürfe nicht zugelassen werden, daß Rechtsverletzungen das Recht selbst aufhöben[56]). Darüber hinaus wird sogar geltend gemacht, daß alle Arten

---

[51]) Gregor Schirmer, Universalität völkerrechtlicher Verträge und internationaler Organisationen, Habilitationsschrift aus Ostberlin, 1966, S. 82 ff.
[52]) Kennzeichnend für die sowjetischen Argumente gegen die Konvergenztheorien ist das Sammelwerk „Sovremennye buržuaznye teorii o slijanii kapitalizma i socializma", (Gegenwärtige bürgerliche Theorien über die Verschmelzung des Kapitalismus und des Sozialismus), Moskau, 1970, 243 S. Diese Auffassungen kommentiert Hans Werner Bracht, Möglichkeiten für eine Praxeologie des Friedens im Ost-West Verhältnis, Deutsche Studien, Vierteljahreshefte für vergleichende Gegenwartskunde, herausgegeben von der Ost-Akademie in Lüneburg, 1970, Nr. 32, S. 376 ff.
[53]) So ausdrücklich etwa Lisovskij, a. a. O., S. 8.
[54]) Mit dieser Lehre und ähnlichen Vorstellungen setzt sich Berber, a. a. O., S. 38 auseinander.
[55]) G. I. Tunkin, Teorija meždunarodnogo prava, (Die Theorie des Völkerrechts), Moskau, 1970, S. 252.
[56]) Lisovskij, a. a. O., S. 5.

internationaler Beziehungen zwischen den Staaten letztlich unausweichlich in Verträge oder Abkommen ausmündeten, weshalb internationale Beziehungen und Völkerrecht immer in engstem Zusammenhang stünden und einander bedingten[57]).

Wegen des von marxistisch-leninistischer Seite aber nun einmal unabänderlich eingenommenen Klassenstandpunkts in jeder Bewertung überhaupt, kann auch das Völkerrecht nur als klassenbedingte Überbauerscheinung einer jeweils bestimmten historischen Epoche gesehen werden. Daher kann gerade das gegenwärtige Völkerrecht der Koexistenz zwischen West und Ost jedenfalls in sowjetischer Sicht nicht mehr mit der herkömmlichen Völkerrechtsauffassung gemessen werden, von der es sich grundlegend unterscheidet[58]).

Als eine der wichtigsten Grundlagen der Koexistenz kann das Völkerrecht nach dieser Auffassung daher niemals Selbstzweck sein. Vielmehr unterliegt auch das Völkerrecht als Koexistenzform deren Eigengesetzlichkeit und Zweck, was in der sowjetischen Völkerrechtslehre auch durchaus bestätigt wird: „Die friedliche Koexistenz ist vor allem darauf gerichtet, daß der Übergang vom Kapitalismus zum Sozialismus nicht zu internationalen bewaffneten Zusammenstößen führt. Die Kommunisten erklären es offen, daß sie nicht auf den Kampf um die Umgestaltung der Gesellschaft verzichtet haben, daß die friedliche Koexistenz, die den Fortschritt entwickelt, den Sieg des Sozialismus fördert; doch sie sehen in der friedlichen Koexistenz eine der Möglichkeiten zur Sicherung eines möglichst schmerzlosen Übergangs der Gesellschaft vom Kapitalismus zum Sozialismus"[59]).

Das Völkerrecht und in seinem Rahmen gerade der internationale Vertrag sind damit eines der wichtigsten Mittel, um ein solches Ziel zu erreichen. Es ist daher nur folgerichtig, wenn diese Aufgabe des internationalen Vertrages in der sowjetischen Völkerrechtslehre schon seit langem ausdrücklich anerkannt ist: „Dem Vermächtnis W. I. Lenins folgend sieht der Sowjetstaat internationale Verträge als wichtigstes Mittel im Kampf für den Frieden, für den Sieg des Sozialismus, an"[60]).

---

[57]) Die sowjetischen Stellungnahmen hierzu faßt übersichtlich zusammen N. A. Ušakov, Sovremennoe meždunarodnoe pravo — juridičeskaja osnova otnošenij meždu gosudarstvami, (Das gegenwärtige Völkerrecht als juristische Grundlage der Beziehungen zwischen den Staaten), SGiP., 1970, Nr. 10, S. 69 ff.
[58]) Das bringt besonders deutlich zum Ausdruck Ušakov, a. a. O., S. 70.
[59]) Tunkin, Teorija meždunarodnogo prava, S. 48.
[60]) A. N. Talalaev, V. I. Lenin o meždunarodnych dogovorach, (W. I. Lenin über internationale Verträge), SGiP., 1958, Nr. 4, S. 24.

5. Der Zeitablauf im modernen Völkerrecht.

a) Bedingungen der Rechtswirksamkeit des modernen Völkerrechts.

Bei dieser grundlegenden Verschiedenheit in der Bewertung der Eigenart des modernen Völkerrechts in West und Ost liegt es nahe anzunehmen, daß auch der Einfluß des Zeitablaufs auf die Entwicklung völkerrechtlicher Beziehungen eine entsprechende Bedeutung gewinnt.

Von herkömmlicher Seite ist gerade in letzter Zeit hierzu geltend gemacht worden, Recht könne letztlich doch nicht als Selbstzweck in Betracht kommen, wenn es sich nicht gerade unter Berücksichtigung des Zeitablaufs selbst aufheben wolle. Als soziologische Erscheinung werde Recht durch tätiges Handeln der Menschen oder von ihnen geschaffener Institutionen Wirklichkeit. Von selbst könne sich jedenfalls, möge es auch noch so gut begründet sein und noch so unantastbar erscheinen, Recht nie verwirklichen oder gewährleisten: „Das Recht bedarf der Tat, um wirklich zu sein, entweder der Anerkennung (und damit des Vollzugs im Handeln) durch diejenigen, für deren Verhalten es gelten soll, oder der Macht, genauer: der machtmäßigen Sanktionen und der Durchsetzung als seiner Schutzwehr, damit es auch ohne Anerkennung zur Geltung gelangt"[61]).

Folgerichtig ergibt sich aus dieser Auffassung, daß dann, wenn, wie gerade im Zeitalter der weltweiten atomaren Rüstung, jeder Konflikt die Existenz der Welt schlechthin in Frage zu stellen, durchaus geeignet sein kann, Gewaltverzicht oberstes Gebot der Stunde ist und „effektive Machtgegebenheiten, wo sie bereits bestehen, ohne Rücksicht auf ihre Entstehung aus Recht und Unrecht letztlich unangreifbar sind." Andernfalls würde das Völkerrecht, wo es doch nicht durchsetzbar ist, „leerlaufen".

So kommt diese Auffassung zur Forderung: „Angesichts dieser Situation kann Politik zwischen den Staaten nicht mehr aus einer etwa dem katholischen Naturrechtsdenken naheliegenden Vorstellung von ‚sittlicher Weltordnung' begründet und inhaltlich bestimmt werden." Für die moderne Politik könne es elementar nur noch darauf ankommen, „das Überlebenkönnen, die nackte Koexistenz zu sichern und dann vielleicht in behutsamen und schwierigen Schritten noch etwas darüber hinaus in Richtung auf Freiheit und Gerechtigkeit zu erreichen"[62]).

---

[61]) Ernst-Wolfgang Böckenförde, Wendung zu einer rechtlosen Politik? Frankfurter Allgemeine Zeitung vom 27. Oktober 1970, S. 12. Der Aufsatz wurde inzwischen auch in die Sonderausgabe des Bulletins des Presse- und Informationsamts der Bundesregierung zum Warschauer Vertrag, Nr. 171 vom 8. Dezember 1970, S. 1826—1829 übernommen.
[62]) Zitate nach Böckenförde, ebenda.

Im herkömmlichen Völkerrechtsdenken müßte eine solche Auffassung letztlich dazu führen, es als Recht anzusehen, wenn in seinem Entstehen unstreitig völkerrechtliches Unrecht durch den bloßen Zeitablauf allein schon diesen Unrechtsgehalt verlieren und den positiv geltenden Völkerrechts annehmen sollte. Die weitere Folge wäre dann, daß der, dessen Recht ursprünglich verletzt war, sich ins Unrecht setzt, wenn er nach diesem Zeitablauf, dessen Dauer im übrigen unbestimmt gelassen wird, versuchen sollte, sein Recht wieder herzustellen[63]).

In diesem Sinne ist dann letztlich resignierende Anerkennung der Gewalt eigentlicher Endpunkt einer derart pragmatisch verstandenen Völkerrechtsordnung, in der Freiheit und Gerechtigkeit für die ihr angehörenden Staaten und Völker zu erstreben allenfalls von zweitrangiger Bedeutung sein kann.

Solchen Thesen steht eindeutig schon die Satzung der Organisation der Vereinten Nationen entgegen, die von beiden Teilen der Welt übereinstimmend als oberste Quelle von Rechten und Pflichten der Gemeinschaft aller Völker anerkannt ist. Im Vorspruch zu diesem obersten Weltgesetzgebungswerk haben eben diese Völker ausdrücklich ihre Entschlossenheit bekundet, „to establish conditions under which justice and respect for the obligations arising from treaties and other sources of international law can be maintained." Damit steht gerade nicht Anerkennung der Gewalt, der die Vereinten Nationen in Art. 1 ihrer Satzung ausdrücklich abgeschworen haben, im Mittelpunkt des modernen Völkerrechts, sondern das Streben nach einem Frieden, der „in conformity with the principles of justice and international law"[64]) herbeizuführen ist.

b) Die Bedeutung der Durchsetzbarkeit des Völkerrechts nach herkömmlicher und nach marxistisch-leninistischer Auffassung.

Ist so jedenfalls für das herkömmliche Völkerrechtsverständnis anerkannt[65]), daß auch ein Rechtsfrieden nur dann eintreten kann, wenn er eben

---

[63]) Diese Auffassung vertritt Martin Kriele, Aus Unrecht kann Recht werden, Spiegel Nr. 49/70, S. 30. Manfred Zuleeg, Die Oder-Neiße-Grenze aus der völkerrechtlichen Sicht heute, Zeitschrift für Rechtspolitik, 1969, Nr. 10, S. 229, glaubt sogar, daß der Friede gefährdet werde, wenn der berechtigte Staat nach Stabilisierung der Verhältnisse noch immer seinen Anspruch auf Räumung eines völkerrechtswidrig besetzten, ihm gehörenden Gebiets erhebt.
[64]) Art. 1 Zi. 1 UNO-Satzung.
[65]) Von marxistisch-leninistischer Seite wurde die UNO-Satzung zwar auch unterschrieben, und ihre Bestrebungen werden durchaus anerkannt. Aber sie werden als Verkörperung kommunistischer Ideale im Geiste des Marxismus-Leninismus ausgeführt, der mit dem herkömmlichen Rechtsverständnis schon wegen seines unabänderlichen Klassenstandpunkts in allen Fragen nichts mehr gemein hat.

diesen Grundsätzen der Gerechtigkeit und des Völkerrechts entspricht, so ist damit freilich noch nichts über die Bedeutung der Durchsetzbarkeit des Völkerrechts ausgesagt.

Nach herkömmlicher Völkerrechtsauffassung, die im Völkerrecht die rechtliche Erscheinungsform des Weltgewissens sieht, ist diese Bedeutung immer sekundär, muß es sein, wenn sie die conscience publique wirklich als autonomen Eigenwert anerkennen will, was immer wieder bekräftigt worden ist. Diese Erkenntnis entspricht im übrigen auch durchaus der internationalen Übung zwischen den Staaten, deren Interessen nur in Ausnahmefällen identisch sind. Wenn aber die fehlende Interessenübereinstimmung durchgesetzt, mit Gewalt ergänzt würde, wäre doch der Sieg im Krieg „Bestätigung" dieses Rechts und damit tatsächlich Macht gleich Recht im internationalen Rahmen, was aber durch die UNO-Satzung durch die weltpolitische Gegenwart gerade ausgeschlossen werden soll[66]).

Nützlichkeitserwägungen allein können daher nicht das Wesen des modernen Völkerrechts ausmachen, sie müssen durch die Idee der Gerechtigkeit vertieft werden[67]).

Dem steht auch nicht etwa entgegen, daß das Völkerrecht allein Kriege weder verhindern konnte noch wird verhindern können. Im Leben der Völker ist der Krieg jedenfalls noch immer die Ausnahme gewesen, im Alltag ihres Verkehrs untereinander aber hat sich das Völkerrecht immer wieder vollauf bewährt und damit, und nicht etwa nach einem siegreichen Krieg, seine Rechtfertigung gefunden: „Niemals gewinnt ein Staat einen Krieg, obwohl er der Schwächere ist, nur darum, weil er im Recht ist, sondern ausnahmslos gewinnt ein Staat einen Krieg auch dann, wenn er im Unrecht ist, nur darum, weil er der Stärkere ist. Allerdings kann ein Staat unter anderem darum der Stärkere sein, weil er im Recht ist und deshalb über größere Sympathien und größere Hingebung der Menschen verfügt als der Gegner. Aber Sympathien, Opfermut, Gewissen, Rechtsgefühl, Sollen, Pflicht sind nur die eine Komponente der staatlichen Macht; die zweite ist das Physische, und alle geistigen Werte und aller Wille, diese Werte durchzusetzen, unterliegen einer genügenden Übermacht furchtbarer tödlicher Waffen oder einem genügend lange dauernden Hunger, so wie sie

---

[66]) Bis zum Abschluß des Briand-Kellogg-Pakts von 1928 über die Ächtung des Krieges konnte dagegen durchaus noch von einer solchen „Bestätigung des Völkerrechts" durch das „Recht des Siegers" gesprochen werden, das an sich nur folgerichtige Fortentwicklung der Souveränitätslehre ist. Das neue Völkerrecht seit 1928 ist aber gerade dadurch gekennzeichnet, daß es eine solche absolut verstandene Souveränität als friedenszerstörend erkannt hat und ihr daher nicht mehr Rechtscharakter zuerkennt.
[67]) So auch Berber, a. a. O., S. 35.

ihren Träger vor einem Tiger oder vor dem Verschmachtungstod in der Wüste nicht schützen können. Aller äußere Zwang im Völkerrecht ist, genau betrachtet, nicht Rechtszwang, sondern ein Zwang, den der Stärkere als Richter in eigener Sache und letztlich nach eigenem Ermessen gegen den Schwächeren ausübt"[68]).

Daher versteht auch die wohl vorherrschende Ansicht das allgemeine Gewaltverbot, wie es im Briand-Kellog-Pakt und seit 1945 auch in der UNO-Satzung zum Ausdruck kommt, als so weitgehend, daß Gewalt selbst zur Durchsetzung von ausdrücklich vom Völkerrecht anerkannten Interessen, also von Rechtsansprüchen, nicht angewandt werden darf[69]).

So gilt im herkömmlichen Sinn auch und vielleicht gerade im Völkerrecht letztlich dann doch wieder die allgemeine Erkenntnis: „Der Boden des Rechts ist überhaupt das Geistige, und seine nähere Stelle und Ausgangspunkt der Wille, welcher frei ist, so daß die Freiheit seine Substanz und Bestimmung ausmacht, und das Rechtssystem das Reich der verwirklichten Freiheit, die Welt des Geistes aus ihm selbst hervorgebracht, als zweite Natur, ist"[70]).

Dem steht die marxistisch-leninistische Rechtsauffassung, von der auch die sowjetische Völkerrechtslehre in ihren Wesenszügen mitgetragen wird, diametral entgegengesetzt gegenüber.

In dieser Sicht ist Grunderkenntnis, „daß Rechtsverhältnisse wie Staatsformen weder aus sich selbst zu begreifen sind, noch aus der sogenannten allgemeinen Entwicklung des menschlichen Geistes, sondern vielmehr in den materiellen Lebensbedingungen wurzeln, deren Gesamtheit Hegel, nach dem Vorgang der Engländer und Franzosen des 18. Jahrhunderts, unter dem Namen ‚bürgerliche Gesellschaft' zusammenfaßt, daß aber die Anatomie der bürgerlichen Gesellschaft in der politischen Ökonomie zu suchen sei"[71]). Recht ist daher niemals absoluter Wert an sich, sondern stets nur relativer Klassenbegriff, im Zeitalter des Kapitalismus also „Recht der Bourgeoisie", das schon im Kommunistischen Manifest von 1848 folgerichtig gekennzeichnet wurde als „euer Recht[72]) ist nur der zum Gesetz erhobene Wille eurer Klasse, ein Wille, dessen Inhalt gegeben ist in den materiellen Lebensbe-

---

[68]) Laun, a. a. O., S. 21.
[69]) So besonders deutlich Wilhelm Wengler, Völkerrecht und Friedenssicherung, im Sammelwerk „Vom Frieden", Hannover, 1967, S. 79.
[70]) G. F. Hegel, Grundlinien der Philosophie des Rechts, Leipzig, 1921, S. 27.
[71]) Karl Marx, Vorwort zur Kritik der Politischen Ökonomie, abgedruckt in Marx/Engels, Ausgewählte Schriften in zwei Bänden, Band I, Ostberlin, 1951, S. 337.
[72]) Gemeint ist das Recht, von dem Marx der Bourgeoisie seiner Zeit vorwarf, sie gebe es als absolut aus, während es doch nur ihr, der Bourgeoisie, Recht sein könne.

dingungen eurer Klasse"[73]). Recht kann daher auch nicht höher stehen als die ökonomische Gestaltung und die dadurch bedingte Kulturentwicklung der Gesellschaft[74]).

In der Folgezeit wurde diese Auffassung vom Wesen des Rechts zwar etwas modifiziert, indem auch dem Recht ein gewisser Eigenwert in der Einwirkung auf die ökonomischen Grundverhältnisse einer gegebenen Klassengesellschaft zugestanden wurde[75]). Doch blieb der Klassencharakter des Rechts dabei ungeschmälert. Die moderne sowjetische Rechtsauffassung knüpft seit Stalins Eingreifen in die Linguistik-Diskussion des Jahres 1950 an diese relative Eigenwertkonzeption des Rechts unter gleichzeitiger Beibehaltung des Primats der ökonomischen Basis über den ideologischen Überbau, zu dem auch das Recht gezählt wird, an. Bei Stalin war der Überbau sogar schon dargestellt worden als bewußte Schöpfung der Basis allein zu dem Zweck, die Gestaltung der Basis zu erleichtern und ihre Fortentwicklung zu fördern[76]).

Damit hat das Recht die Aufgabe, als von der ökonomischen Basis der jeweils herrschenden Klasse geschaffen, allein die Interessen dieser Klasse zu festigen und zu stärken und sie gegen alle Angriffe von seiten der nicht an der Herrschaft befindlichen Klassen zu schützen. Es ist daher verständlich, wenn in dieser Sicht Recht stets mit Zwang verbunden sein muß, der in der Hand des Staates als des „Produkts und der Äußerung der Unversöhnlichkeit der Klassengegensätze"[77]) liegt. In dieser Sicht bestimmt also der Zwangscharakter das Wesen des Rechts, „denn Recht ist nichts ohne einen Apparat, der imstande wäre, die Erfüllung der Rechtsnormen zu erzwingen"[78]).

Auf dieser Grundlage wird dann auch das Völkerrecht als Überbauerscheinung klassifiziert[79]), und entsprechend das moderne Völkerrecht als das der Epoche des Übergangs vom Kapitalismus zum Sozialismus. Dabei fällt auf, daß beide Grundkomponenten der marxistischen Rechtsdefinition, der

---

[73]) Kommunistisches Manifest, abgedruckt bei „Marx, Werke", herausgegeben von Borkenau, Frankfurt/Hamburg, 1956, S. 112.
[74]) Karl Marx, Kritik des Gothaer Programms der deutschen Sozialdemokratie, in Marx/ Engels, Ausgewählte Schriften in zwei Bänden, Band II, Ostberlin, 1952, S. 16 f.
[75]) Engels in einem Brief an Bloch und an Schmidt, aus dem Jahre 1890, abgedruckt in Marx/Engels, Ausgewählte Schriften in zwei Bänden, Band II, Ostberlin, 1955, S. 459 und 464.
[76]) J. W. Stalin, Der Marxismus und die Fragen der Sprachwissenschaft, Ostberlin, 1951, S. 7 ff.
[77]) W. I. Lenin, Staat und Revolution, Ausgewählte Werke in zwei Bänden, Band II, Moskau, 1947, S. 161.
[78]) Lenin, a. a. O., S. 234.
[79]) Lisovskij, a. a. O., S. 3; Ušakov, a. a. O., S. 70.

Charakter des Rechts als Überbauerscheinung und der Zwangscharakter des Rechts, in der modernen sowjetischen Völkerrechtslehre bei weitem nicht so deutlich wie etwa in der allgemeinen sowjetischen Rechtslehre zum Ausdruck kommen[80]).

In jedem Falle wird dem Völkerrecht selbst, trotz offensichtlichen Fehlens eines Zwangsapparats zu seiner Durchsetzung, doch eine gewisse Eigenständigkeit zugestanden, was letztlich wieder auf die durch Engels und Stalin entwickelte Ansicht von der relativen Eigenständigkeit jedes Überbaus und seiner Erscheinungsformen zurückgeht. Als Begründung für diese Auffassung wird regelmäßig auf Marx verwiesen, der schon zu seiner Zeit gefordert hatte, es dürfe nicht zugelassen werden, daß die Verletzungen des Rechts das Recht selbst aufhöben[81]).

So kommt auch diese Auffassung vom Wesen des Völkerrechts als alle Staaten betreffende echte Rechtsverbindlichkeit jedenfalls im Ergebnis zu der Feststellung, daß diese Rechtsverbindlichkeit sich letztlich nur in der Anerkennung ihrer selbst durch die Staaten gründen kann[82]). Das darf aber nicht darüber hinwegtäuschen, daß auch das Völkerrecht in dieser Sicht wesensmäßig doch nicht außerhalb des allgemeinen marxistischen Rechtsbildes gesehen werden darf, weshalb es als Überbauerscheinung in der Periode der Koexistenz die Aufgabe hat, den Verlauf dieses Zwischenzeitraums auf dem Wege zum endgültigen Sieg des Kommunismus im Weltmaßstab so weit wie möglich friedlich zu beschleunigen, also ohne dabei zu kriegerischen Mitteln zu greifen zu müssen[83]).

c) Der Einfluß des Faktischen im Völkerrecht.

Dieses moderne Völkerrecht, das als Recht auch und gerade ohne Zwang von West und Ost gleichermaßen bestätigt wird und das seine eigentliche Rechtfertigung darin findet, daß es sich im Alltag des internationalen Verkehrs bewährt hat, kennt für die Beurteilung der Bedeutung des bloßen Zeitablaufs für den Bestand einer gegebenen Rechtsposition eine eigene Gesetzlichkeit. Wenn diese auch, ganz im Wesen des allgemeinen Völker-

---

[80]) Bei Ušakov, a. a. O., S. 70 und bei Tunkin, Teorija meždunarodnogo prava, S. 45, finden sich Hinweise, aus denen entnommen werden könnte, daß die gegenwärtigen Weltwirtschaftsbeziehungen als eine solche Basis in Betracht kommen könnten. Eindeutig ist dies jedoch auch dort nicht ausgeführt. Diese Entwicklung untersucht Bracht, Ideologische Grundlagen der sowjetischen Völkerrechtslehre, S. 19—61.
[81]) So ausdrücklich Lisovskij, a. a. O., S. 5.
[82]) Für die herkömmliche Auffassung schildert das kurz und anschaulich J. L. Brierley, Die Zukunft des Völkerrechts, Zürich, 1947, S. 26.
[83]) So ausdrücklich G. P. Zadorožnyj, Mirnoe sosuščestvovanie i meždunarodnoe pravo, (Friedliche Koexistenz und Völkerrecht), Moskau, 1964, S. 435 f.

rechtsbegriffs als vorerst noch unvollkommenes Recht, noch recht vage ist, so läßt sie doch schon gewisse Grundlinien erkennen, die ein „Leerlaufen" vom Völkerrecht als Problem nicht aufkommen lassen.

Als grundlegende Regel ist dabei von der Erkenntnis auszugehen, daß die bloße Macht der Tatsachen allein eine zeitweise nicht durchsetzbare Norm des Völkerrechts noch nicht verändern oder gar aufheben kann. Vor allem gilt das regelmäßig für die Fälle, in denen eine solche Völkerrechtsnorm gegen einen bestehenden offensichtlichen völkerrechtlichen Unrechtstatbestand nicht durchgesetzt werden kann, der daher jedenfalls grundsätzlich auch nach längerem Zeitablauf das alte Recht noch nicht zu neuem werden läßt: „Quod initio vitiosum est, non potest tractu temporis convalescere"[84].

Der eigentliche und letzte metaphysische Grund für diese Erkenntnis, daß die bloße Macht der Tatsachen allein Recht noch nicht begründen kann, liegt in der Bindung jedes Rechts an die Rechtsidee der Gerechtigkeit, deren Bedeutung schon Augustin erkannte: „Was wären die Staaten ohne Gerechtigkeit anders als große Räuberbanden?" Daher liegt auch die Verbindlichkeit des Rechts nicht in seiner Positivität, in der Macht, die es garantiert, sondern allein in der Verpflichtung, welche das Urbild des Rechts, die Gerechtigkeit, für den Menschen besitzt. Sie gilt auch dann, wenn sie vom Inhaber der Macht nicht geachtet und befolgt wird, „und sie findet ihre Vertretung und ihre Organe in solchem Fall in jenen Menschen, welche rechtswidriger Gewalt nach ihrer Möglichkeit Widerstand leisten"[85]. Entsprechendes gilt auch für das Völkerrecht[86].

Daher kann auch die Gerechtigkeit niemals die Macht und deren Existenz als hinlängliches Kriterium des Rechts anerkennen: „Muß doch das An-sich-Geltende verlangen, daß sich das positive Recht an dem Urbild des Gerechten und Guten orientiert und damit zugleich das höhere moralische Wesen des Menschen gegenüber seiner niederen und egoistischen Natur als für diese maßgeblich anerkennt"[87].

Im Laufe der Entwicklung der traditionellen Rechtslehre ist dieses Verhältnis von Macht und Recht immer wieder untersucht worden[88]. Von be-

---

[84] Digesten 50, 17, 29.
[85] Ernst von Hippel, Recht und Macht, im Sammelwerk „Von der Macht", Hannover, 1962, S. 77 f.
[86] Berber, a. a. O., S. 33.
[87] Ernst von Hippel, a. a. O., S. 80.
[88] Einen guten Überblick über die Rechtsprobleme in dieser Entwicklung vermittelt Fritz Münch, Brauch und Mißbrauch der normativen Kraft des Faktischen, Jahrbuch der Albertus-Universität zu Königsberg i. Pr., Band XV, Würzburg, 1965, S. 29 ff.

sonderer Bedeutung ist das Problem der Bewertung des Einflusses der Macht der Tatsachen auf die Ausgestaltung des Rechts in neuerer Zeit in erster Linie durch die von Georg Jellinek im Jahre 1900 erstmals entwickelte These von der „normativen Kraft des Faktischen" geworden, die seitdem sogar in den allgemeinen Sprachgebrauch übergegangen zu sein scheint, ohne daß freilich damit auch der Sinngehalt dieser These zugleich mit übernommen worden wäre.

Dieser Sinngehalt bestimmt sich schon vorab in seiner Bedeutung dadurch, daß Jellinek diese These von der „normativen Kraft des Faktischen" nur beiläufig gebrauchte, er wollte ihr auch nicht etwa einen absoluten Rang zugestehen. Sie sollte in seiner Sicht allein das umfassende Problem der originären Staatsbildung zu umschreiben helfen, die als solche rechtlich ebensowenig faßbar ist wie Veränderungen im Bestand der Staaten. Nach Jellinek tritt neben die reinen Fakten noch die Gewöhnung und das Recht als für die Entstehung von Staaten grundlegende Faktoren. Dabei erklärt er das Recht wiederum als die im Verhalten der Menschen als Normenbewußtsein zum Ausdruck kommende und bewußt gebrauchte Bewertung von ihnen faktisch vorgenommener Übungen[89]).

So schließt sich bei Jellinek an die Fakten der Rechtstitel, den er aus der Tendenz der Menschen herleitet, Gegebenes und Geübtes zur Norm zu erheben. Letzter Rechtfertigungsgrund der „normativen Kraft des Faktischen" ist in diesem Sinne daher wieder das eigentliche menschliche Rechtsbewußtsein, also nicht der objektive Faktor allein, sondern das rein subjektive Wollen, das aus der bloßen Tatsache erst das sein-sollende Recht schafft.

Damit gilt als Sinngehalt der These von der „normativen Kraft des Faktischen" der Grundsatz: „Die soziale Theorie vom Verhältnis von Staat und Gesellschaft, von geschriebener und tatsächlicher Verfassung, ist zu ergänzen durch die Einsicht, daß den tatsächlichen Verhältnissen selbst normative Kraft innewohnt, d. h., daß aus ihnen die Überzeugung hervorgehen muß, daß die tatsächlichen Herrschaftsverhältnisse als rechtliche anzusehen seien"[90]).

Dem entspricht dann auch als Grundregel der Rechtsphilosophie: „‚Normativität des Faktischen' ist ein Paradoxon, aus einem Sein allein kann nie ein Sollen entspringen, ein Faktum wie die Anschauung einer bestimmten Zeitepoche kann nur normativ werden, wenn eine Norm ihm diese Normativität beigelegt hat"[91]).

---

[89]) Georg Jellinek, Allgemeine Staatslehre, zitiert bei Münch, a. a. O., S. 30.
[90]) Münch, a. a. O., S. 31, der insoweit Georg Jellinek interpretiert.
[91]) Radbruch, a. a. O., S. 288.

6. Die allgemeine Bedeutung der Rechtssicherheit und des Rechtsfriedens im Völkerrecht.

a) Willen und Fakten im Recht.

Doch liegt das Problem hinter der These von der „normativen Kraft des Faktischen" noch tiefer. Diese These sollte in erster Linie zum Ausdruck bringen, daß bestimmte Tatsachen, die als solche soziologisch noch von geringer Bedeutung waren, solange sie nicht einer Norm gemäß gewertet, d. h. motiviert werden konnten, durch die Motivation der Norm, d. h. ihre Wertung im Recht, an Bedeutung erhöht und verstärkt werden, was seine Rechtfertigung aus der mit entsprechender faktischer Übung verbundenen Willens- und Bewußtseinsbildung findet, diese Übung als für alle verbindliches Recht anzusehen[92]).

Eine solche Willens- und Bewußtseinsbildung kann sich indessen wie die zugrundeliegende faktische Übung wandeln, sie gerät damit in Konflikt mit der bisherigen Rechtsüberzeugung, die zu ihrer Zeit jedenfalls als Motiv noch stark genug war, um der entsprechenden faktischen Übung den Rechtscharakter zubilligen zu können. Wenn die sich aus einer neuen faktischen Übung oder sonstigen Tatsachen ergebenden Gegenmotive so stark sind, daß sie zu einem offenen Konflikt zu führen drohen, ist es im innerstaatlichen Recht Aufgabe der Gesellschaft in ihren verschiedenen staatlichen Organisationsformen, Ausgleichsmöglichkeiten zu erforschen und sie anzuwenden[93]). Einzelne solcher Konfliktsfälle hat der Gesetzgeber selbst genannt und geregelt, so etwa die Notrechte aus Notwehr und Notstand im allgemeinen Recht oder die Unmöglichkeit und Unzumutbarkeit einer Leistung im bürgerlichen Recht.

In jedem Falle kommt es also für die Wirksamkeit der Gegenmotive im Recht darauf an, ob sie stark genug sind, entgegenstehende Motive zu überwinden, ohne daß deswegen etwa schon Fakten einer Norm entgegengesetzt würden. In diesem Sinne kann die These von der „normativen Kraft des Faktischen" nur als ein Hinweis darauf verstanden werden, daß die Motivation durch die Rechtsnorm ihre Grenzen hat, die im Faktischen oder auch in sonstigen Umständen liegen können[94]), nicht aber darauf, daß die Tatsachen selbst schon in sich im Stande wären, Recht zu schaffen. Es ist

---
[92]) Die Bedeutung der Normierung im Recht schildert anschaulich René König, Das Recht im Zusammenhang der sozialen Normensysteme, im Sammelwerk „Vom Recht", Hannover, 1963, S. 119 ff.
[93]) Darauf weist besonders hin Wengler, a. a. O., S. 72.
[94]) Nach Münch, a. a. O., S. 36 ff.

immer die Rechtsidee, die die Wirklichkeit nicht übernimmt wie sie ist, sondern sie an einem rechtsethischen Maßstab mißt[95]).

Dieser Erkenntnis steht schließlich auch die Bildung von Recht im Wege einer sozialen Revolution nicht entgegen: Die Revolution ist kein Problem originärer Rechtsschöpfung, sondern eine Frage der Geltungslehre des Rechts. Zwar ist es eine soziologische Tatsache, daß Recht nicht nur aus Recht entstehen kann: „Immer wieder wächst neues Recht aus wilder Wurzel. Es gibt eine originäre Rechtsschöpfung, eine Urzeugung des Rechts aus der Tatsächlichkeit, Rechtsentstehung durch Rechtsbruch, neuen Rechtsboden auf erkalteter revolutionärer Lava"[96]).

Doch wäre es nur vordergründig, daraus auch ableiten zu wollen, daß damit eben doch die „normative Kraft des Faktischen" anerkannt werde[97]). Eine solche Argumentation verkennt jedenfalls den eigentlichen Grund für die Entstehung neuen Rechts aus einer Revolution: Es ist das erste Versprechen jeder revolutionären Regierung, „Ruhe und Ordnung" wiederherzustellen, was allein auch eine revolutionäre Regierung zu legitimieren im Stande ist. Damit ist Rechtssicherheit zu gewinnen eigentlicher Legitimationsgrund dafür, daß aus einer Revolution neues Recht entsteht, nicht aber ist die Tatsache der Revolution selbst ein solcher Grund. „Das Recht gilt nicht, weil es sich wirksam durchzusetzen vermag, sondern es gilt, wenn es sich wirksam durchzusetzen vermag, weil es nur dann Rechtssicherheit zu gewähren vermag"[98]).

Daraus ergibt sich gleichzeitig die Einsicht, daß der durch jedes positive Recht erfüllten Forderung der Rechtssicherheit unbedingter Vorrang vor den von ihm vielleicht unerfüllt gelassenen Forderungen der Gerechtigkeit und der Zweckmäßigkeit zukommt[99]). Und es gilt als Grundregel: Das Recht ist Ergebnis juristischer Motivierung aus Tatsachen. Es ist jeweils so stark, wie es durchsetzbar ist. Mit seinen Regeln kann es die Forderungen der Gerechtigkeit und Zweckmäßigkeit weitgehend, wenn auch nicht immer, erfüllen. Seine eigentliche Legitimationsgrundlage findet es aber nicht in der Erfüllung dieser ohnehin meist idealen Forderungen, sondern in seiner Aufgabe zu weitmöglicher Verwirklichung von Rechtssicherheit.

---

[95]) König, a. a. O., S. 130.
[96]) Radbruch, a. a. O., S. 190.
[97]) So etwa gerade Kriele in seinem Spiegel-Interview, Spiegel Nr. 49/70, S. 30.
[98]) Radbruch, a. a. O., S. 180. So auch Münch, a. a. O., S. 43, der hierzu noch auf die Entscheidung des Bundesgerichtshofs BGHZ 9, S. 34 (45) verweist, wonach der Gesetzgeber eingreifen müsse, um Ordnung in die Folgen des systematischen Unrechts zu bringen.
[99]) Radbruch, a. a. O., S. 181.

Daher ist rechtlich legitimiert, wer mit dem Recht diese Aufgabe erfüllen kann, wobei rechtsgrundsätzlich nicht zu unterscheiden ist, wie die Macht des so Herrschenden zustande kam, und es rechtfertigt sich nach herkömmlichen Rechts- und Ordnungsdenken das Postulat: „Ein jeder sei untertan der Obrigkeit, die Gewalt über ihn hat"[100]).

Dem entsprach schon bei Hegel die Vorstellung, es sei der Gang Gottes in der Welt, daß der Staat ist. Dessen Wahrheit ist nach Hegel die Wirklichkeit, die in der Macht des souveränen Willens liegt. „Allein die Menschen sind so närrisch, in ihrem Enthusiasmus für Gewissensfreiheit und politische Freiheit die Wahrheit zu vergessen, die in der Macht liegt"[101]).

b) Notwendigkeit und Effektivität im Völkerrecht.

In diesem Gang des Rechtschöpfungsprozesses spielen somit Tatsachen eine wichtige, aber doch immer nur eine sekundäre Rolle. Diese Grunderkenntnis gilt für alle Rechtsgebiete, also auch für das Völkerrecht, wo sie gerade die Bedeutung der Effektivität bestimmt.

Das Völkerrecht ist als noch weithin unvollkommenes Rechtssystem ohne allgemeine Gesetzgebungs- und Rechtsprechungsorgane[102]) besonders auf die tatsächlichen Gegebenheiten des von ihm zu ordnenden Lebensbereiches angewiesen. Es fordert daher, um einen wirksamen Ausgangspunkt haben zu können, Effektivität als rechtliche Voraussetzung etwa für den Erwerb staatenlosen Gebiets, für die Entstehung eines Staates als Völkerrechtssubjekt oder auch für die Bewertung der Rechtmäßigkeit neuer Regierungen. Von besonderer Bedeutung in diesem Sinne ist die Effektivität schließlich für das Kriegsvölkerrecht.

Doch ist auch das Völkerrecht Ergebnis juristischer Motivation aus solchen Tatsachen des internationalen Lebens, so daß die Effektivität allein noch nicht völkerrechtliche Wirkungen ausüben kann. Vielmehr gilt auch hier die allgemeine Rechtsregel entsprechend: „Recht ist, was dem Willen, den Wertvorstellungen der Rechtsüberzeugung der internationalen Gemeinschaft entspricht und in ihr im allgemeinen als Norm des praktischen Handelns befolgt wird"[103]). Wäre die Effektivität allein schon völkerrechtsbegründend, würde der Staat, der Fakten gesetzt hat, sich auf sie als Recht berufen und

---
[100]) Römer 13, 1.
[101]) Zitiert nach Ernst Cassirer, Vom Mythos des Staats, Zürich, 1949, S. 347.
[102]) Der Internationale Gerichtshof in Den Haag kann nur auf Anrufung und nur dann tätig werden, wenn die streitenden Staaten dies vorher vereinbart haben. Art. 34 ff. des Statuts des Internationalen Gerichtshofs.
[103]) Georg Dahm, Völkerrecht, Band 1, Stuttgart, 1958, S. 13.

auf diese Weise für andere Staaten verbindliches Recht setzen können[104]). Rechtsbegründend können so geschaffene Tatsachen daher erst dann werden, wenn alle Staaten oder doch eine Mehrheit diesen Zustand als Recht ansehen und danach handeln würden.

Erst in diesem Rahmen wird dann auch das Postulat der Rechtssicherheit bedeutend, das gerade im Völkerrecht, dem Durchsetzungsmöglichkeiten doch weitgehend fehlen, einen besonders vorrangigen Platz einnimmt. Aus diesem Postulat ergibt sich, daß das Völkerrecht zwar tatsächliche Besitzverhältnisse grundsätzlich selbst dann zu achten gebietet, wenn sie der materiellen Gerechtigkeit widersprechen. Völkerrechtsbegründend wird diese völkerrechtlich an sich durchaus relevante Effektivität aber immer erst dann, wenn zur Faktizität als solcher das Rechtsbewußtsein des betroffenen Staates und der Völkerrechtsgemeinschaft hinzutritt, das damit letztlich dann die neue Völkerrechtsgrundlage schafft[105]).

Da kein Staat, der sich bewaffneter Gewaltanwendung enthält, nach gegenwärtigem allgemeinen Völkerrecht gezwungen werden kann, sich für eine bestimmte Lösung einer ihn betreffenden Streitfrage im Sinne der Grund- und Zielbestimmung etwa der UNO-Satzung zu entscheiden, hat der von einem solchen Staat bereits geschaffene auch völkerrechtswidrige Machtzustand immer eine bestimmte Bestandskraft. Doch beruht diese dann auf Tatsachen zwischenstaatlicher Machtverteilung und steht und fällt mit ihr. Nicht aber beruht sie auf dem Völkerrecht und den ihm zugrundeliegenden ethisch-historischen Werten. Denn das Völkerrecht gehört wie Moral und Sitte in das Reich der Normen im weiteren Sinne. Daher bestimmt es nicht, was ist, sondern, was sein soll[106]).

Der hierdurch benachteiligte Staat, dem ebenfalls erneute Anwendung von Waffengewalt verboten ist, kann die völkerrechtliche Sanktionierung eines solchen Zustandes durch Rechtsverwahrung in Form des Protests verhindern. Dann bleibt Effektives illegal, freilich aber auch Legales ineffektiv[107]).

Diese Problematik wird besonders deutlich bei der völkerrechtlichen Bewertung des Zeitablaufs hinsichtlich der Besitzverhältnisse an einem erober-

---

[104]) Darauf weist mit Recht Münch, a. a. O., S. 42, hin.
[105]) Dieser Gesamtproblematik ist die in dieser Hinsicht durchaus grundlegend zu nennende Untersuchung von Ursula Ziehen, Vollendete Tatsachen bei Verletzungen der territorialen Unversehrtheit, Würzburg, 1962, gewidmet.
[106]) Walter Rudolf, Zum Begriff des Völkerrechts, Recht im Dienste der Menschenwürde, Festschrift für Herbert Kraus, Würzburg, 1964, S. 259.
[107]) So mit Recht Rabl, Die Völkerrechtsgrundlagen der modernen Friedensordnung, S. 115 f.

ten Gebiet, das der Eroberer noch längere Zeit nach Beendigung der Kampfhandlungen in seinem Besitz behält.

Dabei ist es für das Wesen des modernen Völkerrechts als ein Weg zum Frieden zwischen verschiedenen Gesellschafts- und Wertordnungen von besonderer Bedeutung zu untersuchen, ob gerade dieses außenpolitisch so bedeutsame Problem in beiden Teilen der Welt noch einheitlich behandelt wird oder ob der tiefe Zwiespalt zwischen West und Ost sich auch schon hierbei bemerkbar macht.

7. Annexion und Ersitzung als Problem des Rechtsfriedens im Völkerrecht.

a) Annexion und Ersitzung nach herkömmlicher Auffassung.

Unter der Herrschaft der absoluten Souveränität und des daraus sich ergebenden Rechts auf Krieg hatte das klassische Völkerrecht noch bis in die Zeit des ersten Weltkriegs die Eroberung als rechtsgültigen Gebietserwerbstitel bezeichnet. Das moderne Völkerrecht, das unter dem allumfassenden Gebot des Gewaltverzichts steht, sieht dagegen in der Eroberung, die durch eine entsprechende Erklärung, das eroberte und besetzte Gebiet behalten zu wollen, zur Annexion wird, einen flagranten Verstoß gegen den Grundsatz, daß nichtautorisierte Gewaltanwendung im Krieg ein fremdes Recht nicht zerstören kann[108]) und damit völkerrechtliches Unrecht[109]), das einen Anspruch des betroffenen Staates auf Rückgewähr des eroberten und annektierten Gebiets entstehen läßt[110]).

Gerade in solchen Fällen kommt es trotz des im Völkerrecht wegen weitgehenden Fehlens von Rechtsdurchsetzungsmöglichkeiten vorherrschenden Gebots der Rechtssicherheit für eine erfolgreiche Annexion nicht etwa so sehr auf die eigentliche Besetzung der betreffenden Gebiete an, die ohnehin Voraussetzung dafür ist, daß Rechtsfolgen aus einer solchen Annexion überhaupt entstehen können. Maßgebend für das Entstehen derartiger Rechtsfolgen ist vielmehr in erster Linie die Haltung des betroffenen Staates und dritter Staaten.

Dieses zusätzliche Erfordernis für die Bildung neuen Völkerrechts außer acht zu lassen, hieße, letztlich eben doch vor der bloßen Macht der Gewalt

---
[108]) Das betont vor allem H. Wehberg, Krieg und Eroberung im Wandel des Völkerrechts, Frankfurt/Berlin, 1953. S. 103 f.
[109]) Die Entwicklung dieser Auffassungen schildert eingehend Ziehen, a. a. O., S. 33—96.
[110]) Eine Übersicht über die Bedeutung dieser Rechtsfragen für die deutschen Ostgrenzen und ihre Gesamtproblematik gibt Herbert Kraus, Der völkerrechtliche Status der deutschen Ostgebiete innerhalb der Reichsgrenzen nach dem Stande vom 31. Dezember 1937, Göttingen, 1964, 155 Seiten, und Kurt Rabl, Die gegenwärtige völkerrechtliche Lage der deutschen Ostgebiete, München, 1958, 151 S.

gegenüber dem Recht zu kapitulieren, und es würde eine solche Ansicht schließlich auch immer dem Vorwurf, wirklichkeitsfremd zu sein, ausgesetzt sein, dem sie gerade entgehen möchte: Recht wird als soziologischer Tatbestand begriffsnotwendig immer von Menschen oder doch von ihren Organisationen, nicht aber von reinen Tatsachenverhältnissen als solchen geschaffen.

Dabei muß auch berücksichtigt werden, daß es eine „selbstverständliche Pflicht der Staaten und der auf dem Rechtsgedanken aufgebauten Staatengemeinschaft ist, die durch Gewaltanwendung vorgenommene Einverleibung fremden Territoriums nicht anzuerkennen"[111]). Wenn ein solcher Völkerrechtsgrundsatz bisher auch nicht als positiv geltend nachgewiesen werden kann[112]), so kann doch nur das der Sinn des allgemeinen völkerrechtlichen Gewaltverbots sein, das wie ein roter Faden das Grundgesetz des modernen Völkerrechts, die UNO-Satzung, durchzieht[113]). Sonst würde das Völkerrecht „zu einem Fetzen Papier, wenn man zwar den Krieg verbietet, aber dem Angreifer weiter gestattet, die Früchte seines rechtswidrigen Verhaltens zu ziehen"[114]).

Wenn die Staaten dennoch immer wieder dieses sich aus dem allgemeinen Gewaltverbot ergebende völkerrechtliche Grunderfordernis mißachten und völkerrechtswidrigen Gebietserwerb anerkannt haben, so erfolgten diese Anerkennungen jedoch in der Regel lediglich aus politischen Zweckmäßigkeitserwägungen, nicht aber aus Rechtsüberzeugung[115]).

Aus dem völkerrechtlichen Unrecht der Annexion kann bei voller Berücksichtigung des Effektivitätsprinzips, das also nur als Vorbedingung, nicht aber als eigentliche Rechtsgrundlage für das Entstehen neuen Völkerrechts aus bestehendem völkerrechtlichen Unrecht gelten kann, daher nur dann ein völkerrechtsmäßiger Besitztitel werden, wenn die Voraussetzungen erfüllt sind, die sich hierfür in der Völkerrechtspraxis entwickelt haben, und die zugleich weitgehend in der Völkerrechtslehre anerkannt sind.

Hierbei kommen zunächst die Fälle in Betracht, in denen der betroffene Staat von sich aus nachträglich dem Eroberer das Recht zum Besitz der von diesem besetzten Feindgebiete ausdrücklich entweder vorübergehend oder auf Dauer einräumt. Das Recht zu einer solchen Anerkennung ergibt sich völker-

---

[111]) Wehberg, a. a. O., S. 117.
[112]) Darauf macht Berber, a. a. O., S. 345, aufmerksam, der infolgedessen einen solchen Grundsatz als nicht bestehend ansieht.
[113]) So mit Recht Ziehen, a. a. O., S. 172 f mit weiteren Hinweisen.
[114]) Wehberg, a. a. O., S. 117.
[115]) Das betont Ziehen, a. a. O., S. 170.

rechtlich für den betroffenen Staat aus seiner Souveränität, wobei er natürlich schon vor der Eroberung über das eroberte Gebiet verfügungsberechtigt gewesen sein muß[116]).

Für alle anderen Fälle gelten im wesentlichen drei Voraussetzungen, bei deren Vorliegen im Wege völkerrechtlicher Ersitzung auch ursprünglich völkerrechtswidrig erworbenen Besitzes fremden Staatsgebiets ein völkerrechtsmäßiger Besitztitel erworben wird:

a) Lang andauernder, ununterbrochener Besitz,
b) tatsächliche, auf die Dauer angelegte, offensichtliche Beherrschung des Gebiets und
c) ungestörte, unbestrittene oder unangefochtene Ausübung der Hoheitsgewalt[117]).

Neben der Effektivitätsvoraussetzung kommt es damit gerade auf die Haltung des betroffenen Staates und dritter Staaten[118]) an, ob in diesen Fällen durch Ersitzung neues Völkerrecht entstehen kann oder nicht. Dem liegt der Rechtsgedanke der Verwirkung zugrunde, der als venire contra factum proprium etwa im deutschen Recht oder als principle of estoppel im anglo-amerikanischen Rechtskreis entwickelt wurde und im Völkerrecht entsprechend Eingang gefunden hat: „Stillschweigen des verletzten Staates gegenüber der von dem Rechtsbrecher behaupteten Machtstellung kann nach Ablauf einer dem konkreten Fall angemessenen Zeitspanne die unwiderlegbare Rechtsvermutung begründen, daß der verletzte Staat auf seine Wiederherstellungsansprüche verzichtet hat"[119]).Es ist somit nicht der Zeitablauf allein, sondern die in dieser Zeit eingenommene Haltung des betroffenen Staates, die die Rechtsvermutung vom Untergang des alten Rechts begründet[120]).

---

[116]) Diese Verfügungsberechtigung kann sich auch im Falle des Untergangs des ursprünglich berechtigten Staates auf den Rechtsnachfolger übertragen haben. Diese Voraussetzung ist eine Bedingung für die völkerrechtsmäßige Verfügungsbefugnis über das betroffene Gebiet. Ist sie nicht gegeben, ist die dennoch erfolgte Zession völkerrechtlich ungültig. Ihre völkerrechtliche Geltung wird dagegen nicht dadurch beeinträchtigt, daß der völkerrechtlich verfügungsberechtigte Staat beim Abschluß des Zessionsvertrages seine eigenen verfassungsrechtlich vorgeschriebenen Kompetenzen nicht eingehalten haben könnte. Insoweit entstehen nur Haftungsansprüche nach innerstaatlichem Recht des betroffenen Staates.
[117]) Maria Satow, Die Ersitzung in völkerrechtlicher Theorie und Praxis, Internationales Recht und Diplomatie, 1964, S. 45. Der Aufsatz enthält eine übersichtliche Zusammenstellung der entsprechenden Theorie und Praxis.
[118]) Die Rechtsfolgen des Verhaltens dritter Staaten hinsichtlich völkerrechtswidriger Enteignungen untersucht Georg Dahm, Zum Problem der Anerkennung im Inland durchgeführter völkerrechtswidriger Enteignungen im Ausland, Recht im Dienste der Menschenwürde, Festschrift für Herbert Kraus, Würzburg, 1964, S. 67 ff.
[119]) Ziehen, a. a. O., S. 141.
[120]) Die Ansicht von Kriele, a. a. O., S. 30, die Rechtswidrigkeit einer Annexion werde völkerrechtlich gesehen durch Zeitablauf geheilt, berücksichtigt diesen Gesamtzusammenhang nicht und ist daher in dieser apodiktischen Kürze unzutreffend.

Wenn der betroffene Staat seine Nichtanerkennung der Annexion ausdrücklich oder doch deutlich genug immer wieder bekundet hat, ist die Auseinandersetzung um die Wiederherstellung der ursprünglichen rechtlichen Verhältnisse noch nicht abgeklungen und eine Ersitzung kann nicht eintreten. Das muß selbst dann gelten, wenn der betroffene Staat seine Rechte zwar wiederholt und nachdrücklich verfochten hat, aber ihre Durchsetzung infolge des Zeitablaufs illusorisch geworden ist oder doch geworden zu sein scheint, denn solange gilt nach den Grundsätzen der völkerrechtlichen Ersitzung dieser Zustand noch immer als unrechtmäßig. Gerade der Rechtssicherheit, deren Erfordernissen diese Grundsätze gerecht werden sollen, wäre aber nicht gedient, wenn trotz des noch immer erhobenen Rechtsanspruchs doch neues Recht eingetreten sein sollte.

Und ferner: Wo sollte die in den allgemein anerkannten Grundsätzen der völkerrechtlichen Ersitzung bereits gezogene Grenze zwischen Recht und Unrecht noch erkennbar sein, wenn es nicht mehr auf den Willen des betroffenen Staates ankommen soll, auf den diese Grundsätze doch gerade abstellen? Darüber hinaus würde es die nach wie vor grundlegende Bedeutung der staatlichen Souveränität im modernen Völkerrecht zu verkennen heißen, wenn vom Völkerrecht in die Souveränität eines Staates gegen dessen Willen eingegriffen werden dürfte, ohne daß es sich insoweit etwa um eine Sanktionsmaßnahme handeln könnte[121]).

Ihre Rechtfertigung findet die gegenteilige Auffassung vielmehr darin, daß keineswegs etwa die völkerrechtlich ohnehin grundsätzlich verbotene Gewaltanwendung zur Durchsetzung des stets geforderten, aber doch nicht erlangten Rechtsanspruchs einzige Alternative gegenüber dem Untergang des Rechts „zum Wohle der Völkerrechtsgemeinschaft" ist[122]). Vielmehr sind derartige Rechtsforderungen gerade unter den Bedingungen einer die Anwendung von Gewalt ausschließenden Situation erstrangige und unverzichtbare Instrumente der Politik und sehr konkrete und wirksame „Waffen" in der außenpolitischen Auseinandersetzung.

Ihre Rechtfertigung findet diese Ansicht auch darin, daß das beharrliche Festhalten an seinem auch zeitweilig vielleicht nicht durchsetzbaren Rechtsanspruch als Mittel der Politik keineswegs etwa „der politischen Realität und dem Fortgang der politischen Entwicklung entgleitet"[123]). Gerade jener

---

[121]) Das verkennt Zuleeg, a. a. O., S. 229, wenn er meint, auf längere Frist könne die Zustimmung des verletzten Staates nicht so wichtig sein, „zumal auch die internationale Anerkennung seine Meinung unerheblich macht."
[122]) Das glauben Zuleeg, a. a. O., S. 229 f., Böckenförde, a. a. O., S. 12 und Kriele, a. a. O., S. 30.
[123]) So Böckenförde, ebenda.

Fortgang der politischen Entwicklung, der als solcher nicht vorhersehbar ist, könnte aber jederzeit durchaus auch wieder neue Möglichkeiten entstehen lassen, die dazu führen könnten, einen solchen Anspruch dann letztlich doch noch zu realisieren, wenn solche Möglichkeiten zu einer bestimmten Zeit vielleicht auch noch nicht erkennbar sein mögen. Wer wollte für sich in Anspruch nehmen, den Verlauf der Zukunft und der Geschichte so genau vorhersagen zu können, daß er solche Möglichkeiten schlechthin ausschließen dürfte? Einmal aufgegeben, wäre die Realisierung eines solchen Rechts natürlich nicht mehr möglich[124]).

Damit ist nach herkömmlicher Völkerrechtsauffassung der Staat und so wieder letztlich das einzelne Volk allein Regulator seines Rechts auf einen bestimmten Teil seines Gebiets.

b) Annexion und Ersitzung nach marxistisch-leninistischer Auffassung.

Die in der marxistisch-leninistischen Völkerrechtslehre vertretene Auffassung von der Bedeutung der Annexion für einen völkerrechtsmäßigen Gebietserwerb ist untrennbar mit dem Selbstbestimmungsrecht der Völker verbunden[125]). Diese Idee, „daß die Entscheidung über das politische Schicksal eines Volkes oder von Teilen eines solchen nicht von dessen Staat oder anderen Staaten, sondern vom Wunsch und Willen der betroffenen Bevölkerung abhängig sein soll"[126]), ist schon seit Bestehen der Sowjetmacht sogar eine der tragenden Grundlagen des Leninismus und damit später auch der sowjetischen Völkerrechtslehre[127]).

Dem so bedeutsam gewordenen marxistischen revolutionären Postulat, diese Welt nicht mehr zu interpretieren, sondern sie zu verändern[128]), und Lenins Forderung folgend, der seine Thesen nicht als Dogma, sondern als Anleitung

---

[124]) Hierauf macht mit Recht aufmerksam Hermann Weinkauff, Alles andere als Formelkram, Frankfurter Allgemeine Zeitung vom 6. November 1970.
[125]) Den umfassendsten Überblick über die sowjetische Auffassung zum Selbstbestimmungsrecht gibt Boris Meissner, Sowjetunion und Selbstbestimmungsrecht, mit Dokumentenanhang, Köln, 1962, 463 Seiten. Eine kurze Zusammenfassung sowjetischer Auffassungen bringt Hans Werner Bracht, Das Recht der Nationen auf Selbstbestimmung in der modernen sowjetischen Völkerrechtslehre, Recht im Dienste der Menschenwürde, Festschrift für Herbert Kraus, Würzburg, 1964, S. 1 ff.
[126]) Herbert Kraus, Das Selbstbestimmungsrecht der Völker, Sammelwerk „Das östliche Deutschland", Würzburg, 1959, S. 58. Ähnlich H. Armbruster, Selbstbestimmungsrecht, Strupp-Schlochauer, Wörterbuch des Völkerrechts, 2. Aufl., Berlin 1962, Band III, S. 250; G. Decker, Das Selbstbestimmungsrecht der Nationen, Göttingen, 1955, S. 255 f.; Kurt Rabl, Das Selbstbestimmungsrecht der Völker, München, 1963, S. 171 ff.
[127]) Kraus, a. a. O., S. 72 und 75; Boris Meissner, Die Sowjetunion, die baltischen Staaten und das Völkerrecht, Köln, 1956, S. 261 und ders., Sowjetunion und Selbstbestimmungsrecht, S. 32.
[128]) Karl Marx, 11. These über Feuerbach: „Die Philosophen haben die Welt nur verschieden interpretiert. Es kommt aber darauf an, sie zu verändern." Marx/Engels, Ausgewählte Schriften in zwei Bänden, Band II, Ostberlin, 1955, S. 378.

zum Handeln verstanden wissen wollte[129]), steht die marxistisch-leninistische Vorstellung vom Wesen des Rechts der Nationen auf Selbstbestimmung indessen gleichzeitig in engem Zusammenhang mit der weltrevolutionären Strategie und Taktik[130]), was aber wieder ihre Bedeutung nicht schmälern, sondern sie im Gegenteil erhöhen soll.

Der moderne marxistisch-leninistische Begriff des so verstandenen Selbstbestimmungsrechts geht auf eine Formulierung Stalins aus dem Jahre 1913 zurück, deren Gültigkeit auch für die weltpolitische Gegenwart noch immer unbestritten ist[131]). Sie ist im Vergleich zu dem von Lenin geprägten Begriff, der lediglich auf das Recht zu staatlicher Lostrennung von fremdnationalen Gemeinschaften und Bildung eines eigenen Nationalstaates abstellte[132]), etwas weiter gefaßt: „Recht auf Selbstbestimmung, das heißt: Die Nation kann sich nach eigenem Gutdünken einrichten. Sie hat das Recht, ihr Leben nach den Grundsätzen der Autonomie einzurichten. Sie hat das Recht, zu anderen Nationen in föderative Beziehungen zu treten. Sie hat das Recht, sich gänzlich loszutrennen. Die Nation ist souverän, und alle Nationen sind gleichberechtigt"[133]).

Von diesem Standpunkt her ist es folgerichtig, wenn jede Annexion als grundlegender Verstoß gegen das Selbstbestimmungsrecht schon von Lenin nachdrücklich abgelehnt wurde: „Wenn irgendeine Nation mit Gewalt innerhalb eines bestimmten Staates festgehalten wird, wenn ihr entgegen dem von ihrer Seite zum Ausdruck gebrachten Wunsch — gleichgültig, ob dieser Wunsch in der Presse, in Volksversammlungen, in Parteibeschlüssen oder Empörungen und Aufständen gegen die nationale Unterdrückung zum Ausdruck gekommen ist — nicht das Recht gewährt wird, in freien Wahlen und bei vollem Abzug der Streitkräfte der einverleibenden oder allgemein stärkeren Nation und ohne den geringsten Zwang die Frage über die Form

---

[129]) W. I. Lenin, Der „linke Radikalismus", die Kinderkrankheit im Kommunismus, (1920), Ausgewählte Werke in zwei Bänden, Band II, Moskau, 1947, S. 716.
[130]) Meissner, Die Sowjetunion, die baltischen Staaten und das Völkerrecht, S. 275 und ders. Sowjetunion und Selbstbestimmungsrecht, S. 32; Decker, a. a. O., S. 294.
[131]) Nach Meissner, Die Sowjetunion, die baltischen Staaten und das Völkerrecht, S. 264 und ders., Sowjetunion und Selbstbestimmungsrecht, S. 47.
[132]) W. I. Lenin, Über das Recht der Nationen auf Selbstbestimmung (1914), Ausgewählte Werke, Band I, Moskau, 1946, S. 673.
[133]) I. V. Stalin, Werke, Band 2, S. 310 f., zitiert bei I. Zamerjan, O proisvedenijach I. V. Stalina „Marksizm i nacional'nyj vopros" i „Nacional'nyj vopros i leninizm", (Über die Werke I. W. Stalins „Der Marxismus und die nationale Frage" und „Die nationale Frage und der Leninismus"), Moskau, 1951, S. 20.

der staatlichen Existenz dieser Nation zu entscheiden, so ist eine solche Einverleibung eine Annexion, d. h. Raub und Zwang"[134]).

Das Selbstbestimmungsrecht konnte daher schon nach Lenins Darstellung nur in vollkommen freier Willensentscheidung des berechtigten Volkes unter Ausschaltung jedes äußeren Druckes verwirklicht werden. In dieser Formulierung, die im Gesamtzusammenhang des „Dekretes über den Frieden" als formeller Friedensvorschlag der Sowjetregierung den anderen Mächten zugeleitet wurde, war gleichzeitig die nationale Selbstbestimmung „zum erstenmal von einem Staat als eine allgemeine, für und gegen alle gleichmäßig wirkende Rechtsregel eines künftigen neuen Völkerrechts gefordert" worden[135]).

In der marxistisch-leninistischen Völkerrechtslehre folgte vor allem die sowjetische Auffassung diesen Thesen Lenins. Unter Hinweis auf das „Dekret über den Frieden" gilt die Annexion als völkerrechtswidrig, weil sie das Selbstbestimmungsrecht der Völker verletzt[136]).

Folgerichtig werden dann im Einklang mit dieser Grundauffassung nur solche Gebietsveränderungen als völkerrechtlich einwandfrei bezeichnet, die auf einer freien Willensentscheidung der betroffenen Bevölkerung beruhen[137]). Das schließt dann begriffsnotwendig auch in sowjetischer Sicht die Möglichkeit aus, den Besitzerwerb etwa durch entsprechende Anerkennung von seiten dritter Staaten legitimiert zu bekommen[138]).

Davon werden naturgemäß nur die wenigen Fälle ausgenommen, wo sich Staatsgebiet in Folge von Naturereignissen etwa bei Entstehung von

---

[134]) W. I. Lenin, Werke, Band 20, S. 369, zitiert bei Ju. G. Barsegov, Uvaženie territorial'noi zelestnosti — odin is principov mirnogo sosuščestvovanija (Die Achtung der territorialen Integrität ist einer der Grundsätze der friedlichen Koexistenz), SGiP., 1957, Nr. 9, S. 28, deutsche Übersetzung: W. I. Lenin, Rede über den Frieden am 26. Oktober 1917, Ausgewählte Werke, Band II, S. 257.
[135]) Rudolf Laun, Der Wandel der Ideen, Staat und Volk als Äußerung des Weltgewissens, Barcelona, 1935, S. 203, zitiert bei Meissner, Sowjetunion und Selbstbestimmungsrecht, S. 23.
[136]) Meždunarodnoe Pravo, (Völkerrechtslehrbuch) unter der Redaktion von F. I. Koževnikov, Moskau, 1957, S. 181; Meždunarodnoe Pravo (Völkerrechtslehrbuch), unter der Redaktion von D. B. Levin und G. P. Kaljužnaja, Moskau, 1964, S. 180; Meždunarodnoe Pravo, (Völkerrechtslehrbuch), unter der Redaktion von F. I. Koževnikov, 2. Aufl., Moskau, 1966, S. 199; Kurs meždunarodnogo prava (Völkerrechtslehrbuch in 6 Bänden), Band II, Moskau, 1967, S. 59; V. I. Lisovskij, Meždunarodnoe Pravo, (Völkerrechtslehrbuch), Moskau, 1970, S. 142 f.
[137]) Völkerrechtslehrbuch 1957, S. 182; Ju. G. Barsegov, Territorija v meždunarodnom prave, (Das Staatsgebiet im Völkerrecht), Moskau, 1958, S. 76 ff.; Poslanie N. S. Chruščeva i mirnoe uregulirovanie territorial'nych sporov meždu gosudarstvami (Die Botschaft N. S. Chruschtschows und die friedliche Regelung territorialer Streitigkeiten zwischen Staaten), SGiP., 1964, Nr. 5, S. 7; Völkerrechtslehrbuch 1964, S. 179; Völkerrechtslehrbuch 1966, S. 199; Völkerrechtslehrbuch 1967, Band II, S. 58; Völkerrechtslehrbuch 1970, S. 141 f.
[138]) So mit Recht ausdrücklich Dietrich Frenzke, Die Anerkennung von Staaten, Regierungen und Gebietsveränderungen, im Sammelwerk „Völkerrecht in Ost und West", Stuttgart-Berlin-Köln-Mainz, 1967, S. 150.

Inseln oder durch menschliche Eingriffe in die Natur etwa bei Landgewinnung durch Eindeichung von Küstenstreifen neu gebildet hat[139]).

Jeder andere Besitzerwerb fremden Staatsgebietes wird daher nicht als völkerrechtlicher Besitztitel anerkannt. Das gilt vor allem für die Eroberung[140]), aber auch für die Ersitzung als Gebietserwerb durch Zeitablauf und Duldung[141]), wobei auch schon hervorgehoben wurde, daß die Lehre von der Anerkennung der Ersitzung als völkerrechtlicher Besitztitel nicht nur das Selbstbestimmungsrecht außer acht lasse[142]), sondern auch die Bedeutung des Effektivitätsprinzips im Völkerrecht verkenne. Dieses Prinzip widerspreche schon in sich selbst dem modernen Völkerrecht. Dazu wird im übrigen auch auf die Genfer Konvention über den Küstensockel von 1958 verwiesen, bei der es für das Recht des Küstenstaates auf den Küstensockel auch nicht darauf ankomme, ob dieser Staat dort tatsächlich Besitz ausübe oder nicht[143]).

Wie von sowjetischer Seite wird die Auffassung, daß rechtswidrige Gebietserwerbungen, besonders solche durch eine Aggression zustandegekommene, selbst durch eine Anerkennung von seiten dritter Staaten nicht zu völkerrechtsmäßigen werden können, auch in der polnischen und jugoslawischen Völkerrechtslehre vertreten[144]).

Darüber hinaus ist auf eben dieser Grundlage in der sowjetischen Außenpolitik auch schon ein Recht auf die Heimat anerkannt und von der Kommunistischen Partei der Sowjetunion im internationalen Rahmen geltend gemacht worden.

Anlaß zu dieser Entwicklung, die ihren Ausgangspunkt in der zunehmenden Verschlechterung der sowjetisch-chinesischen Beziehungen hat, die in

---

[139]) Diese Fälle nennt Lisovskij, a. a. O., S. 140, gesondert.
[140]) Völkerrechtslehrbuch 1957, S. 180; Völkerrechtslehrbuch 1964, S. 180; Völkerrechtslehrbuch 1966, S. 199; Völkerrechtslehrbuch 1967, Band II, S. 62; Völkerrechtslehrbuch 1970, S. 142; G. I. Tunkin, Teorija meždunarodnogo prava, (Theorie des Völkerrechts), Moskau, 1970, S. 461 f. I. L. Melamed, Israel'skaja agressija — grubejšee narušenie norm meždunarodnogo prava (Die israelische Aggression — gröbste Verletzung von Normen des Völkerrechts), SGiP., 1970, Nr. 8, S. 74, begründet diese Unzulässigkeit ausdrücklich noch zusätzlich mit dem Hinweis auf den Beschluß des Weltsicherheitsrats vom 22. November 1967, der für alle UNO-Mitgliedstaaten nach Art. 24, 25 und 39 der UNO-Satzung verbindlich sei.
[141]) Völkerrechtslehrbuch 1957, S. 180; Völkerrechtslehrbuch 1966, S. 199; Völkerrechtslehrbuch 1967, Band II, S. 221. Völkerrechtslehrbuch 1970 (Lisovskij), S. 142, weist hierzu noch darauf hin, daß das Völkerrecht eine Verjährungsfrist nicht kenne.
[142]) Das sieht vor allem als Grund für die Notwendigkeit, eine Ersitzung nicht als völkerrechtlichen Besitztitel bei Gebietserwerb anzuerkennen, an Ju. G. Barsegov, Uvaženie territorial'noi celostnosti, SGiP., 1957, Nr. 9, S. 28.
[143]) B. M. Klimenko, Meždunarodnopravovaja priroda gosudarstvennoj territorii (Die Völkerrechtsnatur des Staatsgebiets), Sovetskij Ežegodnik Meždunarodnogo Prava (Sowjetisches Völkerrechtsjahrbuch), 1968, Moskau, 1969, S. 199.
[144]) Frenzke, a. a. O., S. 151 f.

den Schüssen am Ussuri im Frühjahr 1969 einen einstweiligen Höhepunkt fand, waren bedeutende Gebietsforderungen, die Mao Tse-tung in einem Interview mit japanischen Sozialisten im Sommer 1964 der Sowjetunion gegenüber geltend gemacht hatte. In einem Redaktionsartikel der Pravda, des offiziellen Organs der Kommunistischen Partei der Sowjetunion, vom 2. September 1964 wurden diese Ansprüche offiziell zurückgewiesen.

Dazu wurde erklärt, die russischen Siedler in diesen von China beanspruchten Gebieten „dachten an keine territorialen Eroberungen. Sie arbeiteten auf dem Land, auf dem zu leben ihnen zukam, und sie tränkten es mit ihrem Schweiß. Man kann sich nur wundern, daß sich Menschen finden, die das Recht der Arbeiter und Bauern auf das Land, wo sie seit altersher wohnen und arbeiten, in Frage stellen ... Denkt denn der, der die Zugehörigkeit von Gebieten, die mehr als 1,5 Millionen Quadratkilometer umfassen, zur Sowjetunion in Frage stellt, daran wie die Sowjetmenschen zu diesen Ansprüchen Stellung nehmen werden, die im Verlauf einer Reihe von Generationen auf diesem Land wohnen und arbeiten und es ihre Heimat, das Land ihrer Vorväter[145]) nennen"[146])?

Diese Darstellungen der Partei haben in der Folgezeit in der sowjetischen Völkerrechtslehre einen gewissen Anklang gefunden, wenn auch nicht hinsichtlich der Konfrontation mit China, sondern nunmehr für den Nah-Ost-Konflikt. In diesem Rahmen wurde Israel beschuldigt, das Heimatrecht, das als solches durchaus anerkannt und als feststehend angesehen wurde, für sich zu mißbrauchen. Dazu wurde behauptet, der stellvertretende israelische Ministerpräsident Allon habe erklärt, das Land gehöre immer dem Volke, das auf ihm wohnt. Die von den israelischen Truppen besetzten arabischen Gebiete würden daher dann israelisch, wenn Israelis dort siedeln würden. Um dieses Ziel zu erreichen, habe Israel die arabischen Einwohner dieser Gebiete aus ihrer Heimat[147]) vertrieben und eine militärische Besiedlung der eroberten Gebiete organisiert, was völkerrechtlich verboten sei: „Diese Aktionen der israelischen Eroberer sind eine schwerste Verletzung der UNO-Satzung, der Menschenrechtsdeklaration und der vielfältigen Entschließungen der UNO, die sich besonders mit dem Problem der palästinensischen Flüchtlinge beschäftigen"[148]). Im Februar 1968 habe die

---
[145]) Russisch: sčitajut ee rodinoj, zemlej svoich predkov.
[146]) Po povodu besedy Mao Tse-duna s gruppoj japonskich socialistov (Aus Anlaß des Interviews Mao Tse-tungs mit einer Gruppe japanischer Sozialisten), Redaktionsartikel der Pravda vom 2. September 1964.
[147]) Russisch: s ich iskonnych zemel, wörtlich: aus ihren ureigensten Ländern.
[148]) Melamed, a. a. O., S. 74.

UNO-Menschenrechtskommission nochmals das „unveräußerliche Recht" der vertriebenen Araber, „in ihre Heimat zurückzukehren", anerkannt[149]). In gleichem Zusammenhang wurde auch noch ein Recht auf die Heimat durch Hinweis auf Art. 49 des IV. Genfer Abkommens vom 12. August 1949 zum Schutze von Zivilpersonen in Kriegszeiten[150]) ausdrücklich anerkannt. Nach dieser Bestimmung sind „Einzel- und Massenzwangsverschickungen sowie Verschleppungen von geschützten Personen aus besetztem Gebiet nach dem Gebiet der Besatzungsmacht oder dem irgendeines anderen besetzten oder unbesetzten Staates, ohne Rücksicht auf deren Beweggrund, untersagt." Gegen ein solchermaßen völkerrechtlich anerkanntes Heimatrecht habe Israel verstoßen, indem es „erneut ungefähr eine halbe Million Menschen zwang, ihre Heimat zu verlassen"[151]).

Damit wird auch in sowjetischer Sicht die Auffassung, selbst ein durch Unrecht erlangter Besitz brauche nicht herausgegeben zu werden, da dies dem Gedanken der Friedenssicherung zuwiderlaufen würde und den Frieden gefährde, nicht gebilligt. Auch in dieser Sicht muß vielmehr dem verletzten Selbstbestimmungsrecht der betroffenen Bevölkerung Genugtuung geleistet werden, was insoweit selbst dem sonst allgemein durchaus anerkannten Gebot der Friedenserhaltungspflicht doch vorgeht. Ein Abtreten von Staatsgebiet im Interesse der Entwicklung friedlicher und freundschaftlicher Beziehungen zwischen den Staaten wird zwar für zulässig gehalten. Doch selbst das darf nur auf der Grundlage freiwilliger Übereinkommen zwischen den beteiligten Staaten erfolgen[152]).

So gilt in sowjetischer Sicht auch und gerade hinsichtlich der Annexion und der Ersitzung immer nur die Grundregel: „Die historisch gewachsene Zugehörigkeit eines bestimmten Teils der Erdoberfläche zu der dort siedelnden Bevölkerung kann bei der Betrachtung der Frage über die staatliche Zugehörigkeit eines Territoriums über das Recht eines Staates auf einen bestimmten Teil seines Territoriums oder über den Rechtstitel der Territorialgewalt nicht außer acht gelassen werden"[153]).

„Daher muß das Prinzip der Selbstbestimmung der Nationen das Hauptkriterium bei Gebietsveränderungen sein, so daß derartige Grundlagen der Gebietszugehörigkeit wie Ersitzung, Effektivität usw. nur dann in Betracht

---

[149]) Melamed, ebenda.
[150]) BGBl. 1954 II, S. 917 ff.
[151]) N. V. Zacharova, Agressija — naibolee gruboe narušenie prav čeloveka (Die Aggression — die allerschwerste Verletzung der Menschenrechte), SGiP., 1968, Nr. 12, S. 62.
[152]) Völkerrechtslehrbuch 1967, Band II, S. 60.
[153]) Völkerrechtslehrbuch 1967, Band II, S. 59.

gezogen werden können, wenn sie dem Prinzip der Selbstbestimmung und anderen grundlegenden Regeln des Völkerrechts nicht widersprechen. Die sowjetische Völkerrechtslehre vertritt konsequent einen solchen Standpunkt"[154]).

c) Annexion und Ersitzung in der Völkerrechtspraxis der weltpolitischen Gegenwart.

Diese Auffassungen entsprechen nach wie vor der Ansicht der Mehrheit der Völkerrechtsgemeinschaft. Das beweist für die weltpolitische Gegenwart[155]) hinreichend deutlich die internationale Diskussion im unmittelbaren Anschluß an den Juni-Krieg 1967 im Nahen Osten.

So hatte schon der Sicherheitsrat in der einstimmig angenommenen Entschließung vom 14. Juni 1967 ausdrücklich das Recht der durch Kriegsereignisse zur Flucht veranlaßten Bevölkerung auf Rückkehr in ihre Heimat bestätigt: „Der Sicherheitsrat, in der Erwägung der dringenden Notwendigkeit, der Zivilbevölkerung und den Kriegsgefangenen im Gebiet des Nahostkonfliktes zusätzliche Leiden zu ersparen, in der Erwägung, daß grundlegende und unveräußerliche Menschenrechte selbst in den Wechselfällen des Krieges geachtet werden sollen, in der Erwägung, daß alle Verpflichtungen der Genfer Konvention über die Behandlung von Kriegsgefangenen vom 12. August 1949 von den am Konflikt beteiligten Parteien erfüllt werden sollten,

> 1. fordert die Regierung Israels auf, die Sicherheit, die Wohlfahrt und den Schutz der Bewohner von Gebieten, in denen militärische Handlungen stattgefunden haben, zu gewährleisten und die Rückkehr der Einwohner, die seit Ausbruch der Feindseligkeiten aus den Gebieten geflohen sind, zu erleichtern;
>
> 2. empfiehlt den beteiligten Regierungen die gewissenhafte Beachtung der humanitären Grundsätze über die Behandlung von Kriegsgefangenen und den Schutz von Zivilpersonen in Kriegszeiten, wie sie in den Genfer Konventionen vom 12. August 1949 niedergelegt sind;
>
> 3. ersucht den Generalsekretär, die wirksame Durchführung dieser Entschließung zu verfolgen und dem Sicherheitsrat zu berichten"[156]).

Besonders bedeutsam gerade für die Frage der Zuverlässigkeit von Gebietserwerb durch kriegerische Annexion ist die Entschließung, die von der

---
[154]) Völkerrechtslehrbuch 1967, Band II, S. 221.
[155]) Einen allgemeinen Überblick über die Entwicklung dieser Gesamtproblematik gibt Günther Schulz, Die Entwicklung des völkerrechtlichen Annexionsverbots, Jahrbuch der Albertus-Universität zu Königsberg i. Pr., 1962, Band XII, Würzburg, 1962, S. 20 ff.
[156]) Entschließung 237 vom 14. Juni 1967, abgedruckt bei Günther Wagenlehner, Eskalation im Nahen Osten, Stuttgart, 1968, S. 212.

Generalversammlung der UNO am 4. Juli 1967 mit 99 Stimmen ohne Gegenstimmen bei 20 Enthaltungen angenommen wurde: „Die Generalversammlung, in tiefer Sorge über die in Jerusalem herrschende Lage, welche sich aus Maßnahmen Israels, die Rechtsstellung der Stadt zu ändern, ergeben hat,

> 1. hält diese Maßnahmen für ungültig;
>
> 2. fordert Israel auf, alle bereits getroffenen Maßnahmen aufzuheben und sofort jede Handlung zu unterlassen, welche die Rechtsstellung Jerusalems ändern würde;
>
> 3. ersucht den Generalsekretär, der Generalversammlung und dem Sicherheitsrat über die Lage und über die Durchführung dieser Entschließung binnen einer Woche nach ihrer Annahme zu berichten"[157]).

Israel kam diesem Verlangen jedoch nicht nach. Außenminister Eban verteidigte vielmehr die Maßnahmen seiner Regierung in Jerusalem mit dem Hinweis, es handele sich nicht um eine Annexion, denn „die Schritte wurden unternommen allein zum Zwecke verwaltungsmäßiger Integrierung der Altstadt Jerusalems, und sie haben die rechtliche Grundlage zum Schutze der Heiligen Stätten in Jerusalem geschaffen"[158]). Die Generalversammlung erkannte diese Motivation indessen nicht an und erklärte in einer Entschließung vom 14. Juli 1967, die mit 99 Stimmen ohne Gegenstimmen bei 18 Enthaltungen gebilligt wurde: „Die Generalversammlung, unter Hinweis auf ihre Entschließung 2253 (ES-V) vom 4. Juli 1967, nach Erhalt des Berichts des Generalsekretärs (A/6753, S/8052), mit tiefstem Bedauern und in tiefster Sorge Kenntnis nehmend von Israels Nichteinhaltung der Entschließung 2253 (ES-V),

> 1. bedauert das Unterlassen Israels, der Entschließung 2253 (ES-V) der Generalversammlung zu entsprechen;
>
> 2. wiederholt ihre in dieser Entschließung enthaltene Aufforderung an Israel, alle bereits getroffenen Maßnahmen aufzuheben und sofort jede Handlung zu unterlassen, welche die Rechtsstellung Jerusalems ändern würde;
>
> 3. ersucht den Generalsekretär, dem Sicherheitsrat und der Generalvollversammlung über die Lage und über die Durchführung dieser Entschließung zu berichten"[159]).

---

[157]) Entschließung 2253 (ES-V) vom 4. Juli 1967, abgedruckt bei Wagenlehner, a. a. O., S. 250.
[158]) Antwort Abba Ebans auf den Brief des UN-Generalsekretärs U Thant vom 7. Juli 1967 zum „Problem Jerusalem", abgedruckt bei Wagenlehner, a. a. O., S. 252.
[159]) Entschließung 2245 (ES-V) vom 14. Juli 1967, abgedruckt bei Wagenlehner, a. a. O., S. 256.

Ihren vorläufigen Abschluß fand diese Entwicklung durch die Entschließung des Sicherheitsrats vom 22. November 1967, die einstimmig angenommen wurde. Darin erklärte der Sicherheitsrat: „Der Sicherheitsrat, in Bekundung seiner ständigen Sorge über die ernste Lage in Nahost, in Betonung der Unzulässigkeit, Gebiete durch Krieg zu erwerben, und der Notwendigkeit, für einen gerechten und dauerhaften Frieden zu arbeiten, in dem jeder Staat des Gebietes in Sicherheit leben kann, in Betonung ferner, daß alle Mitgliedstaaten durch die Annahme der Charta der Vereinten Nationen die Verpflichtung eingegangen sind, in Übereinstimmung mit Artikel 2 der Charta zu handeln,

> 1. bekräftigt, daß die Erfüllung der Grundsätze der Charta die Errichtung eines gerechten und dauerhaften Friedens in Nahost verlangt, der die Anwendung der beiden folgenden Grundsätze einschließt:
> (i) Rückzug der israelischen Streitkräfte aus Gebieten, die während des jüngsten Konflikts besetzt wurden;
> (ii) Einstellung aller Behauptungen oder Formen eines Kriegszustandes sowie die Beachtung und Anerkennung der Souveränität eines jeden Staates in diesem Gebiet und die seines Rechts, innerhalb sicherer und anerkannter Grenzen frei von Drohungen und Akten der Gewalt in Frieden zu leben ... "[160]).

Von seiten des Ostblocks wurde diese Resolution in der Konferenz der Außenminister europäischer sozialistischer Länder in Warschau vom 19. bis 21. Dezember 1967 nochmals ausdrücklich bekräftigt: „In diesem Zusammenhang verweisen die Minister auf die große Bedeutung, die die Erfüllung der Resolution des UNO-Sicherheitsrats vom 22. November 1967 und der unverzügliche Rückzug der israelischen Streitkräfte aus allen okkupierten Territorien arabischer Staaten haben, und unterstreichen die Unzulässigkeit, sich durch einen Krieg Territorien anzueignen. Jede Interpretation, die das Ziel hat, dieses Grundelement der Resolution des Sicherheitsrats abzuschwächen, widerspricht ihrem Buchstaben und Geist"[161]).

Schließlich erhob die Sowjetregierung mit ihrer Erklärung vom 23. März 1968 die Beschuldigung: „Israel betreibt mit Vorbedacht eine Politik der Vertreibung der arabischen Bevölkerung aus den von ihm okkupierten Gebieten mit der Maßgabe, Voraussetzungen für die Annexion und Kolonisierung dieser Länder durch Israel vorzubereiten"[162]). Damit verstoße Israel gegen die Entschließung des Sicherheitsrats vom 22. November 1967, die nach sowjetischer Auffassung „keine Empfehlung, auch keine Meinung"

---
[160]) Entschließung 242 vom 22. November 1967, abgedruckt bei Wagenlehner, a. a. O., S. 260 f. und im Europa-Archiv, 1969, Nr. 24, S. D 578 f.
[161]) Abgedruckt bei Wagenlehner, a. a. O., S. 263.
[162]) Abgedruckt bei Wagenlehner, a. a. O., S. 264. Original, Pravda vom 23. März 1968.

ist, „welche die Regierungen bewußt beachten oder unbeachtet lassen können. Jeder Staat, der in die Organisation der Vereinten Nationen eintritt, hat die Verpflichtung übernommen, die Beschlüsse des Sicherheitsrats, die gemäß der UN-Charta angenommen werden, bedingungslos zu erfüllen. Diese Verpflichtung nicht zu erfüllen, bedeutet, sich der UNO entgegenzustellen und diese Organisation zur Aufrechterhaltung des internationalen Völkerfriedens herauszufordern"[163]).

8. Die Bedeutung des Zeitablaufs im gegenwärtigen allgemeinen Völkerrecht.

Trotz vielfältiger und teilweise grundlegender Unterscheidungen und Motivierungen sind herkömmliche und marxistisch-leninistische Völkerrechtsauffassung darin einig, daß bloße objektive historische Faktoren wie gerade die Effektivität der Macht oder auch der Ablauf der Zeit allein völkerrechtliche Rechte und Pflichten weder für die unmittelbar beteiligten Staaten noch für die Völkerrechtsgemeinschaft begründen können. Hierfür kommt es vielmehr jedenfalls in erster Linie auf einen entsprechenden Willen der Staaten als oberste im Völkerrecht anerkannte Organisationsformen der Völker im internationalen Verkehr an, der direkt oder indirekt zum Ausdruck gekommen sein muß, um völkerrechtsbegründend wirken zu können.

Für den Erwerb eines völkerrechtsmäßigen Besitztitels nach vorhergegangener völkerrechtswidriger Annexion eines bestimmten Gebiets eines fremden Staates bedeutet diese Grunderkenntnis, daß er nur dann für den besetzenden Staat eintreten kann, wenn jede Auseinandersetzung um den unrechtmäßigen Gebietserwerb so oder so beendet ist. Das kann aber nur auf einer Zustimmung des betroffenen Staates beruhen, die ausdrücklich erfolgen kann oder aber auch stillschweigend, etwa weil der berechtigte Staat vor der angeblich doch nicht erreichbaren Möglichkeit zur Verwirklichung seines Rechts auf Rückgabe seines Gebiets resigniert und das dann in irgendeiner Weise zum Ausdruck bringt.

Erst dann wird die im Interesse des Rechtsfriedens unwiderlegliche Rechtsvermutung begründet, daß er dieses Recht tatsächlich aufgegeben habe. Und erst dann, wenn und weil der bisherige fremde Besitzstand nunmehr endgültig ungestört bleibt, ist der Weg zum Entstehen eines neuen Rechts frei, das erst dann den alten ursprünglichen Unrechtstatbestand sanktioniert.

---

[163]) Nach Wagenlehner, a. a. O., S. 266.

Friedrich Klein

JURISTISCHER DEUTSCHLANDBEGRIFF UND VIER-MÄCHTE-VERANTWORTUNG

A.

I. Einen Staat und ein Völkerrechtssubjekt mit dem offiziellen Namen „Deutschland" hat es niemals gegeben. Das Gebilde, das am 6. August 1806 infolge der Niederlegung der römisch-deutschen Kaiserkrone durch den Kaiser Franz II. unter dem Druck Napoleons unterging, nannte sich nicht „Deutschland", sondern „Heiliges Römisches Reich". Diesem war im 15. Jahrhundert der Zusatz „deutscher Nation" gegeben worden — nicht um einen deutschen Nationalstaat zu bezeichnen, sondern um die von Deutschen bewohnten Teile dieses Reiches von den übrigen Teilen abzugrenzen, deren Umfang allerdings durch Annexionen seitens anderer Mächte und durch Errichtung selbständiger Staaten immer geringer wurde. In der Auflösungserklärung Franz II. vom 6. August 1806 findet sich die Bezeichnung „Deutsches Reich", eine Benennung, die danach geläufig wurde. In jener Zeit setzte sich noch eine andere Kurzbezeichnung für das hier in Rede stehende Rechtssubjekt durch: die Bezeichnung „Deutschland", die insbesondere in der Deutschen Bundesakte vom 8. Juni 1815 erscheint. Die Bundesakte, die wieder einen Staatenbund auf deutschem Boden begründete, sprach zwar in der Präambel und in Art. I von den „souverainen Fürsten und freien Städten Deutschlands", aber in der Präambel auch von der „Sicherheit und Unabhängigkeit Deutschlands" und in Art. II von der „Erhaltung der äußeren und inneren Sicherheit Deutschlands", in Art. XI Abs. 1 von „ganz Deutschland" und in Art. XVI Abs. 2 von „Deutschland". Die Tatsache, daß beim Deutschen Bund ausländische Gesandte akkreditiert waren und der Bund Verträge mit fremden Mächten schließen konnte, unterstrich das einheitliche Auftreten Deutschlands im völkerrechtlichen Verkehr und die Feststellung, daß mit „Deutschland" nicht nur ein geographisch-territorialer, sondern ein rechtlicher Begriff gemeint war.

Auch in innerstaatlichen Angelegenheiten wurden Bezeichnung und Begriff „Deutschland" als Rechtsbegriff verwendet. Dieser findet sich in mehreren

Gesetzen des Bundes — wie z. B. im Preßgesetz vom 20. September 1819 —, bei denen kein Zweifel besteht, daß nicht von einem geographisch-territorialen Gebilde, einem Raum, einem Territorium, sondern von einem juristischen Begriff die Rede war.

In den Titeln der großen Werke der Staatsrechtler des 18. Jahrhunderts erschien fast durchweg die Bezeichnung „Teutsches Staatsrecht" (Johann Jakob Moser: Neues Teutsches Staatsrecht 1766; Johann Stephan Pütter: Beiträge zum Teutschen Staats- und Fürstenrechte 1777; Friedrich Häberlin: Handbuch des Teutschen Staatsrechts, 3 Bände, 1794—1797). Das Werk des bayerischen Staatsrechtlers Wigalaeus Xaverius Aloysius von Kreittmayr: Grundriß des allgemeinen deutschen und bayerischen Staatsrechts 1769 umfaßte ausdrücklich das „deutsche und bayerische Staatsrecht" — eine Bezeichnung, unter der noch heute an den bayerischen Hochschulen das geltende Staatsrecht gelehrt wird und durch die als einem nicht zu unterschätzenden Zugeständnis anerkannt werden soll, daß es neben Bayern als Rechtsbegriff noch einen darüberstehenden Rechtsbegriff „Deutschland" gibt. Daß aber schon die Rechtsgelehrten des 18. Jahrhunderts nicht nur das Beiwort „deutsch" gebrauchten, sondern auch das Hauptwort „Deutschland", beweisen zahlreiche Textstellen; von ihnen sei hier nur der etwas verzweifelte Ausspruch Jakob Mosers zitiert, der nach dem vergeblichen Versuch, die Verfassung Deutschlands in ein gängiges juristisches Schema einzupassen, zu dem Ergebnis kam: „Teutschland wird auf teutsch regiert und zwar so, daß sich kein Schulwort oder wenige Worte oder die Regierungsart anderer Staaten dazu schicken, unsere Regierungsart begreiflich zu machen."

Für neuere Zeiten läßt sich der Nachweis der Rechtsqualität des Deutschlandbegriffs im völkerrechtlichen und innerstaatlichen Bereich, insbesondere für das Kaiserreich, für die Weimarer Republik (die ebenfalls noch die offizielle Bezeichnung „Deutsches Reich" führte und die staats- und völkerrechtliche Kontinuität Deutschlands ungebrochen fortsetzte) und für die Zeit bis zum deutschen Zusammenbruch im Frühjahr 1945 leicht erbringen. Der Zeitpunkt, an dem die kritische Analyse einsetzen muß, ist das Jahr 1945.

II. Demgemäß stellt sich zunächst die Frage nach dem *Deutschlandbegriff der Siegermächte des Zweiten Weltkrieges.*

1. Als die Alliierten nach dem Zweiten Weltkrieg über das Schicksal Mitteleuropas und des ehemaligen Deutschen Reiches berieten, sprachen sie ebenfalls von „Deutschland". Schon am zweiten Tage der *Potsdamer Konferenz,*

am 18. Juli 1945, unterhielten sie sich über die Deutschlandfrage und über Deutschland als Rechtsbegriff. Winston Churchill fragte seine Gesprächspartner Harry Truman und Josef Stalin, was unter „Deutschland" zu verstehen sei. „Was seit dem Kriege daraus geworden ist", antwortete Stalin. Als Truman vorschlug, das Deutschland von 1937 ins Auge zu fassen, wiederholte Stalin hartnäckig: „abzüglich dessen, was Deutschland 1945 verloren hat". Churchill entgegnete darauf, Deutschland habe 1945 alles verloren. Er meinte damit wohl die materiellen Güter, die sich in der Tat völlig in den Händen der Sieger befanden. Aber bei den Erörterungen zu Beginn der Potsdamer Konferenz ging es ja um den juristischen Deutschlandbegriff, und es widerstrebte offenbar Churchills Rechtsempfinden, aus dem Verlust der materiellen Güter den Verlust der Rechtssubjektivität und der Rechtsfähigkeit abzuleiten. Die Großen Drei erörterten daher dieses Problem gründlich. Dabei setzte sich jedoch die Auffassung, Deutschland habe im Jahre 1945 auch als Rechtsbegriff zu bestehen aufgehört, nicht durch. Vielmehr einigten sich die Großen Drei schließlich darauf, unter „Deutschland" das Deutschland in den Grenzen vom 31. Dezember 1937 zu verstehen[1]).

Es läßt sich demgemäß sagen: als die drei Hauptalliierten, Siegermächte und späteren Besatzungsmächte Großbritannien, die Vereinigten Staaten von Amerika und die Sowjetunion im Jahre 1944 — und unter Beteiligung der vierten Besatzungsmacht Frankreich im Jahre 1945 — den Status Deutschlands nach dessen militärischer Niederringung festlegten, verstanden sie unter „Deutschland" das *Deutschland in den Grenzen vom 31. Dezember 1937*, d. h. im Gebietsumfang vor den Hitlerschen Annexionen. Ihren Vereinbarungen ist zu entnehmen, daß für sie Deutschland als Rechtsbegriff im Jahre 1945 nicht zu bestehen aufgehört hat. Zwar verwendeten sie Bezeichnung und Begriff „Deutschland" vornehmlich zur Klarstellung der Rechtsgrundlagen für Grenzregelungen; doch war für sie damals und späterhin „Deutschland" nicht nur ein geographisch-territorialer, sondern ein rechtlicher Begriff.

Überall dort, wo in den Konferenzprotokollen und in den späteren alliierten Dokumenten das Wort „Deutschland" gebraucht wird, ist die wiedergegebene Begriffsbestimmung einzusetzen. Sie erfolgte zwar in erster Linie zur Klarstellung der Rechtsgrundlagen für Grenzregelungen, zugleich aber unterstreicht der ganze Vorgang, daß auch damals der Begriff „Deutschland" ein Rechtsbegriff war und noch weiterhin als solcher verstanden wurde. Der

---

[1]) Die ganze Erörterung wird anschaulich geschildert in Harry S. Truman, Memoiren, Bd. I, Stuttgart 1955, S. 346.

offizielle Titel des völkerrechtlichen Subjektes, gegen das die Alliierten Krieg geführt hatten, lautete zwar „Deutsches Reich", doch wurde der Ausdruck „Deutschland" offenbar als Synonym gebraucht. Hinzu kommt, daß die Alliierten Deutschland weder annektieren noch teilen wollten. Die von ihnen vorgesehene „Friedensregelung für Deutschland" sollte mit einer gesamtdeutschen Regierung getroffen werden; dafür legen die Verhandlungen des in Potsdam beschlossenen „Rates der Außenminister" eindringlich Zeugnis ab.

2. Die *Siegermächte* handelten im Jahre 1945 in einer *zweifachen Rolle*: einerseits als Souveräne der USA, Großbritanniens und der UdSSR, andererseits aber auch als Inhaber der „supreme authority" in Deutschland[2]). Die zweite Rolle ergibt sich aus der alliierten „Erklärung in Anbetracht der Niederlage Deutschlands und der Übernahme der obersten Regierungsgewalt hinsichtlich Deutschlands" vom 5. Juni 1945[3]). In dieser zweiten Funktion haben sie sich das Recht vorbehalten, den Umfang des deutschen Staatsgebietes, den territorialen Umfang Deutschlands zu bestimmen. Demgemäß heißt es im sechsten Absatz der Präambel zu jener Erklärung, die Vier Regierungen (hier also unter Einschluß der Provisorischen Regierung der Französischen Republik) „werden später die Grenzen Deutschlands oder irgendeines Teiles Deutschlands und die rechtliche Stellung Deutschlands oder irgendeines Gebietes, das gegenwärtig einen Teil deutschen Gebietes bildet, festlegen"[4]). Damit haben die Alliierten nicht nur die Viermächte-Verantwortung für Deutschland — und zwar „Deutschland als Ganzes"[5]) — begründet, sondern auch das Recht zur Festlegung der deutschen Grenzen für sich in Anspruch genommen.

3. Zu der *Formel „Deutschland als Ganzes"* ist zu bemerken:

a) Die *Alliierten* verwendeten diese Formel in mehreren Erklärungen und Abmachungen sowie in Verträgen mit der Bundesrepublik Deutschland. Sie

---

[2]) Dieser Gesichtspunkt der rechtlichen Qualifizierung der Beschlüsse der Potsdamer Konferenz findet weder in den Darlegungen von Prof. Erich Kaufmann im Rahmen des KPD-Prozesses vor dem Bundesverfassungsgericht in Karlsruhe im Jahre 1955 noch in der Monographie von Fritz Faust: „Das Potsdamer Abkommen und seine rechtliche Bedeutung", Frankfurt/Main und Berlin (Metzner), A. Aufl. 1969, Berücksichtigung.
[3]) Abdruck in: „Die Gesamtverfassung Deutschlands. Nationale und internationale Texte zur Rechtslage Deutschlands, bearbeitet von Dietrich Rauschning, mit einer einleitenden Darstellung der Rechtslage Deutschlands von Herbert Krüger, Band 1 der Sammlung „Die Staatsverfassungen der Welt", Frankfurt/Main (Metzner) 1962, S. 86—90.
[4]) A. a. O. S. 87.
[5]) Über die Bedeutung dieser Formel besteht im juristischen Fachschrifttum keine Klarheit. Vgl. Kimminich, Otto: Deutschland als Rechtsbegriff und die Anerkennung der DDR, DVBl. 1970, S. 437—445, S. 443 (mit Nachweisen).

ist beispielsweise in dem (Londoner Viermächte-)„Abkommen über Kontrolleinrichtungen in Deutschland" vom 14. November 1944[6]), der (Berliner Viermächte-)„Feststellung über das Kontrollverfahren in Deutschland" vom 5. Juni 1945[7]) und im Potsdamer Abkommen vom 2. August 1945[8]) enthalten. An diese Formel knüpften die drei Westmächte in Art. 2 (auch in Art. 7) des am 5. Mai 1955 in Kraft getretenen Vertrages über die Beziehungen zwischen der Bundesrepublik Deutschland und den Drei Mächten (Deutschlandvertrag)[9]) an. Wie sehr diese Mächte an ihrer diesbezüglichen Rechtsauffassung immer festgehalten haben und nach wie vor noch festhalten, geht aus ihren Noten zum Moskauer Vertrag vom 11. August 1970[10]) hervor, wenn sie darin von den „Rechten und Verantwortlichkeiten der vier Mächte in bezug auf Berlin und Deutschland als Ganzes" sprechen.

b) Die *Bundesregierung* gebrauchte die Formel „Deutschland als Ganzes" in Punkt 11 des Kasseler Zwanzig-Punkte-Katalogs vom Mai 1970[11]) und in ihrer Note an die drei Westmächte zum Moskauer Vertrag vom 7. August 1970[12]); doch fehlt die Formel interessanterweise in der entsprechenden Note zum Warschauer Vertrag vom 19. November 1970[13]). Die gemeinsame Entschließung des Deutschen Bundestages zu den Ostverträgen vom 17. Mai 1972[14]) und die dazu von der Bundesregierung am 20. Mai 1972 veröffentlichten Erläuterungen[15]) enthalten ebenfalls die Formel.

c) In dem am 8. November 1972 in Bonn paraphierten und am 21. Dezember 1972 in Ost-Berlin unterzeichneten Vertrag über die Grundlagen der Beziehungen zwischen der Bundesrepublik Deutschland und der Deutschen Demokratischen Republik (sog. *Grundvertrag*) und in den dazu gehörenden Zusatzprotokollen[16]) findet sich die Formel nicht mehr.

4. Kaum eine andere *Frage*, die Deutschland betrifft, ist so schwer zu beantworten wie die, *ob und bejahendenfalls in welchem Umfange für die*

---

[6]) Vgl. „Die Gesamtverfassung Deutschlands" (oben Anm. 3) S. 83—85.
[7]) Vgl. „Die Gesamtverfassung Deutschlands" (oben Anm. 3) S. 91/92.
[8]) Vgl. „Die Gesamtverfassung Deutschlands" (oben Anm. 3) S. 95—113.
[9]) Vgl. „Die Gesamtverfassung Deutschlands" (oben Anm. 3) S. 133—141.
[10]) Vgl. unten unter B II 3a.
[11]) Vgl. „Kassel 21. Mai 1970. Eine Dokumentation", herausgegeben vom Presse- und Informationsamt der Bundesregierung, Mai 1970, S. 14—16, S. 15.
[12]) Vgl. unten unter B II 3a.
[13]) Vgl. „Der Vertrag zwischen der Bundesrepublik Deutschland und der Volksrepublik Polen", herausgegeben vom Presse- und Informationsamt der Bundesregierung, Dezember 1970, S. 10/11.
[14]) Vgl. Bulletin des Presse- und Informationsamtes der Bundesregierung vom 18. Mai 1972, Nr. 72, S. 1047/48.
[15]) Vgl. Bulletin des Presse- und Informationsamtes der Bundesregierung vom 20. Mai 1972, Nr. 74, S. 1059—1061.
[16]) Herausgegeben vom Presse- und Informationsamt der Bundesregierung, November 1972.

Friedrich Klein

Sowjetunion „Deutschland" noch heute als Rechtsbegriff vorhanden ist. Die Formel „Deutschland als Ganzes" wurde von der UdSSR in dem Erlaß über die Beendigung des Kriegszustandes zwischen der Sowjetunion und Deutschland vom 25. Januar 1955 verwendet. Als die UdSSR im „Vertrag über die Beziehungen zwischen der Deutschen Demokratischen Republik und der Union der Sozialistischen Sowjetrepubliken" vom 20. September 1955[17]) Vorbehaltsrechte anbrachte und geltend machte, sprach sie von den „Verpflichtungen", die sich für sie und die DDR aus den „internationalen Abkommen, die Deutschland als Ganzes betreffen", ergeben. Dagegen fehlt im Freundschafts- und Beistandspakt der Sowjetunion und der DDR vom 12. Juni 1964 die Formel „Deutschland als Ganzes"; vielmehr spricht der Art. 9 dieses Vertrages von den „Rechten und Pflichten der beiden Seiten aus geltenden zweiseitigen und anderen internationalen Abkommen einschließlich des Potsdamer Abkommens".

III. Galten die bisherigen Darlegungen dem Deutschland-Verständnis der Siegermächte des Zweiten Weltkrieges, so stellt sich nunmehr die Frage nach dem *Deutschlandbegriff des Grundgesetzes für die Bundesrepublik Deutschland.*

Obwohl die sog. Identitätstheorie — das heißt die Rechtskonstruktion der Bundesrepublik als Deutschland im Rechtssinne — im Grundgesetz nicht festgelegt und der in ihr zum Ausdruck kommende Rechtsbegriff „Deutschland" in der Verfassung nicht definiert sind, verwendet das Grundgesetz sowohl den Rechtsbegriff „Deutschland" als auch die daraus abgeleiteten Begriffe „deutsch" und „Deutscher" an zahlreichen Stellen. Die Väter des Grundgesetzes schufen nicht einen neuen Rechtsbegriff, als sie die Bezeichnung „Bundesrepublik Deutschland" und die Ausdrücke „deutsch" und „Deutscher" in die Verfassung des von ihnen gegründeten neuen Staates einführten. Der Ausdruck „Deutschland" findet sich schon in der Präambel des Grundgesetzes, wo von der „Einheit und Freiheit Deutschlands" die Rede ist. Daß es sich hierbei nicht nur um eine geographische Beschreibung, sondern um einen juristischen Begriff handelt, ergibt sich aus dem Zusammenhang. Das gleiche gilt von Art. 23 GG, der in seinem zweiten Satz die „anderen Teile Deutschlands" anspricht. Sein erster, den Geltungsbereich des Grundgesetzes betreffender Satz führt nicht etwa geographische Landschaften auf, sondern Länder im Sinne des Staatsrechts; sein zweiter Satz bringt zum Ausdruck, daß diese Länder nicht ein für alle Mal das Gebiet

---

[17]) Vgl. „Die Gesamtverfassung Deutschlands" (oben Anm. 3) S. 239—241.

der ganzen Bundesrepublik umfassen und daß es über ihnen noch den Rechtsbegriff „Deutschland" gibt.

Auch die aus dem Rechtsbegriff „Deutschland" abgeleiteten Begriffe beruhen auf der so gekennzeichneten Rechtslage. Das gilt sowohl für die adjektivischen als auch für die substantivischen Formen. An zahlreichen Stellen gebraucht das Grundgesetz das Wort „deutsch", so z. B. in der Präambel, Art. 1 Abs. 2, Art. 16 Abs. 1 Satz 1, Art. 27, Art. 56 Abs. 1, Art. 74 Nr. 5, Art. 116 Abs. 1 und Abs. 2, Art. 144 Abs. 1, Art. 146. Weiterhin beruht auf derselben Rechtsgrundlage der Ausdruck „Deutscher", den das Grundgesetz ebenfalls mehrfach als Rechtsbegriff verwendet, wie etwa in den Art. 8 Abs. 1, 9 Abs. 1, 11 Abs. 1, 16 Abs. 2 Satz 1, 33 Abs. 1 und Abs. 2, 116 Abs. 1. In der letztgenannten Vorschrift wird der Begriff „Deutscher" dahin bestimmt: eine Person, welche „die deutsche Staatsangehörigkeit besitzt oder als Flüchtling oder Vertriebener deutscher Volkszugehörigkeit oder als dessen Ehegatte oder Abkömmling in dem Gebiete des Deutschen Reiches nach dem Stande vom 31. Dezember 1937 Aufnahme gefunden hat".

Daneben verwendet das Grundgesetz den Ausdruck „deutsch" noch als Bestandteil offizieller Bezeichnungen, wie z. B. in Art. 38 („Deutscher Bundestag") und durchgängig als Name des Staates, dessen Verfassung es darstellt: „Bundesrepublik Deutschland". Freilich könnte sich ein neugegründeter Staat einen Phantasienamen zulegen, der von keinem anderen bestehenden Staat geführt wird. Im Falle der Bundesrepublik ist deren Namensgebung aber offenbar nicht willkürlich geschehen, sondern in bewußter und gewollter Anknüpfung an dasjenige Völkerrechtssubjekt, mit dem die Bundesrepublik nach dem Willen ihrer Schöpfer rechtlich identisch — wenn auch nicht mit gleichem Gebietsstand — sein sollte; denn daß die Begriffe „Deutsches Reich" und „Deutschland" in ihrer rechtlichen Bedeutung im Zeitpunkte der Beendigung des Zweiten Weltkrieges identisch waren, kann nicht bestritten werden.

2. *In* den verfasungsrechtlichen und verfassungspolitischen *Erörterungen über den Moskauer Vertrag* vom 12. August 1970 *und den Warschauer Vertrag* vom 7. Dezember 1970 spielte die *Frage* eine wichtige Rolle, *welcher „Deutschland"-Begriff dem Bonner Grundgesetz zugrunde liegt*. Dabei lag das Schwergewicht der angestellten Untersuchungen im Hinblick darauf, daß es um die Vereinbarkeit der Grenzregelungen in den beiden Ostverträgen mit dem Grundgesetz ging, begreiflicherweise nicht — oder jedenfalls doch nur bedingt — auf dem juristischen Deutschlandbegriff als solchem, sondern auf der geographischen Seite, auf dem territorialen Substrat des Begriffs

„Deutschland", indem gefragt wurde, ob „Deutschland" im Sinne des Grundgesetzes das „Gebiet des Deutschen Reiches nach dem Stande vom 31. Dezember 1937" bedeutet.

a) Diese Frage wurde auf Grund meines Referates auf der Tagung des Kieler Instituts für Internationales Recht über „Ostverträge — Berlin-Status — Münchener Abkommen — Beziehungen zwischen der BRD und der DDR"[18]) am 27. März 1971 ausführlich und mit unterschiedlichen Meinungen erörtert. Unter Verwendung von langen und gründlichen Überlegungen in einer Arbeitsgruppe des Ausschusses für Politik und Völkerrecht im Bund der Vertriebenen habe ich damals die aufgeworfene *Frage mit* einer *zweifachen,* einer allgemeinen und einer besonderen *Begründung bejaht.*

aa) Die *allgemeine Begründung* geht davon aus, daß die gesamte staatsrechtliche Konstruktion der Bundesrepublik Deutschland auf der Grundlage der Rechtskontinuität der Bundesrepublik gegenüber dem Deutschen Reich beruht. Demgemäß ist unter „Deutschland" im Sinne des Grundgesetzes derjenige geographisch-territoriale Bereich gemeint, der durch die Grenzen des Völkerrechtssubjekts „Deutsches Reich" im Zeitpunkte des Inkrafttretens des Grundgesetzes beschrieben und bestimmt wurde. Da bis zu diesem Zeitpunkt, d. h. bis zum Ablauf des 23. Mai 1949 (vgl. Art. 145 Abs. 2 GG), keine völkerrechtlich gültige Grenzveränderung durch einen Friedensvertrag oder einen Zessionsvertrag stattgefunden hat, gelten für den gebietlichen Umfang des Deutschen Reiches bzw. der Bundesrepublik Deutschland diejenigen Grenzen, die für das Reich und kraft Rechtskontinuität für die Bundesrepublik zu jenem Zeitpunkt völkerrechtlich gültig waren. Diese auf Grund des allgemeinen Völkerrechts ermittelte Bestimmung des territorialen Umfanges von „Deutschland" deckt sich grundsätzlich mit der Formel der Alliierten „Deutschland in den Grenzen vom 31. Dezember 1937". Mit „Deutschland" im Sinne seines territorialen Substrates und damit auch im Sinne des Grundgesetzes ist dieser gebietliche Bereich gemeint.

bb) Die *besondere Begründung* lautet wie folgt:

Das Grundgesetz unterscheidet zwischen seinem eigenen örtlichen Geltungsbereich in Art. 23 Satz 1 und dem Begriff „Deutschland" im dritten Satz des Vorspruchs sowie in Art. 23 Satz 2, Art. 29 Abs. 6 Satz 3 und Art. 116 Abs. 2 Satz 2. In Art. 116 Abs. 1 erscheint die Formulierung „in dem Ge-

---

[18]) Vgl. „Ost-Verträge — Berlin-Status — Münchener Abkommen. — Beziehungen zwischen der BRD und der DDR", Vorträge und Diskussionen eines Symposiums, veranstaltet vom Institut für Internationales Recht an der Universität Kiel vom 27.—29. März 1971, Hamburg 1971, S. 126—129 (im folgenden „Ostverträge" zitiert).

biete des Deutschen Reiches nach dem Stande vom 31. Dezember 1937", die sachlich mit der vorerwähnten Formel „Deutschland in den Grenzen vom 31. Dezember 1937" gleich ist. Die Bestimmung besagt nicht unmittelbar, daß diese Grenzen noch heute Bestand haben, sondern verwendet sie als Element der tatbestandlichen Begriffsbestimmung des „Statusdeutschen". Mag somit die tatbestandliche Funktion der Reichsgrenzen vom 31. Dezember 1937 im Rahmen des Art. 116 Abs. 1 GG auch nicht den Schluß auf eine rechtsverbindliche Aussage darüber erlauben, daß diese Grenzen noch fortbestehen, so ergibt sich doch aus dem Zusammenhang des Art. 116 GG., daß der Begriff „Gebiet des Deutschen Reiches nach dem Stande vom 31. Dezember 1937" im Abs. 1 und der Begriff „Deutschland" in Abs. 2 Satz 2 ein und denselben geographischen Bereich meinen und meinen müssen, wenn anders Ungleichheiten bei der Anwendung des Art. 116 GG. vermieden werden sollen. Unklarheiten, die sich zum Schaden derjenigen früheren deutschen Staatsangehörigen auswirken müßten, denen ihre Staatsangehörigkeit zwischen dem 30. Januar 1933 und dem 8. Mai 1945 aus politischen, rassischen oder religiösen Gründen entzogen wurde; solche Ungleichheiten wären jedoch unzulässig.

An diese Überlegung schließt sich die weitere Folgerung an: Gemäß der allgemeinen Auslegungsregel, wonach ein und derselbe Ausdruck und Begriff innerhalb ein und desselben Gesetzes ausnahmslos im selben Sinne zu verstehen, auszulegen und anzuwenden ist, wenn nicht eindeutige Bestimmungen desselben Gesetzes dem entgegenstehen oder aus anderen Gründen zwingend etwas Gegenteiliges zu folgern ist, ist davon auszugehen, daß das Wort „Deutschland" auch an den genannten anderen drei Stellen des Grundgesetzes denselben Sinn hat wie in Art. 116 — es sei denn, daß aus einer anderen grundgesetzlichen Vorschrift oder zufolge einer anderweitigen zwingenden Überlegung Gegenteiliges geschlossen werden muß. Eine Bestimmung, welche die bisherige Auslegung ausdrücklich korrigiert, gibt es im Grundgesetz aber nicht.

b) *Meine Kieler Thesen* waren schon auf der Tagung selbst und blieben auch später lebhaft *umstritten*.

aa) *Gegen* meine *allgemeine Begründung* wurden *zwei Argumente* ins Feld geführt: 1. der Einwand, die Alliierten hätten den deutschen Gebietsstand nicht garantiert, 2. das Argument, der Deutschlandbegriff des Grundgesetzes sei nicht statisch zu verstehen.

Zu 1: Zutreffend hat der Kieler Staats- und Völkerrechtler Eberhard Menzel mehrfach darauf hingewiesen, „daß die Alliierten keinerlei Gebietsbestandsgarantien im Sinne der deutschen Reichsgrenzen vom 31. 12. 1937 erteilt haben"[19]), „daß die alliierten Kriegs- und Nachkriegsdokumente keine Garantie der Grenzen Deutschlands nach dem Stande vom 31. 12. 1937 enthalten"[20]), daß „angesichts der bis heute aufrechterhaltenen Vorbehalte über die Festlegung der deutschen Grenzen, die Wiedervereinigung usw. ... jedenfalls keine Regel von einer alliierten Garantie der deutschen Grenzen nach dem Stande vom 31. 12. 1937 sein" kann[21]), daß im Hinblick auf den Vorbehalt der Alliierten im Abs. 6 der Präambel der ersten Berliner Erklärung vom 5. Juni 1945[22]), Gebietsabtretungen unabhängig von den Grenzen des Deutschen Reiches vom 31. Dezember 1937 anzuordnen, „von einer Garantie des Territorialbestandes im Sinne der alten Reichsgrenzen aus der Zeit vor den deutschen Annexionen ab 1938 ... also keine Rede" ist[23]). Es kann auch seinen weiteren sich auf den Grenzfestlegungs-Vorbehalt der Alliierten im Abs. 6 der Präambel der ersten Berliner Erklärung vom 5. Juni 1945[22]) stützenden Feststellungen als solchen nicht widersprochen werden, daß die Alliierten „nie einen Zweifel darüber gelassen (haben), daß der Nachkriegs-Staat Deutschland erhebliche Einbußen territorialer Art im Osten erleiden werde, mithin die Grenzen vom 31. 12. 1937 nicht wiederhergestellt würden"[24]), daß sie „erhebliche territoriale Verluste in Aussicht gestellt haben"[25]). Es könne nicht unterstellt werden, daß die Alliierten jemals die Absicht gehabt hätten, die alten Reichsgrenzen wiederherzustellen. Die Alliierten hätten immer wieder darauf hingewiesen, daß die Grenzfragen noch offen seien. Dies sei in der Präambel zu der Verlautbarung der Westalliierten über vorläufige Änderungen der deutschen Westgrenze vom 26. März 1949[26]), im Deutschlandvertrag vom 23. Oktober 1954[27]), auf den

---

[19]) Die Ostverträge von 1970 und der „Deutschland"-Begriff des Grundgesetzes, DÖV. 1972, S. 1—13, S. 3 (unter I 6).
[20]) A. a. O. (unter II von Ziffer 1).
[21]) A. a. O. S. 4 (letzter Absatz vor Ziffer 2).
[22]) Vgl. oben zu Anm. 4.
[23]) A. a. O. S. 3 (unter I 4 Abs. 3).
[24]) A. a. O. (unter II 1 Abs. 2).
[25]) A. a. O. (unter I 6).
[26]) Vgl. „Die Gesamtverfassung Deutschlands" (oben Anm. 3) S. 690/91: „Beim Abschluß der Londoner Besprechungen über Deutschland wurde am 7. Juni 1948 bekanntgegeben, daß Vorschläge für die provisorische Durchführung gewisser geringfügiger Gebietsberichtigungen an der deutschen Westgrenze den Regierungen der Vereinigten Staaten, Frankreich, Großbritanniens und der Beneluxländer unterbreitet würden. — Die sechs Regierungen haben im Hinblick auf die unvorhergesehenen Verzögerungen, denen der Abschluß einer endgültigen Friedensregelung mit Deutschland ausgesetzt worden ist, für nötig gehalten, eine vorläufige Prüfung des Grenzproblems vorzunehmen und geringfügige Berichtigungen durchzuführen, die durch administrative Erfordernisse und durch die Verhältnisse, die den Verkehr entlang der Westgrenze Deutschlands betreffen, gerechtfertigt sind. Das Problem der deutschen Grenzen wird zur Zeit der endgültigen Friedensregelung neu überprüft und in seiner Gesamtheit endgültig geklärt werden."
[27]) Vgl. oben zu Anm. 9.

Konferenzen von 1955 und 1959 bis hin zu der Note vom 11. August 1970[28]) geschehen, die im Zusammenhang mit den Ostverträgen die alliierten Vorbehaltsrechte nochmals ausdrücklich betont habe[29]).

Gegen Menzels Meinung können jedoch zwei Feststellungen ins Feld geführt werden, die der Heidelberg-Bonner Völkerrechtler Fritz Münch auf der Kieler Tagung dahingehend getroffen hat[30]): „Immerhin haben in Potsdam die Alliierten selbst den Passus der Erklärung vom 5. Juni 1945, daß sie die deutschen Grenzen näher bestimmen werden, ersetzt durch einen Friedensvorbehalt. Im Deutschlandvertrag ist dann noch der Schritt zur vollständigen Normalisierung getan worden, daß die Westalliierten im dortigen Art. 7 Abs. 1 Satz 1 die Formel ‚frei vereinbarte friedensvertragliche Regelung für ganz Deutschland' gebraucht haben".

Zu 2: Auf der Kieler Tagung hat insbesondere der Kölner Fachvertreter Martin Kriele gegen die allgemeine Begründung meiner Thesen eingewandt[31]): Es treffe zu, daß der Deutschlandbegriff des Grundgesetzgebers der Deutschlandbegriff der Grenzen von 1937 gewesen sei. Ungeachtet dieser Grundlage, von der man ausgegangen sei, stelle sich aber die Frage: „Ist dieser Deutschlandbegriff in seinem Gebietsbestand für unveränderlich erklärt, gibt es also eine verfassungsrechtliche Bestandsgarantie. Das wäre etwas Einmaliges in der Geschichte des neuzeitlichen Verfassungsstaates". Daß der Grundgesetzgeber einen gewissen Gebietsstand vorausgesetzt habe, sei selbstverständlich; eine andere Frage aber sei es, ob er ihn garantiert habe. Das Gebiet Deutschlands dürfe sich verändern, es dürfe größer oder kleiner werden; maßgebend sei der jeweilige Stand des Gebietes Deutschlands. Demgegenüber sei meine Auslegung des Wortes „Deutschland" statisch. Was den Deutschlandbegriff des Art. 23 GG. im besonderen angehe, so meine diese Vorschrift nicht „Deutschland in den Grenzen von 1937", sondern das „jeweilige" Deutschland[32]).

Kriele fand damals Unterstützung vor allem durch den Kieler Staats- und Völkerrechtler Wilhelm Kewenig, der meinte, man müsse sich im

---
[28]) Vgl. unten unter B II 3a.
[29]) In der Sache im wesentlichen ebenso Kimminich, Otto: Ein Staat auf Rädern? Zur verfassungsrechtlichen Lage der Bundesrepublik Deutschland, Politische Studien, Sonderheft Oktober 1972, S. 11—25, S. 14.
[30]) „Ostverträge" S. 144 (mit nicht genauem Zitat des Art. 7).
[31]) Vgl. „Ostverträge" S. 135/36.
[32]) „Ostverträge" S. 152. — Vgl. auch die Bemerkung von Wilhelm Wengler in seinem — nicht veröffentlichten — Gutachten „Vereinbarkeit der Zustimmungsgesetze zu den Ostverträgen mit dem Grundgesetz" vom 1. Oktober 1972 S. 42: „Noch weniger (sc. als das allgemeine Völkerrecht) besagt das Grundgesetz etwas über den jeweiligen Umfang der gebietlichen Einheit Deutschlands als Objekt der Viermächteverantwortung.

Friedrich Klein

Zusammenhang mit dem, was ich gesagt hatte, „wohl auch unterhalten... über die Notwendigkeit einer dynamischen Interpretation bestimmter Artikel des Grundgesetzes"[33]). Es gebe auch im Grundgesetz einige Bestimmungen, die eindeutig „situationsbedingt", die so sehr von den tatsächlichen politischen Verhältnissen vor 25 Jahren und von den konkret daran geknüpften Hoffnungen geprägt seien, daß eine schlichte „Übernahme" der ursprünglichen Intention zu absurden Ergebnissen führe.

Kewenig's Feststellung der „Notwendigkeit einer dynamischen Interpretation bestimmter Artikel des Grundgesetzes und die mit der seinigen übereinstimmende entsprechende Auffassung Krieles „kennzeichnet am besten die bislang ungelöste territoriale Relativierung des Deutschlandbegriffs"[34]). Auch in dieser Hinsicht verstärken sich eher die Zweifel an einem territorial „gleitenden", einem „elastischen"[35]) Deutschlandbegriff, weil nicht klar wird, auf welche Weise juristisch brauchbare Abgrenzungen und Belege gefunden werden könnten[36]).

bb) *Gegen meine besondere Begründung*, in der ich mit einer bestimmten Funktion der beiden Absätze des Art. 116 GG. arbeitete, wurde von Menzel auf der Kieler Tagung geltend gemacht[37]): Die unterschiedliche Formulierung in den beiden Absätzen der Vorschrift (Abs. 1: „in dem Gebiete des Deutschen Reiches nach dem Stande vom 31. Dezember 1937"; Abs. 2 Satz 2: „Deutschland") sei sachlich wohl begründet: In Abs. 1 sei die Bezugnahme auf das „Reich", in Abs. 2 Satz 2 diejenige auf einen staatsrechtlich in der damaligen Zeit noch nicht umschreibbaren deutschen Staat der Zukunft, jedenfalls unter Einschluß des heutigen Staatsgebietes der DDR, enthalten; beide Begriffe seien mit der Bundesrepublik nicht identisch. Daraus ergebe sich zwingend, daß der Begriff „Deutschland" in Abs. 2 eben nicht aus dem Begriff „Reich nach dem Stande vom 31. 12. 1937" erklärbar sei, sondern etwas anderes bedeute, wobei beides wieder nicht mit Bundesrepublik gleichgesetzt werden könne. Jedenfalls könne „Deutschland" im Sinne von Art. 116 Abs. 2 Satz GG. nicht identisch sein mit dem „Deutschen Reich" in Art. 116 Abs. 1 GG. und dieses „Deutsche Reich" könne nicht identisch sein mit „Deutschland" im Sinne von Art. 23 GG.

---

[33]) „Ostverträge" S. 149.
[34]) Vgl. Anm. 36.
[35]) So Veiter, Theodor: Deutschland, deutsche Nation und deutsches Volk. Volkstheorie und Rechtsbegriffe, „Aus Politik und Zeitgeschichte", Beilage zur Wochenzeitung „Das Parlament", B 11/73, 17. März 1973, S. 44.
[36]) Das Vorstehende nach Fiedler, Wilfried: Veröffentlichungen zur Deutschlandfrage (III), „actio" 9. Jg. (WS. 1972/73), Heft 3/4, S. 8/9, S. 9.
[37]) Vgl. Menzel, „Ostverträge" S. 138/39 und 139/40.

10 Monate nach der Kieler Tagung hat Menzel in der Zeitschrift „Die Öffentliche Verwaltung"[38]) eine längere Abhandlung über „Die Ostverträge von 1970 und der ‚Deutschland'-Begriff des Grundgesetzes" veröffentlicht, in der er seine Argumentation gegen die besondere Begründung meiner Thesen wesentlich geändert hat. Nicht nur, daß er hier seine frühere Entgegensetzung „Deutsches Reich" — „Deutschland" nicht wiederholt, wechselt er nunmehr von einer objektiven zu einer subjektiven Begründung über, indem er nunmehr unter Verwendung einer einschlägigen Bemerkung des Staatsangehörigkeitsexperten Alexander Makarov[39]) erklärt[40]): Die unterschiedliche Formulierung in den beiden Absätzen des Art. 116 GG. sei im Hinblick auf die völlig verschiedenen Personengruppen des Art. 116 Abs. 1 und Abs. 2 GG. und ihre Rückkehr nach Deutschland sinnvoll[41]). Es fällt weiterhin auf, daß Menzel in der neueren Abhandlung im Gegensatze zu seiner früheren Meinung das Staatsgebiet der DDR aus dem Begriff „Deutschland" im Sinne von Art. 116 Abs. 2 Satz 2 GG. ausklammert und sich damit in Widerspruch zu seinem Gewährsmann Makarov setzt, nach dessen Meinung schon der Grundsatz der Einheit der deutschen Staatsangehörigkeit im gespaltenen Deutschland vermuten lasse, daß Deutschland im Sinne des Art. 116 Abs. 2 GG. die BRD und die DDR umfasse.

Als *Ergebnis des* bisherigen *ersten Teils* meiner Ausführungen ist festzustellen: Die Grenzregelungen in den beiden Ostverträgen waren ursächlich für die neuere und eingehendere Betrachtung der geographisch-territorialen Seite des Begriffs „Deutschland" im Grundgesetz. Eine weitgehend einheitliche Auffassung darüber, ob dort mit dem Ausdruck „Deutschland" das Gebiet des Deutschen Reiches nach dem Stande vom 31. Dezember 1937 gemeint ist, besteht nur insofern, als dies die Ausgangslage für den Grundgesetzgeber war; dagegen ist die Frage, ob der in solcher Weise territorial festgelegte und begrenzte Begriff noch heute gilt, nach wie vor umstritten geblieben. Bis heute sind die für die Bejahung dieser Frage vorgetragenen Argumente nicht einwandfrei widerlegt, die für einen territorial „gleiten-

---

[38]) 1972 S. 1—13.
[39]) In seinem Standardwerk „Deutsches Staatsangehörigkeitsrecht" Kommentar, Frankfurt/Main—Berlin (Metzner), 1. Aufl. 1966, S. 257, 2. Aufl. 1971, S. 262.
[40]) A. a. O. S. 4/5.
[41]) Gegen die Stützungs-Funktion des Art. 116 GG. hat sich auch Wilhelm Kewenig in seinem Beitrag „Die deutsche Ostpolitik und das Grundgesetz" in Europa-Archiv Folge 14/1971 S. 469—480, S. 479/80 ausgesprochen: Einmal könne einer Bestimmung des Grundgesetzes, die personale — und keine territorialen — Folgen des verlorenen Krieges regele und sich außerdem eindeutig als „Notstandsvorschrift mit Ausnahmecharakter" ausweise, nicht eine territoriale Festlegung des Deutschland-Begriffes entnommen werden; zum anderen ergebe ein genauer Vergleich des Inhalts und der Bedeutung der Abs. 1 und 2 des Art. 116, daß beide Absätze bewußt unterschiedliche Begriffe verwendeten, wenn sie von der „Sache" Deutschland sprächen.

den", einen „elastischen" Deutschlandbegriff geltend gemachten Gründe nicht überzeugend dargetan worden.

B

Wenn ich mich nunmehr in einem *zweiten Teil* meiner Ausführungen der *Viermächte-Verantwortung* und ihrer Bedeutung für den (juristischen) Deutschlandbegriff zuwende, so sei eine Feststellung von Wilhelm Wengler an den Anfang entsprechender Überlegungen gestellt. Er hat einmal bemerkt, diese Verantwortung sei die „einzige rechtliche Institution", „die Deutschland mit seinem Gebiet und seiner Bevölkerung überhaupt noch als Rechtsbegriff relevant sein läßt"[42]).

I. Die *Vier Mächte* im Sinne der Formel „Viermächte-Verantwortung" sind: die Vereinigten Staaten von Amerika, das Vereinigte Königreich von Großbritannien und Nordirland, die Union der Sozialistischen Sowjetrepubliken und die Französische Republik, also die „Hauptsiegermächte" des Zweiten Weltkrieges, die Gründerstaaten des Alliierten Kontrollrates für Deutschland, die Gerichtsherren des Internationalen Militärgerichtshofs in Nürnberg und zugleich die ehemaligen Besatzungsmächte in Deutschland und Österreich. Im geteilten Deutschland haben sich die drei westlichen Staaten mit der Bundesrepublik Deutschland in der NATO verbunden, während die Deutsche Demokratische Republik zum Verbündeten der Sowjetunion im Warschauer Pakt geworden ist. Unter Einschluß zunächst Nationalchinas, dann Rotchinas sind diese vier Großmächte auch die fünf ständigen Mitglieder des Sicherheitsrates der Vereinten Nationen, dem die Entscheidungen für die Aufrechterhaltung des Friedens in der Welt jedenfalls in primärer Zuständigkeit obliegen.

II. Die Vier Mächte (in Potsdam im Jahre 1945: drei Mächte) nehmen seit dem Ende des Zweiten Weltkrieges die *„Verantwortung für Deutschland als Ganzes und für Berlin"* wahr — nicht auf vertraglicher Grundlage, sondern als Ergebnis des alliierten Sieges im Zweiten Weltkrieg.

1. Im *sog. Potsdamer Abkommen vom 2. August 1945*[43]) vereinbarten die USA, Großbritannien und die UdSSR, Deutschland als wirtschaftliche Einheit zu behandeln und einen Rat der Außenminister „zur Vorbereitung einer friedlichen Regelung für Deutschland" einzusetzen. Das „entsprechende Dokument" sollte „durch die für diesen Zweck geeignete Regierung Deutsch-

---

[42]) Positionen und Begriffe: Neue Folge, Blätter für deutsche und internationale Politik 1971 S. 344—357.
[43]) Vgl. oben Anm. 8.

lands angenommen werden", „nachdem eine solche Regierung gebildet sein wird" (Abschnitt II Nr. 3 I). Daraus ist zweierlei zu schließen: einmal, daß die Unterzeichnermächte der Potsdamer Übereinkunft Deutschland an der Vorbereitung einer friedlichen Regelung nicht beteiligen wollten, und zum andern, daß allein sie die staatliche Einheit Deutschlands wiederherstellen können.

2. Zumindest bis zur Bildung der Großen Koalition Ende 1966[44]) hat die *Bundesregierung* die Vier Mächte für verpflichtet gehalten, die Wiederherstellung der staatlichen Einheit Deutschlands zu erstreben. Sie wies darauf hin, daß diese Mächte nach der Kapitulation der deutschen Wehrmacht mit ihrer gemeinsamen Erklärung vom 5. Juni 1945[45]) die oberste Regierungsgewalt und damit auch die Verpflichtung übernommen haben, Deutschland als Ganzes zu erhalten[46]).

Ebenso wie bei den auf Deutschland bezüglichen sog. Feindstaaten-Artikeln 53 und 107 der Satzung der Vereinten Nationen meinte man allerdings in neuerer Zeit in der Bundesrepublik, die Zuständigkeiten der Vier Mächte hinsichtlich Deutschlands als Ganzem und Berlins seien — allenfalls mit Ausnahme Berlins — im Zuge der politischen Entwicklung in den vergangenen 25 Jahren gegenstandslos geworden und beschränkten nicht mehr die politische Handlungsfähigkeit der Bundesrepublik. Demgegenüber erwies es sich im Rahmen der Verhandlungen über den Moskauer Vertrag vom 12. August 1970[47]), daß jedenfalls die Westmächte auf diese Zuständigkeiten nicht verzichtet haben.

3. Die drei *Westmächte* haben sich in dem am 5. Mai 1955 in Kraft getretenen Deutschland-Vertrag[48]) verpflichtet, zusammen mit der Bundesrepublik, „ihr gemeinsames Ziel zu verwirklichen: Ein wiedervereinigtes Deutschland, ...". Sie haben ihre Verantwortung für die Wiedervereinigung Deutschlands sodann auf der Genfer Außenministerkonferenz 1959 anerkannt. Im Rahmen der Verhandlungen über den Moskauer Vertrag haben die Westalliierten sogar die ausdrückliche Bestätigung verlangt, daß ihre Rechte und Verantwortlichkeiten durch die zweiseitigen deutsch-sowjetischen Verhandlungen nicht beeinträchtigt würden.

---

[44]) Nach Hacker, Jens: Sowjetunion und DDR zum Potsdamer Abkommen, Köln (Verlag Wissenschaft und Politik) 1968 S. 59 Fußnote 2 ist über die Auffassung der Großen Koalition zu dieser Frage bisher nichts bekannt geworden.
[45]) Vgl. oben Anm. 3.
[46]) Vgl. z. B. das Memorandum der Bundesregierung vom 2. September 1956 zur Wiederherstellung der deutschen Einheit (Text in Europa-Archiv 1956 S. 9218).
[47]) Vgl. unten Anm. 49.
[48]) Vgl. oben Anm. 9.

a) In einiger Eile richtete daher die Botschaft der Bundesrepublik in Moskau am 7. August 1970 — also nur fünf Tage vor der Unterzeichnung des Vertrages! — gleichlautende *Verbalnoten* an die Moskauer diplomatischen Vertretungen der Westmächte, in der sie diesen mitteilte[49]):

> „Der Bundesminister des Auswärtigen hat im Zusammenhang mit den Verhandlungen den Standpunkt der Bundesregierung hinsichtlich der Rechte und Verantwortlichkeiten der Vier Mächte in bezug auf Deutschland als Ganzes und Berlin dargelegt. Da eine friedensvertragliche Regelung noch aussteht, sind beide Seiten davon ausgegangen, daß der beabsichtigte Vertrag die Rechte und Verantwortlichkeiten der Französischen Republik, des Vereinigten Königreichs von Großbritannien und Nordirland, der Union der Sozialistischen Sowjetrepubliken und der Vereinigten Staaten von Amerika nicht berührt. Der Bundesminister des Auswärtigen hat in diesem Zusammenhang dem sowjetischen Außenminister am 6. August 1970 erklärt:
>
>> Die Frage der Rechte der Vier Mächte steht in keinem Zusammenhang mit dem Vertrag, den die Bundesrepublik Deutschland und die Union der Sozialistischen Sowjetrepubliken abzuschließen beabsichtigen und wird von diesem auch nicht berührt.
>
> Der Außenminister der Union der Sozialistischen Sowjetrepubliken hat darauf die folgende Erklärung abgegeben:
>
>> Die Frage der Rechte der Vier Mächte war nicht Gegenstand der Verhandlungen mit der Bundesrepublik Deutschland.
>> Die Sowjetunion ging davon aus, daß die Frage nicht erörtert werden sollte.
>> Die Frage der Rechte der Vier Mächte wird auch von dem Vertrag, den die UdSSR und die Bundesrepublik Deutschland abzuschließen beabsichtigen, nicht berührt. Dies ist die Stellungnahme der Sowjetunion zu dieser Frage."

Die drei Westmächte bestätigten in gleichlautenden *Antwortnoten*, die sie am *11. August 1970* in Bonn der Bundesregierung übergaben, den Empfang der deutschen Note und teilten mit, daß sie diese Note in vollem Umfang zur Kenntnis genommen hätten[50]). Die Antwortnoten enthalten die neueste Umschreibung der Rechte und Verantwortlichkeiten der vier Mächte dahin[51]):

> „Die Regierung (der Vereinigten Staaten) ist ihrerseits ebenfalls der Auffassung, daß die Rechte und Verantwortlichkeiten der Vier Mächte in bezug auf Berlin und Deutschland als Ganzes, die sich aus dem Ergebnis des Zweiten

---
[49]) Vgl. „Der Vertrag vom 12. August 1970 zwischen der Bundesrepublik Deutschland und der Union der Sozialistischen Sowjetrepubliken", herausgegeben vom Presse- und Informationsamt der Bundesregierung, Oktober 1970, S. 11—13.
[50]) A. a. O. S. 13—15.
[51]) A. a. O. S. 15.

Weltkrieges herleiten und die im Londoner Übereinkommen vom 14. November 1944, in der Viererklärung vom 5. Juni 1945 sowie in anderen Kriegs- und Nachkriegsübereinkünften ihren Niederschlag gefunden haben, durch einen zweiseitigen Vertrag zwischen der Bundesrepublik Deutschland und der Union der Sozialistischen Sowjetrepubliken, einschließlich dieses Vertrags, nicht berührt werden und nicht berührt werden können."

b) Die Antworten der drei Westmächte, mit denen die Rechte der Vier Mächte ausdrücklich aufrechterhalten und die Viermächte-Verantwortung erneut ausdrücklich bestätigt wurden, beschreiben die alliierten Rechte allerdings nicht sehr genau. Die *nur globale Umschreibung* bezeichnet nicht gegenständlich die von den Mächten beanspruchten Rechte, sondern bestimmt nur die Dokumente, aus denen sie sich ergeben. Dabei fällt auf, daß die Beschlüsse der Potsdamer Konferenz vom 17. Juli bis 2. August 1945 nicht ausdrücklich aufgeführt werden, wenngleich sie in dem allgemeinen Hinweis auf „andere Kriegs- und Nachkriegsübereinkünfte" gewiß eingeschlossen sind. Möglicherweise sollte die Bedeutung der Potsdamer Beschlüsse etwas herabgespielt werden, weil sie zu Meinungsverschiedenheiten zwischen West und Ost geführt haben: Die USA vertraten den Standpunkt, daß die im sog. Potsdamer Abkommen enthaltenen Grenzziehungen nicht endgültig seien, sondern der Entscheidung durch einen Friedensvertrag vorbehalten bleiben sollten, wohingegen die UdSSR der Auffassung war, daß es sich um endgültige Grenzen handele, die nur noch der örtlichen Festlegung bedürften. Immerhin ist diese Auslegung so umfassend, daß praktisch alle entscheidenden Fragen in die Zuständigkeit der Alliierten fallen können. Gleichwohl wird man dahin unterscheiden dürfen und müssen:

aa) Wenn in den Antwortnoten der drei Westmächte vom *„Londoner Übereinkommen vom 14. November 1944"* die Rede ist, so ist nicht klar, was darunter zu verstehen sein soll[52]), da es zwei (Londoner) Abkommen jenes Datums gibt: das „Abkommen über Ergänzungen zum Protokoll vom 12. September 1944 über die Besatzungszonen in Deutschland und die Verwaltung von Groß-Berlin"[53]) und das „Abkommen über Kontrolleinrichtungen in Deutschland"[54]). Diese Unklarheit ist jedoch unschädlich, weil zufolge der Formel „andere Kriegs- und Nachkriegsübereinkünfte" beide Abkommen als gemeint anzusehen sind. Sie wurden offensichtlich wegen der darin enthaltenen Berlin-Klausel, die in den Auseinandersetzungen zwischen West und Ost über die Rechtsstellung Berlins eine gewisse, hier nicht näher

---
[52]) Bei Menzel, Eberhard: Wie souverän ist die Bundesrepublik? ZRP. 1971 S. 178—189, S. 179 gehen die Dinge zeitlich und sachlich durcheinander.
[53]) Vgl. „Die Gesamtverfassung Deutschlands" (oben Anm. 3) S. 78/79.
[54]) Vgl. oben Anm. 6.

zu erläuternde Rolle spielt, und auch deswegen erwähnt, weil Berlin das einzige deutsche Territorium ist, das noch unter west-alliiertem Besatzungsrecht steht. Möglich wäre freilich auch die Wiederaufnahme der Tätigkeit des Alliierten Kontrollrates, der sich im Jahre 1948 angesichts der West-Ost-Spannung „sine die" vertagt hatte. Allerdings würde dann ein großer Teil seiner früheren Befugnisse nicht wieder aufleben.

bb) In den Antwortnoten der drei Westmächte ist weiterhin von der „Vierererklärung vom 5. Juni 1945" die Rede. Gemeint ist damit die sog. erste Berliner Erklärung, die „Erklärung in Anbetracht der Niederlage Deutschlands und der Übernahme der obersten Regierungsgewalt hinsichtlich Deutschlands"[55]), die als wichtige Bestimmung die besatzungsrechtliche Generalklausel enthielt, die Alliierten hätten die „supreme authority in Germany" übernommen. Diese Feststellung im fünften Absatz der Präambel zu jener Erklärung ist freilich inzwischen gegenstandslos geworden. Dies gilt jedenfalls insoweit, als es sich um typische besatzungsrechtliche Eingriffe in Regierung und Verwaltung auf dem deutschen Gebiet handelt. In den Jahren 1945/55 übertrugen die Westmächte der Bundesrepublik Deutschland und die Sowjetunion der Deutschen Demokratischen Republik die bis dahin von ihnen ausgeübte „Oberste Gewalt". In den maßgeblichen Rechtsakten findet sich aber ein alliierter Vorbehalt zugunsten der Regelungen, die „Deutschland als Ganzes" und „Berlin" betreffen.

4. Die Haltung der *Sowjetunion* in Sachen Viermächte-Rechte und -Verantwortung[56]) hat sich seit 1955 geändert. Während die Sowjets bis dahin immer an der Viermächte-Verantwortung für Deutschland festgehalten[57]) und die Verpflichtung der Vier Mächte, einen einheitlichen deutschen Staat wiederherzustellen, anerkannt und mehrfach zum Ausdruck gebracht haben[58]), lehnen sie dies seit jenem Zeitpunkt ab. Sie haben jenen Standpunkt nach der Genfer Gipfelkonferenz im Sommer 1955 aufgegeben.

a) Schon auf der Berliner Konferenz der vier Außenminister vom 25. Januar bis 18. Februar 1954 hatte die Sowjetunion begonnen, die Viermächte-Verantwortung für die Wiederherstellung der staatlichen Einheit Deutschlands in Frage zu stellen, wenngleich sie sich noch in dem „Vertrag über die Beziehungen zwischen der Deutschen Demokratischen Republik und der

---

[55]) Vgl. oben Anm. 3. — Unzutreffend Menzel, ZRP. a. a. O. S. 179, der von „vier alliierten Erklärungen vom 5. 6. 1945" spricht und damit die sogenannte „Erklärung" jenes Datums mit den drei „Feststellungen" desselben Datums zusammenwirft.
[56]) Vgl. Hacker, Sowjetunion und DDR S. 46—49 und S. 59—72.
[57]) Vgl. Hacker, Sowjetunion und DDR S. 46—49.
[58]) Vgl. die von Hacker, Sowjetunion und DDR S. 60/61 im Wortlaut wiedergegebenen sowjetischen Noten und Reden sowie Erklärungen Malenkows und Molotows.

Juristischer Deutschlandbegriff und Vier-Mächte-Verantwortung

Union der Sozialistischen Sowjetrepubliken" vom 20. September 1955[59]) zur „Wiederherstellung der Einheit Deutschlands als friedliebender und demokratischer Staat" (so die Präambel) bzw. zur „Wiederherstellung der Einheit Deutschlands auf friedlicher und demokratischer Grundlage" (so der Art. 5) verpflichtet hatte[60]). Auf diese Konferenz gehen die Anfänge der Zwei-Staaten-Theorie zurück, wie sie die Sowjets entwickelt haben[61]). Zwar sprach der sowjetische Außenminister Molotow auf jener Konferenz noch nicht ausdrücklich von zwei deutschen Staaten, doch trat er in seiner Rede am 1. Februar 1954 in Berlin dafür ein, bei künftigen Verhandlungen über die Deutschland-Frage „Vertreter Ost- und Westdeutschlands" hinzuzuziehen[62])

b) Seit der Genfer Gipfelkonferenz vom 18. bis 23. Juli 1955 bestreitet die UdSSR die vorher von ihr bejahte Mitverantwortung für die Wiederherstellung der staatlichen Einheit Deutschlands. In jenem Jahr entschloß sie sich, die Wiedervereinigung Deutschlands als eine Angelegenheit ausschließlich der Deutschen selbst darzustellen, mit der sie sich im Hinblick auf das Bestehen „zweier souveräner deutscher Staaten" nicht mehr befassen könne. Fortan war die Sowjetregierung nur noch bereit, das Deutschland-Problem im Rahmen einer Konferenz über den Abschluß eines Friedensvertrages mit Deutschland abschließend zu erörtern, dabei indessen die Modalitäten der Annäherung und späteren Wiedervereinigung der beiden Teile Deutschlands nicht zu diskutieren[63]).

Die Genfer Direktive der Regierungschefs der Vier Mächte an die Außenminister vom 23. Juli 1955 war das zunächst letzte Viermächte-Dokument, in dem die Regierungen dieser Länder ihre Verantwortung für die Wiederherstellung der staatlichen Einheit Deutschlands ausdrücklich bekundet

---

[59]) Vgl. oben Anm. 17.
[60]) Vgl. Hacker, Sowjetunion und DDR S. 63.
[61]) Vgl. über die Anfänge der Zwei-Staaten-Theorie in der sowjetischen Politik Riklin, Alois: Das Berlinproblem. Historisch-politische und völkerrechtliche Darlegung des Viermächtestatus, Köln (Verlag Wissenschaft und Politik) 1964, S. 179. — SED-Chef Walter Ulbricht sprach von den in Deutschland bestehenden zwei Staaten erstmals auf der 16. Tagung des Zentralkomitees der SED am 17. September 1953 in Ost-Berlin, Vgl. über die Entstehung dieser These in der DDR: Hacker, Jens: Das Selbstbestimmungsrecht aus der Sicht der „DDR", in: „Das Selbstbestimmungsrecht der Völker in Osteuropa und China", herausgegeben von Boris Meissner, Köln (Verlag Wissenschaft und Politik) 1968, S. 164—186, S. 169 Anm. 26.
[62]) Text in: Dokumente zur Deutschlandpolitik der Sowjetunion. Bd. I. Vom Potsdamer Abkommen am 2. August 1945 bis zur Erklärung über die Herstellung der Souveränität der Deutschen Demokratischen Republik am 25. März 1954, Berlin (Ost) 1957, S. 423; vgl. auch Hacker, Sowjetunion und DDR S. 62.
[63]) Vgl. dazu Rexin, M.: Konföderation und Wiedervereinigung, Grundzüge der sowjetischen Deutschlandpolitik seit der Genfer Gipfelkonferenz 1955, SBZ-Archiv 1959 S. 146 bis 150, S. 146/47.

haben: „In Anerkennung ihrer gemeinsamen Verantwortung für die Regelung der deutschen Frage und die Wiedervereinigung Deutschlands..."[64]).

c) Die sowjetische Regierung war jedoch in den folgenden Jahren nicht bereit, sich an ihre Versprechen in der Genfer Direktive vom 23. Juli 1955 und im Vertrag mit der DDR vom 20. September 1955 zu halten. Mit der Zwei-Staaten-Theorie unternahm sie im Widerspruch zum Potsdamer Abkommen und zu den vorausgegangenen Viermächte-Vereinbarungen von 1944/45 den Versuch, die staatliche Einheit Deutschlands aufzulösen[65]). Soweit die Sowjetunion überhaupt noch ihre Mitverantwortung für die Wiedervereinigung Deutschlands erwähnte, ordnete sie sie der These unter, nach der die Lösung der deutschen Frage eine Sache ausschließlich der Deutschen selbst sei. Wenn sie auch gelegentlich versprach, zur Lösung der deutschen Frage beizutragen, so verstand sie darunter nicht die vorher von ihr propagierte Viermächte-Verantwortung für die Wiederherstellung der staatlichen Einheit Deutschlands.

III. Im Widerspruch zum Potsdamer Abkommen steht auch die seit 1957 von sowjetischer (und Ostberliner) Seite vertretene Auffassung, zwischen den beiden deutschen Staaten als Übergangsstadium bis zur Wiedervereinigung eine Konföderation zu bilden. Auch mit diesem Plan versuchte die Sowjetunion, die Zwei-Staaten-Theorie durchzusetzen und sich ihrer Mitverantwortung für die Wiedervereinigung Deutschlands zu entledigen.

Diese Haltung läßt sich in den folgenden Thesen zusammenfassen[66]):

1. Die Wiedervereinigung Deutschlands ist ein „innerdeutsches Problem"; sie kann nur durch eine Annäherung zwischen „beiden deutschen Staaten" erreicht werden.

2. Die Viermächte-Verantwortung besteht weiter, soweit es sich handelt um

a) die Verwirklichung der Potsdamer Beschlüsse[67]),

---

[64]) Text bei Jäckel, E. (Herausgeber): Die deutsche Frage 1952—1956. Notenwechsel und Konferenzdokumente der Vier Mächte, Frankfurt/Main und Berlin 1957 S. 116. — Vgl. dazu Külz, H. R.: Potsdam kein Ausweg, in: Th. Sommer (Herausgeber): Denken an Deutschland. Zum Problem der Wiedervereinigung — Ansichten und Einsichten, Hamburg 1966, S. 44—61, S. 60: „Hier war wirklich ein Ansatz, ein neuer Anfang für die vielgerühmte Viermächte-Verantwortung zu suchen". — Auf die Genfer Direktive berief sich auch die Bundesregierung in ihrem Memorandum vom 2. September 1956 zur Wiedervereinigung (vgl. oben Anm. 5). — Vgl. auch Rexins Deutung der Genfer Direktive durch die Sowjets (Konföderation S. 146/47).
[65]) Vgl. Meissner, Boris: Die Sowjetunion und Deutschland 1941—1967, Europa-Archiv 1967 S. 515—531, S. 525.
[66]) Vgl. Hacker, Sowjetunion und DDR S. 64 und 152.
[67]) „Auf diese Weise behielt sie eine Rechtsbasis, um jederzeit gegen Maßnahmen der Westmächte in der Bundesrepublik protestieren zu können" (Hacker, Sowjetunion und DDR S. 152).

b) den Abschluß eines Friedensvertrages mit Deutschland,

c) die Gesamtdeutschland betreffenden Vorbehaltsrechte der ehemaligen Besatzungsmächte.

3. Zur Zeit ist die Sowjetunion bemüht, sich in der Frage der Viermächte-Rechte und -Verantwortung nicht verbindlich festzulegen. Demgemäß erklärte der sowjetische Außenminister Gromyko am 6. August 1970 gegenüber dem Bundesminister Scheel: „Die Frage der Rechte der Vier Mächte war nicht Gegenstand der Verhandlungen mit der Bundesrepublik Deutschland... Die Frage der Rechte der Vier Mächte wird auch von dem Vertrag, den die UdSSR und die Bundesrepublik Deutschland abzuschließen beabsichtigen, nicht berührt." Dabei sind sowohl die Formulierung „Frage der Rechte der Vier Mächte" als auch die Tatsache bemerkenswert, daß keine Rede von der „Verantwortung" der Vier Mächte ist und daß das Bezugsobjekt der Rechte, nämlich „Deutschland" oder — entsprechend dem Sprachgebrauch der Siegermächte seit dem Jahre 1944/45 — „Deutschland als Ganzes" überhaupt nicht genannt wird. Die von der Sowjetunion gebrauchte Formel erlaubt es ihr, nach eigenem Ermessen den Begriff „Viermächte-Verantwortung" auszulegen und „aufzufüllen" sowie das Bezugsobjekt der Viermächte-Rechte festzulegen.

4. Wenn sich die UdSSR in den letzten Jahren nicht klar und eindeutig zum Fortbestand und Umfang der Viermächte-Rechte und -Verantwortung für Deutschland als Ganzes (und Berlin) geäußert hat, so ist das vor allem auf zwei Gründe zurückzuführen: Für die Sowjetunion bestehen auf dem Gebiete des ehemaligen Deutschen Reiches zwei souveräne deutsche Staaten; diese Auffassung impliziert den Untergang des deutschen Staates im Jahre 1945. Folgerichtig weitergedacht, sind die Rechte und Verantwortlichkeiten der Vier Mächte ohne Bezugsobjekt. Vor dieser Schlußfolgerung muß die Sowjetunion jedoch zurückschrecken, weil sie sich sonst außer jeder Möglichkeit begibt, in der deutschen Frage noch ein Wort mitzureden. Zweitens hat sich die Sowjetunion zur Viermächte-Verantwortung in den letzten Jahren aus Rücksicht auf die in der Frage der Souveränität besonders empfindliche DDR nur zurückhaltend geäußert. Die politische Führung in Ost-Berlin leidet in viel stärkerem Maße als die Bundesrepublik unter dem Souveränitäts-„Defekt".

5. Die *DDR* vertritt ebenso wie die UdSSR die Auffassung, daß auf dem Gebiete des ehemaligen Deutschen Reiches zwei souveräne Staaten als dessen (Rechts-)Nachfolger bestehen. Sie legt aber besonderen Wert auf die Feststellung, daß das Deutsche Reich im Zeitpunkte der militärischen Kapitula-

tion am 9. Mai 1945 untergegangen ist. Wegen der völkerrechtlichen und politischen Gegebenheiten kann auch sie nicht den logischen Schluß ziehen, daß damit für die Rechte und Verantwortlichkeiten der Vier Mächte das Bezugsobjekt fehlt.

Von seiten der DDR war man in den letzten Jahren bestrebt, die Viermächte-Verantwortung auf die Bundesrepublik Deutschland und West-Berlin zu beschränken. Als der frühere SED-Chef Walter Ulbricht im Januar 1970 gefragt wurde, wie er zur Viermächte-Verantwortung stehe, antwortete er: „Wann ist der Alliierte Kontrollrat gestorben? Das war noch in der zweiten Hälfte der vierziger Jahre. Seither gibt es — über uns jedenfalls — keine Viermächte-Verantwortung." DDR-Ministerpräsident Willi Stoph bezeichnete bei seinem Treffen mit Bundeskanzler Willy Brandt in Erfurt am 19. März 1970 „die in der Bundesrepublik verbreitete These von einer Viermächte-Verantwortung... für die DDR und ihre Hauptstadt Berlin" als „unhaltbar"; die DDR unterstehe weder einer Vier- noch einer Drei-Mächte-Zuständigkeit. DDR-Außenminister Otto Winzer führte in einer Lektion an der Parteihochschule des Zentralkomitees der SED am 23. Juni 1972 unter Hinweis auf die Prager Deklaration der Warschauer-Pakt-Mächte vom 26. Januar 1972 aus: „... daß alle Behauptungen, wonach Vier-Mächte-Zuständigkeiten völkerrechtliche Beziehungen zwischen der DDR und der BRD... unmöglich machen würden, mit der realen Lage unvereinbar und völkerrechtlich völlig haltlos sind. Angesichts dieses klaren Tatbestandes hat noch kein Vertreter der Regierung der BRD sagen können, um welche Rechte der Siegermächte es sich eigentlich handeln soll, die normale völkerrechtliche Beziehungen zwischen der DDR und der BRD verhindern würden."

Bemerkenswert ist auch die Äußerung vom SED-Chef Erich Honecker auf der „Großkundgebung der Freundschaft DDR-CSSR" am 22. September 1972 in Ost-Berlin, daß es den Vertrag zwischen der DDR und der BRD nicht geben würde, „wenn in ihm den völkerrechtlichen Gegebenheiten nicht Rechnung getragen wird". Ob er damit auch an die Rechte und Verantwortlichkeiten der Vier Mächte gedacht hat, läßt sich allerdings nur schwer sagen.

Festgehalten zu werden verdient schließlich, daß in diesem Zusammenhang das Zentralorgan der SED „Neues Deutschland" eine Formulierung gebraucht hat, die längst aus der politischen Sprache der DDR verbannt war. Die Zeitung meldete am 23. Oktober 1972, daß die Botschafter der Vier Mächte einen „Meinungsaustausch über die Rechte und Verantwortlichkeiten der Vier Mächte angesichts eines möglichen künftigen Antrages der BRD und der DDR auf Aufnahme in die Organisation der Vereinten Nationen haben werden". Schon am nächsten Tag, in der Ausgabe vom 24. Oktober 1972, korrigierte sich jedoch das Blatt mit der Wendung, daß ein „Treffen der Botschafter der Vier Mächte zu einem Meinungsaustausch über Fragen von gemeinsamen Interesse stattgefunden habe".

6. Etwa ein Jahr nach den schon gewürdigten Antwortnoten der drei Westalliierten vom 11. August 1970[68]) spielte die Frage nach der Weitergeltung ihrer Rechte und Verantwortlichkeiten auch bei den Verhandlungen der Vier Mächte über das *Berlin-Abkommen vom 3. September 1971* eine zentrale Rolle. Ausweislich des dritten Absatzes der Präambel des Rahmen-Abkommens handelten die Vier Mächte „auf der Grundlage ihrer Viermächte-Rechte und -Verantwortlichkeiten und der entsprechenden Vereinbarungen und Beschlüsse der Vier Mächte aus der Kriegs- und Nachkriegszeit, die nicht berührt werden". In der Nr. 3 des Teils I „Allgemeine Bestimmungen" wird nochmals auf die früheren Abmachungen wie folgt Bezug genommen: „Die Vier Regierungen werden ihre individuellen und gemeinsamen Rechte und Verantwortlichkeiten, die unverändert bleiben, gegenseitig achten."

Diese eindeutig erscheinenden Aussagen werden allerdings zumindest[69]) durch die Feststellung „unbeschadet ihrer Rechtsposition" im sechsten Absatz der Präambel relativiert.

7. Am Tage nach der Paraphierung des Grundvertrages, am *9. November 1972*, übermittelten die Botschaften Frankreichs, Großbritanniens und der Vereinigten Staaten der Bundesregierung eine am selben Tag in den vier Hauptstädten herausgegebene *Erklärung der Regierung der Vier Mächte*, die im Zusammenhang mit der von den beiden deutschen Staaten bekundeten Absicht stand und den folgenden Wortlaut hat[70]):

> „Die Regierungen der Französischen Republik, der Union der Sozialistischen Sowjetrepubliken und des Vereinigten Königreiches Großbritannien und Nordirland und der Vereinigten Staaten von Amerika, die durch ihre Botschafter vertreten waren, die in dem früher durch den Alliierten Kontrollrat benutzten Gebäude eine Reihe von Sitzungen abgehalten haben, stimmen überein, daß sie die Anträge auf Mitgliedschaft in den Vereinten Nationen, wenn diese durch die Bundesrepublik Deutschland und die Deutsche Demokratische Repu-

---

[68]) Vgl. oben Ziffer 3 a.
[69]) Wenn Hacker in FAZ. vom 2. Februar 1973 (a. a. O.) eine weitere Relativierung auch in der Nr. 4 des Teils I „Allgemeine Bestimmungen" meint sehen zu sollen, wo es heißt „ungeachtet der Unterschiede in den Rechtsauffassungen", so bezieht sich diese Formel offenbar nur auf den Inhalt dieser Nr. 4 selbst, nicht aber auch auf denjenigen der vorangegangenen Nr. 3.
[70]) Bulletin Nr. 157 vom 11. November 1972, S. 1884.

> blik gestellt werden, unterstützen werden und stellen in diesem Zusammenhang fest, daß diese Mitgliedschaft die Rechte und Verantwortlichkeiten der Vier Mächte und die bestehenden diesbezüglichen vierseitigen Regelungen, Beschlüsse und Praktiken in keiner Weise berührt"[71]).

Diese Erklärung bedeutet insofern einen Erfolg für die drei Westmächte, als die Sowjetunion darin das Bestehen der Viermächte-Rechte und -Verantwortung anerkennt und sie nicht — wie beim Abschluß des Moskauer Vertrages[72]) — „in Frage" stellt. Bedauerlich ist dagegen, daß das Bezugsobjekt der Rechte — „Deutschland" oder „Deutschland als Ganzes" — unerwähnt bleibt[73]).

Die westliche Version für dieses Unterlassen lautet dahin: Die Aufnahme der Wendung „Deutschland als Ganzes" in die Erklärung hätte Grenzfragen aufgeworfen, die zwar durch die beiden Ostverträge geregelt seien, aber wegen des fehlenden Friedensvertrages dennoch als „offen" angesehen werden müßten[74]).

In der sowjetisch-französischen Deklaration vom 13. Oktober 1970 anläßlich des Besuchs des französischen Staatspräsidenten Georges Pompidou in der UdSSR wurde die bemerkenswerte Formel gewählt: „Als Mächte, die kraft der bekannten Vier-Mächte-Abkommen mitverantwortlich sind, geben sie der Befriedigung über die Unterzeichnung des Vertrages zwischen der Sowjetunion und der Bundesrepublik Deutschland vom 12. August 1970 Ausdruck."

8. Klar und eindeutig haben sich die *Kommuniqués der* beiden letzten *Ministertagungen des Nordatlantikrates* am 30. und 31. Mai 1972 in Bonn und am 7. und 8. Dezember 1972 in Brüssel zur Viermächte-Verantwortung geäußert. In der Nr. 5 des erstgenannten Kommuniqués heißt es[75]):

> Die Minister „nahmen davon Kenntnis, daß es die Politik der Bundesrepublik Deutschland bleibt, auf einen Zustand des Friedens in Europa hinzuwirken, in dem das deutsche Volk in freier Selbstbestimmung seine Einheit wiedererlangen kann und daß die bestehenden Verträge und Abmachungen der Bundesrepublik

---

[71]) Die Version des „Neuen Deutschland" weicht in mehreren Punkten von dieser Fassung ab, wenn es dort heißt, „daß diese Mitgliedschaft die Rechte und Verantwortlichkeiten der Vier Mächte und die entsprechenden diesbezüglichen vierseitigen Vereinbarungen, Beschlüsse und Praxis in keiner Weise berühren darf" (zitiert nach Hacker, FAZ. vom 12. Februar 1973 a. a. O.).
[72]) Vgl. oben unter Ziffer 4 d Abs. 1.
[73]) „Als die Vier Mächte Zangengeburtshilfe zum Grundvertrag leisteten, bestanden sie auf der Fortdauer ihrer Verantwortlichkeiten, konnten aber nicht mehr sagen wofür. Ihre Erklärung spart den Begriff aus — Deutschland ist unaussprechlich geworden" (Walden, Mathias: Statt Deutschland nur noch „BRD"? „Die Welt" Nr. 268 vom 16. November 1962).
[74]) So Hacker a. a. O.
[75]) Bulletin Nr. 81 vom 3. Juni 1972, S. 1117—1119, S. 1117/18.

Deutschland und die Rechte und Verantwortlichkeiten der Vier Mächte in bezug auf Deutschland als Ganzes und auf Berlin unberührt bleiben."

Im zweitgenannten Kommuniqué heißt es zunächst in der Nr. 4[76]):

„Die Minister nahmen die Erklärung der Vier Mächte vom 9. November 1972 zur Kenntnis. In dieser Erklärung stimmten die Vier Mächte überein, daß sie die Anträge auf Mitgliedschaft in den Vereinten Nationen, wenn diese durch die Bundesrepublik Deutschland und die Deutsche Demokratische Republik gestellt werden, unterstützen werden, und stellen in diesem Zusammenhang fest, daß diese Mitgliedschaft die Rechte und Verantwortlichkeiten der Vier Mächte und die entsprechenden diesbezüglichen vierseitigen Vereinbarungen, Beschlüsse und Praktiken in keiner Weise berührt"

und sodann in der Nr. 5[77]):

„Die Mitgliedstaaten des Bündnisses brachten ihre anhaltende Unterstützung für die Politik der Bundesrepublik Deutschland zum Ausdruck, auf einen Zustand des Friedens in Europa hinzuwirken, in dem das deutsche Volk in freier Selbstbestimmung seine Einheit wiedererlangt. Sie werden demgemäß auch in Zukunft der besonderen Lage in Deutschland voll Rechnung tragen, die dadurch bestimmt ist, daß das deutsche Volk heute in zwei Staaten lebt, daß eine frei vereinbarte friedensvertragliche Regelung für Deutschland noch aussteht und daß bis zu ihrem Zustandekommen die oben erwähnten Rechte und Verantwortlichkeiten der Vier Mächte in bezug auf Berlin und Deutschland als Ganzes fortbestehen."

9. Die *Viermächte-Verantwortung gilt für alle Situationen, die den gegenwärtigen Status der beiden deutschen Staaten in ihrem Verhältnis zueinander betreffen.* Es dürfte kaum zweifelhaft sein, daß die völkerrechtliche Anerkennung der DDR durch die Bundesrepublik in denjenigen Bereich fiele, der von der Formel „Deutschland als Ganzes" erfaßt wird, auch wenn der Inhalt dieser Formel im einzelnen unklar geblieben ist[78]), und daß die Forderung der DDR nach völkerrechtlicher Anerkennung durch die Bundesrepublik nicht von dieser allein, also ohne Einverständnis der Vier Mächte, vollzogen werden könnte. Zwar wäre die Zustimmung der Sowjetunion zu einem solchen bundesdeutschen Schritt nicht zweifelhaft. Doch da eine solche Anerkennung erhebliche Rückwirkungen auf die Politik der Westmächte hätte und diese deshalb kaum geneigt sein dürften, sich durch einen isolierten rechtlichen Schritt der Bundesrepublik in eine automatische Entwicklung hineinzwingen zu lassen, würde alsbald die Viermächte-Verantwortung hervorgekehrt und die fragliche Maßnahme der Bundesrepublik nur unter Zustimmung der Westalliierten für zulässig erachtet werden.

---

[76]) Bulletin Nr. 166 vom 12. Dezember 1972, S. 1961—1964, S. 1961.
[77]) A. a. O. S. 1962.
[78]) Vgl. Kimminich, DVBl. a. a. O. S. 443 mit Nachweisen; auch S. 444.

Friedrich Klein

Auch grundlegende Änderungen in der *Zugehörigkeit der Bundesrepublik Deutschland und der Deutschen Demokratischen Republik zur NATO bzw. zum Warschauer Pakt* könnten nicht einseitig von den beiden deutschen Staaten je für sich vorgenommen werden, zumal dadurch das mühsam hergestellte Gleichgewicht zwischen West und Ost im Herzen Europas in Frage gestellt werden würde. Deshalb sind auch *unmittelbaren Absprachen zwischen der Bundesrepublik und der DDR* eindeutige Schranken gesetzt. Dies würde auch für eine etwaige *Neutralisierung der beiden deutschen Staaten* etwa im Sinne der Rapacki-Pläne gelten.

10. *Fraglich* kann es aber sein, ob die *Vier Mächte* noch eine *Zuständigkeit zur Festlegung der deutschen Grenzen* für sich beanspruchen und überhaupt beanspruchen können. Wie schon erwähnt, heißt es im sechsten Absatz der „Erklärung in Anbetracht der Niederlage Deutschlands und der Übernahme der obersten Regierungsgewalt hinsichtlich Deutschlands" vom 5. Juni 1945, die vier Mächte „werden später die Grenzen Deutschlands oder irgendeines Gebietes, das gegenwärtig einen Teil deutschen Gebietes bildet, festlegen".

a) In der Tat haben die Westmächte von diesem Vorbehalt auch Gebrauch gemacht. Noch vor dem Inkrafttreten des Besatzungsstatuts vom 19. April 1949 am 21. September 1949 haben sie die „Verlautbarung über vorläufige Änderungen der deutschen Westgrenze[79]) vom 26. März 1949 erlassen. Diese sah allerdings verhältnismäßig geringfügige Änderungen der Grenzen der Bundesrepublik Deutschland gegenüber den Niederlanden, Belgien, Luxemburg, der Saar und Frankreich vor. Abgetreten wurden damals immerhin 135 qkm deutschen Gebietes mit einer Bevölkerung von 13 500 Menschen, darunter die nordrhein-westfälische Landgemeinde Elten mit (1966) 3500 Einwohnern. Nach der Aufhebung des Besatzungsstatuts am 5. Mai 1955 wurde die Regelung der Grenzfragen der Bundesrepublik überlassen, die mehrere entsprechende Verträge vor allem mit Belgien und den Niederlanden abgeschlossen hat[80]). In Auswirkung dieser Änderung der Rechtslage kamen die zunächst an die Niederlande abgetretenen Gebiete im Wege bilateraler Verträge wieder an die Bundesrepublik zurück; so wurde Elten

---

[79]) Herausgegeben in Paris am 26. März 1949 (vgl. „Die Gesamtverfassung Deutschlands" — oben Anm. 3 — S. 690/91).
[80]) Z. B. Vertrag zwischen der Bundesrepublik Deutschland und Belgien über eine Berichtigung der deutsch-belgischen Grenze und andere die Beziehungen zwischen beiden Ländern betreffende Fragen vom 24. September 1956 („Die Gesamtverfassung Deutschlands" — oben Anm. 3 — S. 698—703); Vertrag zwischen der Bundesrepublik Deutschland und den Niederlanden zur Regelung von Grenzfragen und anderen zwischen beiden Ländern bestehenden Problemen (Ausgleichsvertrag) vom 8. April 1960 („Die Gesamtverfassung Deutschlands" — oben Anm. 3 — S. 704/5).

im Rahmen des deutsch-niederländischen Ausgleichsvertrages im Jahre 1960 in die Bundesrepublik zurückgegliedert[81]).

Auch die DDR hat Grenzberichtigungen z. B. in der Tschechoslowakei vorgenommen. Derartige Grenzkorrekturen wurden offensichtlich den beiden deutschen Staaten zur „souveränen Behandlung" überlassen.

b) Eine andere Lage dürfte aber bei jenen *„hochpolitischen"* Grenzen gegeben sein, deren Verletzung oder ständige Nichtanerkennung zu ernsthaften Auseinandersetzungen führen könnte. Dabei handelt es sich um die Oder-Neiße-Grenze und die Grenze zwischen der Bundesrepublik Deutschland und der Deutschen Demokratischen Republik — zumal die zweitgenannte Grenze auch die Scheidelinie zwischen den beiden Militärblöcken des Westens und des Ostens darstellt und deshalb von überregionaler Bedeutung ist. In diesen Fragen wird von den Vier Mächten offenbar die „Viermächte-Verantwortung für Deutschland als Ganzes" beansprucht, wenn dieses Etikett auch nicht so recht passen will. Jedenfalls konnten die Grenzbestimmungen des Moskauer und des Warschauer Vertrages nicht ohne die Zustimmung der Vier Mächte vereinbart werden. In dieser Hinsicht ist bemerkenswert, daß der französische Staatspräsident Pompidou bei seinem Staatsbesuch in der UdSSR im Oktober 1970 den Moskauer Vertrag vom 12. August 1970 unter ausdrücklichem Hinweis auf die Viermächte-Verantwortung als einen „wichtigen Beitrag zur Entspannung in Europa und zur Verstärkung der europäischen Sicherheit" bezeichnet und damit erneut das Mitspracherecht Frankreichs in Erinnerung gebracht hat[82]).

IV. Es stellt sich nunmehr noch die *Frage, welche Bedeutung dem Vertrag über die Grundlagen der Beziehungen* zwischen der Bundesrepublik Deutschland und der Deutschen Demokratischen Republik — in der Publizistik der Bundesrepublik kurz als „Grundvertrag", in der DDR als „Vertrag" oder „Grundlagenvertrag" apostrophiert — *für mein Thema zukommt.*

1. Die Viermächte-Rechte und die *Viermächte-Verantwortung* für Deutschland als Ganzes werden *im Grundvertrag nicht ausdrücklich erwähnt.* Die Bundesregierung ließ sich auf den Kompromißvorschlag der DDR ein, nur eine abgewandelte Form des jeweiligen Art. 4 der beiden Ostverträge, der sog. „Nichtberührungsklausel", in den Grundvertrag aufzunehmen. Gemäß

---

[81]) Vertrag über den Verlauf der gemeinsamen Landesgrenze, die Grenzgewässer, den grenznahen Grundbesitz, den grenzüberschreitenden Binnenverkehr und andere Grenzfragen (Grenzvertrag) vom 8. April 1960 („Die Gesamtverfassung Deutschlands" — oben Anm. 3 — S. 706—742), insbesondere §§ 25 bis 29 der Anlage A.
[82]) Vgl. Hacker, Jens: Fragen zum innerdeutschen Grundvertrag, „Die Welt" Nr. 230 vom 3. Oktober 1972 S. II.

Friedrich Klein

dessen Art. 9 „stimmen" die „Hohen Vertragschließenden Seiten" „darin überein, daß durch diesen Vertrag die von ihnen früher abgeschlossenen oder sie betreffenden zweiseitigen und mehrseitigen internationalen Verträge und Vereinbarungen nicht berührt werden". Unter diese „Nichtberührungsklausel" fallen einmal die Drei- und die Vier-Mächte-Abmachungen der Alliierten aus den Jahren 1944/45, in denen sie den Status Deutschlands nach dessen militärischer Niederringung festlegten; zum andern gehören dazu der am 5. Mai 1955 in Kraft getretene Deutschlandvertrag, mit dem die drei Westmächte der Bundesrepublik Deutschland unter Aufrechterhaltung von Vorbehaltsrechten die Souveränität verliehen bzw. zurückgegeben haben, und die zweiseitigen Vereinbarungen zwischen der Sowjetunion und der DDR aus den Jahren 1955 und 1964, welche die Souveränität der DDR betreffen und Vorbehaltsrechte der UdSSR enthalten.

2. In dem *Briefwechsel zwischen* den Staatssekretären *Egon Bahr* im Bundeskanzleramt *und Dr. Michael Kohl* beim Ministerrat der Deutschen Demokratischen Republik zu Art. 9 des Vertrages teilen beide Partner einander mit, daß das Auswärtige Amt den Botschaftern der drei Westmächte und das Ministerium für Auswärtige Angelegenheiten dem Botschafter der UdSSR Noten übermitteln werden, in denen jeweils wörtlich übereinstimmend festgestellt wird, „daß die Rechte und Verantwortlichkeiten der Vier Mächte und die entsprechenden diesbezüglichen vierseitigen Vereinbarungen, Beschlüsse und Praktiken durch diesen Vertrag nicht berührt werden können". Dazu ist dreierlei anzumerken:

a) Erstens: Die Feststellung beider Noten entspricht der von den Botschaften der Vier Mächte erarbeiteten Erklärung vom 9. November 1972, von der schon die Rede war. Da diese Erklärung sich nicht auf den Grundvertrag, sondern auf die Mitgliedschaft der beiden deutschen Staaten in den Vereinten Nationen bezieht, ist das Dach der Viermächte-Verantwortung, unter dem der Grundvertrag als ein Abkommen besonderer Art gelten soll, brüchig.

b) Zweitens: Durch diesen Briefwechsel erkennt die DDR zumindest das Bestehen der Viermächte-Rechte und -Verantwortlichkeiten ausdrücklich an, was insofern bedeutsam ist, als sie solches bis dahin nur noch für die Bundesrepublik Deutschland und Westberlin gelten lassen wollte. Wichtig und zweckmäßig, wenn nicht gar notwendig wäre es allerdings gewesen, die Viermächte-Verantwortung für Deutschland als Ganzes im Grundvertrag selbst ausdrücklich festzulegen, weil diese Verantwortung nach Wilhelm

Wenglers bereits wiedergegebener Feststellung[83]) die „einzige rechtliche Institution" ist, „die Deutschland mit seinem Gebiet und seiner Bevölkerung überhaupt noch als Rechtsbegriff relevant sein läßt".

c) Drittens: Die Bundesregierung stellt in ihren Erläuterungen zum Grundvertrag im Abschnitt II fest: „Unberührt vom Vertrag bleiben die Rechte und Verantwortlichkeiten der Vier Mächte" und bezeichnet diese Rechte und Verantwortlichkeiten im anschließenden Satz als „Klammer für die beiden Staaten in Deutschland". Die in den Erläuterungen erscheinende Formel „die beiden Staaten in Deutschland", die sich sachlich mit der Formel „die zwei Staaten in Deutschland" deckt, die von Bundeskanzler Brandt in seiner ersten Regierungserklärung vom 28. Oktober 1969 verwendet wurde, ist im Grundvertrag selbst nicht enthalten; in diesem werden in den Art. 4 und 6 vielmehr nur noch die beiden Formulierungen „keiner der beiden Staaten" und „jedes der beiden Staaten" gebraucht. Es muß daran erinnert werden, daß Brandt schon in seinem ersten Bericht zur Lage der Nation vom 14. Januar 1970 von den „beiden deutschen Staaten" gesprochen und daß er sich der beiden Formeln — die „beiden Staaten in Deutschland" und die „beiden deutschen Staaten" — in seinem Kasseler Zwanzig-Punkte-Katalog vom 21. Mai 1970 bedient hatte.

d) Wenn somit im Grundvertrag nicht einmal mehr von den „zwei Staaten in Deutschland" oder den „beiden Staaten in Deutschland", geschweige denn von „Deutschland" die Rede ist — der Ausdruck „Deutschland" erscheint dort nur als offizieller Namensteil der Bundesrepublik —, dann stellt sich allen Ernstes eine ganz entscheidende Frage: die *Frage, ob der rechtliche Inhalt des Deutschland-Begriffs neu bestimmt werden muß*. Diese Frage wird von dem international bekannten österreichischen Fachvertreter für Gesellschaftslehre, Nationalitätenrecht und Völkerrecht Theodor Veiter[84]) nur mittelbar, dagegen von dem Staats- und Völkerrechtler an der Universität Regensburg, Otto Kimminich[85]), ausdrücklich und ohne Einschränkung bejaht. Er schreibt: „Der Kern aller dieser Probleme (sc. der sich aus dem Grundvertrag in großer Anzahl ergebenden schwierigen Rechtsprobleme)

---

[83]) Vgl. oben vor I.
[84]) A. a. O. S. 39/40 (auch S. 43 und 44): „Es ist die Frage aufzuwerfen, ob durch die Ostverträge und den ‚Grundvertrag'(!) dieser völkerrechtliche Deutschland-Begriff eine Änderung erfahren hat ... Ein Blick in die Ostverträge selbst zeigt ..., daß dem nicht so sein kann ... Demnach ist völkerrechtlich ‚Deutschland' ein Rechtsbegriff und bedeutet auch nach Abschluß der Ostverträge ... das völkerrechtlich nicht untergegangene Deutsche Reich, jedoch ohne Festlegung eines bestimmten Territoriums (maximal mit dem Territorium nach dem Stande vom 31. Dezember 1937)".
[85]) „Wird Deutschland als Ganzes durch den Grundvertrag beerdigt?" in: „Die Welt" Nr. 267 vom 15. November 1972.

liegt darin, daß der rechtliche Inhalt des Deutschland-Begriffs neu definiert werden muß. Viele hatten gehofft, daß der Grundvertrag selbst eine solche Definition enthalten würde, die zugleich eine völkerrechtliche, möglicherweise sogar eine staatsrechtliche Klammer zwischen den beiden deutschen Staaten schaffen oder vorbereiten würde. Dies ist nicht der Fall." Es wäre in der Tat angebracht gewesen, daß die Bundesregierung wenigstens in ihren Erläuterungen zum Vertrag klare und genaue Aussagen über das staats- und völkerrechtliche Selbstverständnis der Bundesrepublik Deutschland gemacht hätte. Aber selbst das ist nicht einmal geschehen.

Abschließend läßt sich als *Ergebnis* feststellen:

Das staats- und völkerrechtliche Selbstverständnis der Bundesrepublik Deutschland beruhte bis zum Jahre 1969 in der Theorie weitgehend und in der Praxis ganz auf der These, die Bundesrepublik sei mit dem nicht untergegangenen Deutschen Reich identisch, wenn sich auch die durch das Grundgesetz geschaffene staatliche Organisation in ihrer Geltung auf das Gebiet der Bundesrepublik beschränke. Nach der stillschweigenden *Aufgabe dieser sog. Identitätstheorie* durch die Bundesregierung ist eine verbindliche Äußerung ihrerseits dazu und zu der umstrittenen Frage notwendiger denn je, welcher „Deutschland"-Begriff nach ihrer Auffassung dem Grundgesetz zugrundeliegt, da in bezug auf diesen Begriff „sowohl die Ostverträge als auch der ‚Grundvertrag' einer gefährlichen Relativierung dienen"[86]).

Meine Überlegungen haben für die derzeitige Rechtslage insoweit ergeben:
1. Der *geographisch-territoriale Deutschland-Begriff*, der vor allem zufolge der beiden Ostverträge von 1970 und seitdem verstärkt in Rede steht, ist umstritten und ungeklärt, er bedarf der wissenschaftlichen Klärung dahingehend, ob er im Grundgesetz als ein statischer oder aber als ein dynamischer, ein „gleitender" oder „elastischer" Begriff verwendet wird, und der offiziellen Klarstellung dahingehend, ob und bejahendenfalls inwieweit sich „Deutschland" im Sinne des Grundgesetzes zufolge der beiden Ostverträge und auch des Grundvertrages gebietlich geändert, d. h. verengt hat.

2. Der *juristische Deutschland-Begriff*, der Rechtsbegriff „Deutschland", der ebenfalls im Grundgesetz vorhanden ist und dem insbesondere seit dem Grundvertrag die Aufmerksamkeit der Fachwelt gilt, besteht in den Viermächte-Rechten und -Verantwortlichkeiten als alliierter Vorbehalt fort. Dieser Rechtslage wird die Bundesregierung insofern gerecht, als sie die völkerrechtliche Anerkennung der Deutschen Demokratischen Republik durch

---

[86]) Veiter a. a. O. S. 44.

die Bundesrepublik Deutschland schon deshalb rechtlich für ausgeschlossen hält, weil Besiegte nicht über die Rechte von Siegern verfügen können. Für die Bundesrepublik verbietet der Fortbestand der Viermächte-Rechte und -Verantwortlichkeiten die völkerrechtliche Anerkennung der DDR. Die Souveränität der beiden deutschen Staaten ist und bleibt in dem Maße eingeschränkt, als ihr die Rechte der vier Alliierten entgegenstehen. Nur mit der Zustimmung der vier Mächte oder dem Abschluß eines regelrechten Friedensvertrages könnte die gegenseitige Anerkennung durch die beiden Staaten ausgesprochen werden. Allerdings würde ein Friedensvertrag — entgegen den ursprünglichen Intentionen der Siegermächte und im Widerspruch zu der geschichtlichen Tatsache, daß der Kriegsgegner der Alliierten nicht die beiden deutschen Staaten, sondern das Deutsche Reich war — mit zwei deutschen Staaten zu schließen sein; das hätte dann jedoch zur Folge, daß „Deutschland" als Rechtsbegriff zu bestehen aufhören würde.

„Deutschland" ist „heute so wenig wie je zuvor ein rein geographischer oder nur ein geographischer Begriff"[87]). Die Hauptbedeutung des juristischen Deutschlandbegriffs liegt vielleicht darin, daß wenn eines Tages das Territorium Deutschlands doch noch auf regelrechter völkerrechtlicher multilateraler Grundlage neu bestimmt werden sollte, „dafür den Deutschen in den abzutretenden Gebieten als Gegenleistung Minderheitenschutz im Sinne eines modernen Volksgruppenrechtes und Sicherung ihrer Menschenrechte ausbedungen werden" kann[88]).

---

[87]) Veiter a. a. O. S. 43.
[88]) Veiter a. a. O. S. 40.

Otto Kimminich

DIE RECHTLICHE BEDEUTUNG
DER GEMEINSAMEN ENTSCHLIESSUNG
VOM 17. MAI 1972 FÜR DIE OSTVERTRÄGE

Im Frühjahr 1972, mitten in einer Zeit der politischen Konfrontation und Kontroverse demonstrierte der Deutsche Bundestag eine Einmütigkeit, die in völlig ruhigen Zeiten überraschend gewesen wäre, gerade damals aber als selbstverständlich hingenommen wurde: er faßte eine Entschließung mit 513 Ja-Stimmen bei 5 Enthaltungen ohne jede Gegenstimme. (Die Berliner Abgeordneten waren stimmberechtigt.) Mit Recht ist daher diese Entschließung des Deutschen Bundestages vom 17. Mai 1972[1]) als „Gemeinsame Entschließung" in die Geschichte eingegangen. Den Anlaß der Entschließung umschreibt sie selbst in ihrer Präambel: „Aus Anlaß der Abstimmung über den Vertrag zwischen der Bundesrepublik Deutschland und der Union der Sozialistischen Sowjetrepubliken vom 12. August 1970 und den Vertrag zwischen der Bundesrepublik Deutschland und der Volksrepublik Polen über die Grundlagen der Normalisierung ihrer gegenseitigen Beziehungen vom 7. Dezember 1970 erklärt der Deutsche Bundestag: ...". Der politische Zweck der Entschließung ist vielschichtig. In erster Linie — und nur dies nahm damals die deutsche Öffentlichkeit wahr — sollte die Entschließung den beiden Ostverträgen eine Stimmenmehrheit bei der Abstimmung im Deutschen Bundestag sichern.

Die Formulierung „Abstimmung über den Vertrag..." in der Entschließung ist juristisch nicht ganz korrekt. Formell wird im Bundestag — ebenso wie im Bundesrat — nicht über völkerrechtliche Verträge abgestimmt, sondern über die Zustimmungsgesetze zu solchen Verträgen gemäß Art. 59 Abs. 2 GG. Nachdem die Forderung nach einer Zweidrittelmehrheit für diese Zustimmungsgesetze auf Grund von Art. 79 Abs. 2 GG fallengelassen worden war, ging es nur noch um die absolute Mehrheit, die bei einfachen Gesetzen gemäß Art. 42 Abs. 2 GG erforderlich ist. Durch den Austritt einiger Abge-

---

[1]) Abgedruckt im Bulletin des Presse- und Informationsamts der Bundesregierung 1972, Nr. 72, S. 1047.

Die rechtliche Bedeutung der Entschließung vom 17. Mai 1972 für die Ostverträge

ordneter der SPD und die erklärte Absicht einiger weitererer Abgeordneter der Koalitionsparteien war es fraglich geworden, ob diese Mehrheit für die Verträge zu erreichen war. Die Verträge konnten die parlamentarische Hürde nur mit Hilfe von Stimmen aus den Reihen der Oppositionsparteien nehmen. Da die letzteren aber vorher ihre Ablehnung erklärt und begründet hatten, mußte irgendetwas geschehen, was den Sinneswandel zumindest eines Teils der Opposition plausibel machte.

Dieser ganze Vertrag könnte zynisch, wohlwollend oder mißbilligend dargestellt und analysiert werden. Die Frage, wie sich die damalige Haltung der Opposition auf die Entscheidung der Wähler im Herbst 1972 auswirkte, gab den Wahlanalytikern umfangreiches Material für Spekulationen. Sie nachzuvollziehen, ist nicht Aufgabe der vorliegenden Untersuchung.

Die Gemeinsame Entschließung des Deutschen Bundestages vom 17. Mai 1972 ist ein Dokument der Außenpolitik, das auch völlig unabhängig von den Umständen, unter denen es zustande gekommen ist, interpretiert und gewertet werden kann. In ihr werden große Themen angesprochen, die zwei Jahrzehnte lang die politische Diskussion in der Bundesrepublik Deutschland beherrschten. Aber sie ist nicht nur eine Bestandsaufnahme des außenpolitischen Inventars der Bundesrepublik Deutschland, sondern auch eine Art Richtungsweiser für die Zukunft. Aber auch diese Eigenschaften, welche die Gemeinsame Entschließung vom 17. Mai 1972 — für sich gesehen — zum bedeutenden politischen Dokument stempeln, sind nicht Anlaß und Gegenstand der vorliegenden Untersuchung. Vielmehr geht es hier lediglich um die Frage, welche juristische Bedeutung der Gemeinsamen Entschließung vom 17. Mai 1972 im Zusammenhang mit den Ostverträgen zukommt.

Niemand wird bestreiten, daß die Frage legitim ist. Die Ostverträge waren der in der Präambel der Gemeinsamen Entschließung selbst genannte Anlaß und der vor der gesamten Weltöffentlichkeit proklamierte Zweck dieser Entschließung. Konnten die Ostverträge durch die Entschließung geändert, verbessert, geschwächt oder gestärkt werden?

Bei der Beantwortung dieser Frage müssen einige juristische Selbstverständlichkeiten vorweg betont werden. Durch den Austausch der Ratifikationsurkunden sind die Verträge völkerrechtlich in Kraft getreten. An dieser Tatsache würde sich selbst dann nichts ändern, wenn etwa das Bundesverfassungsgericht auf die Verfassungsbeschwerde eines Bürgers hin — eine Normenkontrollklage ist nicht eingereicht worden — die Zustimmungsgesetze zu den Verträgen für verfassungswidrig erklärte. Durch eine solche Entscheidung würde die innerstaatliche Wirksamkeit der Verträge beseitigt werden, die völkerrechtliche aber bliebe davon völlig unberührt. Es entstünde daher lediglich ein Auseinanderklaffen zwischen innerstaatlicher und völkerrechtlicher Rechtslage, das zur sogenannten völkerrechtlichen Haftung führt, zu einem Zustand also, den das Grundgesetz eindeutig vermeiden will.

Damit ist bereits Wesentliches ausgesagt: Die Gemeinsame Entschließung vom 17. Mai 1972 kann nur dann für die Ostverträge von Bedeutung sein, wenn sie auf völkerrechtlicher Ebene Wirkungen entfaltet. Als rein innerstaatlicher Akt mag sie innenpolitische, vielleicht sogar staatsrechtliche Bedeutung haben, aber eine irgendwie geartete Asuwirkung auf die Verträge könnte sie nicht entfalten. Da die Entschließung eines Parlaments nicht per se ein völkerrechtlicher Akt ist, wird es in der folgenden Untersuchung vor allem darauf ankommen, ob diese Entschließung durch weitere Akte auf die völkerrechtliche Ebene gehoben worden ist.

Trotzdem empfiehlt es sich nicht, mit der Prüfung dieser Frage zu beginnen. Freilich bleibt die Inhaltsanalyse für das hier zu behandelnde Thema zwecklos, wenn sich herausstellen sollte, daß die Hebung der Gemeinsamen Entschließung auf die völkerrechtliche Ebene nicht erfolgt oder nicht gelungen ist. Aber andererseits würde eine solche Hebung auf die völkerrechtliche Ebene nichts nützen, wenn der Inhalt der Gemeinsamen Entschließung gegen den Grundsatz der Vertragstreue verstieße. Die Betonung, daß die Bundesrepublik Deutschland die von ihr geschlossenen und in Kraft gesetzten völkerrechtlichen Verträge so hält, wie es das Völkerrecht vorschreibt, muß am Anfang einer jeden Analyse von Problemen stehen, die mit den Ostverträgen zusammenhängen. Jede Bundesregierung muß den Satz pacta sunt servanda beachten, ganz gleich, ob die Parteien, von denen sie getragen wird, den Ostverträgen zugestimmt haben oder nicht. Die Feststellung des sowjetischen Außenministers Gromyko vor dem Präsidium des Obersten Sowjets vom 1. Juni 1972, „nur der Vertragstext zählt"[2]) entspricht dem Völkerrecht. Der Text eines unterzeichneten völkerrechtlichen Vertrages kann bei der Ratifizierung durch einen der Vertragspartner nicht willkürlich geändert werden, es sei denn mit Zustimmung des anderen Vertragspartners, was praktisch einer Vertragsänderung gleichkommt.

Deshalb muß zunächst der Inhalt der Gemeinsamen Entschließung des Deutschen Bundestages vom 17. Mai 1972 daraufhin geprüft werden, ob er eine Abweichung vom Text der Ostverträge darstellt. Sollte die Analyse ergeben, daß dies der Fall ist, so wäre jeder Versuch, der Gemeinsamen

---

[2]) Zitiert nach FAZ vom 2. Juni 1972, Nr. 125, S. 8.

Die rechtliche Bedeutung der Entschließung vom 17. Mai 1972 für die Ostverträge

Entschließung zu einer völkerrechtlichen Wirksamkeit zu verhelfen, von vornherein zum Scheitern verurteilt. Denn eine Zustimmung der Vertragspartner zu irgendwelchen Änderungen des Textes der Ostverträge liegt nicht vor. Nur unter diesem Aspekt — Nachprüfung der Übereinstimmung des Inhalts der Gemeinsamen Entschließung mit dem Text der Ostverträge — soll die Entschließung im folgenden analysiert werden. Eine vollständige Textinterpretation der Entschließung ist nicht beabsichtigt.

Der erste Punkt der Gemeinsamen Entschließung wiederholt zunächst die allseits bekannten und akzeptierten Zielvorstellungen der Ostverträge und trifft dann in bezug auf sie die folgende Aussage: „Sie sind wichtige Elemente des Modus vivendi, den die Bundesrepublik Deutschland mit ihren östlichen Nachbarn herstellen will." An diese Formulierung haben manche die Hoffnung geknüpft, hier werde deutlich gemacht, daß die Ostverträge für die Bundesrepublik Deutschland — also nicht nur für den noch nicht vorhandenen „gesamtdeutschen Souverän" — nur eine vorläufige Regelung darstelllen. In der Tat ist der Begriff des Modus vivendi im Völkerrecht durch jene Assoziation mit der Vorläufigkeit gekennzeichnet. Dadurch unterscheidet er sich von der Bedeutung, die diesem Begriff im Sprachgebrauch des täglichen Lebens zukommt. Dort spricht man von einem Modus vivendi, wenn man ein friedliches Nebeneinander bei großzügigem Übergehen der vorhandenen Differenzen meint. Dagegen ist der Modus vivendi im Völkerrecht eine genau definierte Art des völkerrechtlichen Vertrages. Es ist ein Vertrag, durch den die Regelung strittiger Fragen ausdrücklich offengehalten und für die Zeit bis zu einer endgültigen Regelung zwischen denselben Parteien eine Grundlage für die Beziehungen zwischen den betreffenden Staaten auf anderen Gebieten geschaffen wird. Die Definitionen im westlichen und im östlichen Schrifttum stimmen hier durchaus überein. So heißt es im Wörterbuch des Völkerrechts: „Unter Modus vivendi versteht man eine verbindliche Abmachung, durch die sich zwei Staaten oder auch Staat und Kirche auf eine notwendig gewordene Regelung in einem vorläufigen Kompromiß einigen. In diesem Sinne verwendet die Diplomatensprache den Begriff seit dem 19. Jahrhundert für einstweilige, zeitlich begrenzte Abkommen, die später durch einen förmlichen, völkerrechtlichen Vertrag ersetzt werden sollen"[3]). Ein englisches Wörterbuch definiert: „... Vereinbarung zwischen Streitparteien, solange ein Streit noch nicht entschieden ist"[4]). Und die Große Sowjetische

---

[3]) Hartwig Bülck, in: Wörterbuch des Völkerrechts, hrsg. von Hans-Jürgen Schlochauer, 2. Band, Berlin 1961, S. 544.
[4]) The Concise Oxford Dictionary, A. Aufl., S. 763.

Enzyklopädie schreibt unter dem Stichwort: „Modus vivendi": „Terminus des Völkerrechts, der gewöhnlich für kurzfristige Vereinbarungen über militärische oder politische Fragen verwendet wird. In der Regel wird ein Modus vivendi in solchen Fällen abgeschlossen, in denen Umstände vorhanden sind, die dem Abschluß einer beständigen oder dauerhaften Vereinbarung im Wege stehen"[5]).

Solche Modus-vivendi-Verträge bzw. Modus-vivendi-Bestimmungen in größeren Verträgen sind in der Völkerrechtsgeschichte nicht selten. Aus jüngerer Zeit kann der zwischen der Bundesrepublik Deutschland und den Niederlanden geschlossene Ems-Dollart-Vertrag vom 8. 4. 1960 genannt werden, der in seinem Kapitel 1, Art. 1 zunächst das Ziel des Vertrages umreißt (nämlich die Zusammenarbeit der Vertragspartner im Interesse der seewärtigen Verbindung ihrer Häfen), dann aber fortfährt: „Dieses Ziel soll — unter Aufrechterhaltung der beiderseitigen Rechtsstandpunkte über den Verlauf der Staatsgrenze durch eine praktische Regelung beide Staaten berührender Fragen erreicht werden"[6]). Auch die Sowjetunion hat sich in ihrer Staatenpraxis solcher Formen bedient, wie z. B. bei der Unterzeichnung des Moskauer Protokolls vom 9. 2. 1929, durch das die Sowjetunion gemeinsam mit Rumänien dem Briand-Kellog-Pakt beitrat, dabei aber ihren Standpunkt in der Frage der Zugehörigkeit Bessarabiens zur Sowjetunion ausdrücklich aufrecht erhielt[7]).

Ausnahmsweise kann die Situation des Modus vivendi auch ohne Vertrag entstehen, wie z. B. bei der Aufnahme diplomatischer Beziehungen zwischen der Bundesrepublik Deutschland und der Sowjetunion im Jahre 1955. Die Aufnahme der normalen diplomatischen Beziehungen bedeutet grundsätzlich auch die Anerkennung der Grenzen des Staates, mit dem solche Beziehungen aufgenommen werden. Wegen der noch ausstehenden friedensvertraglichen Regelung der deutschen Ostgrenzen richtete jedoch der damalige Bundeskanzler Adenauer ein Schreiben an die Sowjetregierung mit dem Inhalt, daß die Aufnahme diplomatischer Beziehungen zwischen der Bundesrepublik und der Sowjetunion die Anerkennung der Grenzen der Sowjetunion insofern nicht beinhalte, als sie von dem Friedensvertragsvorbehalt zugunsten Deutschlands umfaßt würden[8]). Damit hatte die Bundesrepublik Deutschland nicht etwa erklärt, daß sie die Grenzen der Sowjetunion niemals als

---

[5]) Große Sowjetische Enzyklopädie, 2. Aufl., Band 28, Moskau 1950, S. 54.
[6]) BGBl. 1963 II, S. 602.
[7]) Text der sowjetischen Erklärung bei A. N. Makarov, Die Eingliederung Bessarabiens und der Nordbukowina in die Sowjet-Union, ZaöRV 1940, S. 351.
[8]) Schreiben des Bundeskanzlers Adenauer vom 13. 9. 1955, abgedruckt in Engel, Handbuch der Noten, Pakte und Verträge, 2. Aufl. Recklinghausen 1968, S. 247 f.

rechtsgültig anerkennen werde oder gar danach strebe, sie gewaltsam zu verändern (dies nicht zu tun, hatte sich die Bundesrepublik bereits vorher in völkerrechtlich verbindlicher Form verpflichtet), sondern lediglich, daß bezüglich eines Teils der sowjetischen Grenzen nach Auffassung der Bundesrepublik Deutschland noch eine Rechtsfrage offen ist, die einer künftigen Klärung bedarf. Ein Vertrag war damals zwischen der Bundesrepublik Deutschland und der Sowjetunion nicht geschlossen worden. Dem Schreiben vom 13. 9. 1955 kommt daher nur die Rechtsqualität einer Rechtsverwahrung zu. Daß durch dieses Schreiben bezüglich der Grenzen ein Modus vivendi geschaffen worden war, wurde durch das Verhalten der Sowjetunion in den darauf folgenden Jahren bekräftigt.

Vor der Verabschiedung der Gemeinsamen Entschließung im Deutschen Bundestag waren die Grenzbestimmungen der Ostverträge nicht als ein Modus vivendi bezeichnet worden. Allerdings war gelegentlich davon die Rede gewesen, sie bedeuteten ein „Außerstreitstellen" der Grenzfrage[9]). Das entspricht jedoch keineswegs dem Inhalt dieser Verträge, die bezüglich der Grenzen durchaus klare Aussagen treffen und sie für „jetzt und in Zukunft" regeln. Selbstverständlich wird mit Bestimmungen, wie sie die beiden Ostverträge bezüglich der Grenze enthalten, die Grenze auch außer Streit gestellt, aber gerade nicht zu dem Zweck, um die strittigen Fragen zwischen den Parteien später endgültig zu regeln. Die Vorläufigkeit der Grenzbestimmungen in den Ostverträgen, auf die sich die Bundesregierung im Laufe der parlamentarischen Debatte wiederholt berufen hat, beruht nicht auf der Formulierung der Grenzbestimmungen selbst, sondern lediglich auf der Wirkung des Art. 4 der Ostverträge, d. h. der Nichtberührungsklausel. Da die Nichtberührungsklausel der Ostverträge auch das Potsdamer Abkommen umfaßt, dieses aber die endgültige Grenzfestlegung im Osten ausdrücklich einem Friedensvertrag vorbehält, wurde davon gesprochen, die Ostverträge enthielten einen „Friedensvertragsvorbehalt". Die Diskrepanz zwischen der eindeutig beabsichtigten Endgültigkeit der Grenzregelungen der Ostverträge und der durch den Friedensvertragsvorbehalt derselben Verträge begründeten Vorläufigkeit ihrer Regelungen überbrückte die Bundesregierung mit der Formel, die endgültige Regelung gelte nur für die Bundesrepublik Deutschland, der Friedensvertragsvorbehalt dagegen für den noch zu schaffenden „gesamtdeutschen Souverän". Diese Haltung bekräftigt der Bundestag in Punkt 2 der Gemeinsamen Entschließung vom 17. 5. 1972, in dem es

---

[9]) Vgl. Heinhard Steiger, Rechtsfragen der Ostverträge 1970, in: Ostverträge, Berlin-Status, Münchner Abkommen, Beziehungen zwischen der BRD und der DDR, Kieler Symposium vom März 1971, Hamburg 1971, S. 40.

heißt: „Die Verpflichtungen, die die Bundesrepublik Deutschland in den Verträgen eingegangen ist, hat sie im eigenen Namen aufgenommen." Das verstößt nicht gegen den Text der Verträge; denn die Ostverträge sind eben nur von der Bundesrepublik Deutschland und nicht von einem gesamtdeutschen Staat abgeschlossen worden.

Würde der Ausdruck „Modus vivendi" in der Gemeinsamen Entschließung vom 17. 5. 1972 so verwendet werden wie es im Völkerrecht üblich ist, dann müßte er bedeuten, daß die Vertragspartner der Ostverträge ausdrücklich die Grenzregelung als strittige Frage offenhalten und einer späteren Regelung zwischen den g l e i c h e n P a r t n e r n vorbehalten. Ein ausdrücklicher Vorbehalt einer späteren Regelung ist, wie im vorstehenden ausgeführt, in den Verträgen ohnehin nicht enthalten, sondern wird lediglich auf dem Umweg über Art. 4 der Ostverträge und das Potsdamer Abkommen konstruiert. Aber dies entspricht nicht den Erfordernissen eines Modus vivendi; denn diejenigen Völkerrechtssubjekte, für welche die Regelungen der Ostverträge nur vorläufig sein sollen, sind nicht die Partner der Ostverträge. Auf die Frage, ob die ganze Konstruktion des Friedensvertragsvorbehalts von den Partnern der Bundesrepublik Deutschland akzeptiert wird, braucht daher hier nicht eingegangen zu werden. Da von deutscher Seite kein Zweifel daran gelassen worden ist, daß die Bundesrepublik Deutschland für die gesamte Dauer ihres Bestehens an die Ostverträge gebunden ist, sofern nicht der andere Vertragspartner freiwillig neue vertragliche Vereinbarungen eingeht, steht fest, daß der Begriff „Modus vivendi" in Punkt 1 der Gemeinsamen Entschließung nicht im strengen völkerrechtlichen Sinn gemeint ist. Eine Abweichung vom Text der Ostverträge ist daher nicht ersichtlich.

Der zweite Satz des Punktes 2 der Gemeinsamen Entschließung lautet: „Dabei gehen die Verträge von den heute tatsächlichen bestehenden Grenzen aus, deren einseitige Änderung sie ausschließen." Auch dies entspricht dem Text der Ostverträge. Nach einer anfänglichen Unklarheit über die sowjetische Auslegung des Begriffs der Unverletzlichkeit, der im Moskauer Vertrag verwendet wurde, erklärte der sowjetische Außenminister, daß der Art. 3 des Moskauer Vertrages, der diesen Passus enthält, eine einvernehmliche Änderung der Grenzen nicht ausschließt. Wieder kann somit eine Übereinstimmung der Gemeinsamen Entschließung mit den Vertragstexten festgestellt werden.

Der folgende — und letzte — Satz von Punkt 2 der Gemeinsamen Entschließung zerfällt in zwei Teile. Der erste Teil lautet: „Die Verträge nehmen eine friedensvertragliche Regelung nicht vorweg ...". Daß dies genau dem Inhalt der Verträge entspricht, ist bereits im vorstehenden ausgeführt worden. Bedenklich erscheint dagegen der zweite Teil dieses Satzes: „... und schaffen keine Rechtsgrundlagen für die heute bestehenden Grenzen." Dieser Satz erinnert an die Ausführungen einiger Befürworter der Ostverträge, die in dem Bemühen, den Verträgen jede Zessionswirkung abzusprechen, nicht nur die Zustimmung zu einer Annexion konstruiert haben (was zurückzuweisen ist, weil die Zustimmung zu einem völkerrechtswidrigen Akt ihrerseits völkerrechtswidrig ist), sondern gelegentlich dem Vertrag sogar jede Rechtswirkung abgesprochen haben. So meinte z. B. Heinhard Steiger: „Die ‚Feststellung' des Art. 1 Warschauer Vertrag ist weder eine Zession, noch eine nachträgliche Zustimmung zu einer früheren Annexion. Sie ist überhaupt nicht selbst Rechtsgrund für einen Gebietserwerb. Durch die Feststellung anerkennt die Bundesrepublik den Gebietserwerb, ohne nach dessen Rechtsgrund zu fragen. ... Die Frage nach Recht oder Unrecht des Gebietserwerbs soll nicht mehr zur Beurteilung der territorialen Ordnung rechtfertigend oder verwerfend herangezogen werden können"[10]).

Nach dieser Auffassung hätte die Bundesrepublik Deutschland einen Vertrag abgeschlossen, dessen Inhalt es ist, die Frage nach Recht oder Unrecht eines Gebietserwerbs von ehemals deutschem Gebiet durch einen dritten Staat nicht mehr aufzuwerfen. Es ist aber völlig unbefriedigend, daß ein völkerrechtlicher Vertrag lediglich bestimmt, die Klärung der völkerrechtlichen Fragen als irrelevant zu betrachten. Immerhin wirkt ein Grenzvertrag nicht nur zwischen den beteiligten Parteien, sondern schafft eine internationale Ordnung, die von den übrigen Völkerrechtssubjekten anerkannt werden muß. Die Grenzbestimmungen der Ostverträge haben diese Wirkung bereits entfaltet. So hat der Heilige Stuhl jahrzehntelang erklärt, eine Neuregelung der Diözesangrenzen in den deutschen Ostgebieten könne erst erfolgen, wenn die Rechtsverhältnisse durch völkerrechtliche Verträge endgültig geregelt worden seien[11]). Am 28. Juni 1972 hat der Heilige Stuhl unter ausdrücklicher Bezugnahme auf den Warschauer Vertrag die Grenzen der in den sogenannten Oder-Neiße-Gebieten gelegenen Diözesen neu geregelt und dabei unter anderem in diesem Gebiet vier polnische Diözesen gegründet. Es ist bekannt, daß deutsche Katholiken versucht haben, diese Entscheidung unter Hinweis auf den Satz der Gemeinsamen Entschließung, die Ostverträge „schaffen keine Rechtsgrundlage für die heute bestehenden Grenzen" zu

---

[10]) Heinhard Steiger, a. a. O., S. 47.
[11]) Vgl. Hansjakob Stehle, Der Vatikan und die Oder-Neiße-Grenze, Europa-Archiv 1972, S. 559.

verhindern. Die Tatsache, daß sich der Heilige Stuhl von diesem Satz nicht beeindrucken ließ, ist aufschlußreich.

Um die Bedeutung dieses Satzes der Gemeinsamen Entschließung zu verstehen, muß man sich die unbestrittene Wirkung der Gebietsregelungen der Ostverträge vor Augen halten: auch wenn eine formelle Zessionswirkung bestritten wird, steht jedenfalls fest, daß sich die Bundesrepublik Deutschland in den Verträgen verpflichtet, jetzt und „auch in Zukunft" keine Gebietsansprüche zu erheben und die Grenzen aller Staaten in Europa „heute und künftig" als unverletzlich zu betrachten. Wenn der Bundestag dagegen erklärt, die Verträge schüfen keine Rechtsgrundlage für Grenzen, so kann dies nur in dem Sinne gemeint sein, daß sich der Deutsche Bundestag dagegen verwahrt, die Bundesrepublik Deutschland habe in den Ostverträgen einer Annexion zugestimmt. Wie bereits ausgeführt, würde die letztere Auffassung die Ostverträge für völkerrechtswidrig erklären und ist zurückzuweisen; denn man kann den Partnern der Ostverträge nicht unterstellen, sie wollten völkerrechtswidrige Verträge schließen.

Als Ergebnis ist demnach festzuhalten:

Auch wenn die Verträge keine echten Gebietszessionen sind, bringen sie doch für die Dauer der Existenz der Bundesrepublik Deutschland eine Zessionswirkung hervor. Die Bundesrepublik Deutschland kann sich daher durch jenen Satz der Gemeinsamen Entschließung vom 17. 5. 1972 nur von dem Vorwurf befreien, einen völkerrechtswidrigen Akt gebilligt zu haben, nicht aber von der unumstößlichen Tatsache, daß durch das Inkrafttreten der Ostverträge die sogenannte Oder-Neiße-Gebiete rechtlich vom Inland zum Ausland geworden sind. Eine solche Absicht ist dem im vorstehenden zitierten Satzteil auch keineswegs zu entnehmen. Der Deutsche Bundestag erklärt lediglich, daß er an dem Zustandekommen der Grenzen, von deren tatsächlicher Existenz die Bundesrepublik Deutschland beim Abschluß der Ostverträge ausgegangen ist, keine Schuld trägt. Sollte irgend ein Abgeordneter bei der Abstimmung über die Gemeinsame Entschließung jenem Satzteil eine andere Bedeutung beigemessen haben und der irrigen Auffassung gewesen sein, er könne dadurch den Vertragstext ändern, so ist dies unerheblich. Ein Protest gegen die Zessionswirkung der Verträge, die sich aus deren Text ohne weiteres ergibt, ist völkerrechtlich wirkungslos. Auch die Bundesregierung , die wiederholt erklärt hat, die Verträge seien keine Zessionen, wollte damit nicht zum Ausdruck bringen, daß sie die sogenannten Oder-Neiße-Gebiete nach wie vor als deutsches Staatsgebiet betrachte. Vielmehr wollte sie lediglich zum Ausdruck bringen, daß sie, wenn sie nur für die

Die rechtliche Bedeutung der Entschließung vom 17. Mai 1972 für die Ostverträge

Bundesrepublik Deutschland handelt, gar keine Zession vornehmen kann, da diese Gebiete niemals zum Staatsgebiet der Bundesrepublik Deutschland gehört haben, während für Deutschland als Ganzes (den „gesamtdeutschen Souverän") noch immer keine endgültige Regelung vorliegt, weil noch kein Friedensvertrag geschlossen worden ist. Somit ergibt sich auch in diesem Punkt, daß die Gemeinsame Entschließung nicht dem Text der Ostverträge widerspricht und widersprechen kann.

In der innenpolitischen Diskussion über die Gemeinsame Entschließung ist vor allem dem Punkt 3 dieser Entschließung großes Gewicht beigemessen worden. Er lautet: „Das unveräußerliche Recht auf Selbstbestimmung wird durch die Verträge nicht berührt. Die Politik der Bundesrepublik Deutschland, die eine friedliche Wiederherstellung der nationalen Einheit im europäischen Rahmen anstrebt, steht nicht im Widerspruch zu den Verträgen, die die Lösung der deutschen Frage nicht präjudizieren. Mit der Forderung auf Verwirklichung des Selbstbestimmungsrechts erhebt die Bundesrepublik Deutschland keinen Gebiets- oder Grenzänderungsanspruch." Vom rein juristischen Standpunkt könnte über den ersten Satz dieses Punktes völlig unabhängig von den Ostverträgen sehr viel gesagt werden. Der Satz vermeidet es, den Träger des Selbstbestimmungsrechts zu definieren. Ist es die Nation, das Staatsvolk, eine Volksgruppe, oder sogar überhaupt nur der Staat? Stellt man auf die Nation ab, so erhebt sich sofort die Frage nach der deutschen Nation und deren Fortbestand in zwei Staaten. Ist es das auf einem bestimmten Staatsgebiet lebende Volk, so reduziert sich das in der Entschließung genannte Recht auf das Selbstbestimmungsrecht der in der Bundesrepublik Deutschland lebenden Deutschen, das keine Relevanz für die Frage der Wiedervereinigung hat, außer dem möglicherweise noch vorhandenen Willen zur Wiedervereinigung, dem dann aber das vielleicht in eine andere Richtung tendierende Selbstbestimmungsrecht der auf dem Gebiet der DDR lebenden Deutschen entgegenstehen könnte. Das Selbstbestimmungsrecht der Volksgruppen gehört überhaupt zu den umstrittensten Fragen des gegenwärtigen Völkerrechts, obwohl es der eigentliche Anlaß zur Beschäftigung mit dem Selbstbestimmungsrecht nach dem Ende des Ersten Weltkriegs war. Schon bald sah man in ihm nur die potentielle Sprengwirkung, die sich insbesondere gegen Vielvölkerstaaten richtete. So wurden in den Friedensregelungen nach dem Ersten Weltkrieg die Hoffnungen vieler kleiner Völker und Volksgruppen, die sie auf Grund der Proklamationen des amerikanischen Präsidenten Wilson auf das Selbstbestimmungsrecht gesetzt hatten, bitter enttäuscht. Diese Enttäuschungen bildeten ihrerseits die Grundlage für Unzufriedenheiten im Innern der neugeschaffenen oder um fremde Gebietsteile erweiterten Staaten und führten zu internationalen Spannungen. Bei näherer Betrachtung erweist sich also, daß nicht das Selbstbestimmungsrecht, sondern viel häufiger seine Mißachtung die wahre Ursache der Spannungen gewesen ist. Aber das Mißtrauen gegenüber dem Selbstbestimmungsrecht ist geblieben und hat weiterhin auch das Bewußtsein der Tatsache ausgelöscht, daß das Selbstbestimmungsrecht nicht immer eine staatszerstörende Kraft entfaltet, sondern auch in Richtung auf eine Integration wirken kann.

So ist es nicht verwunderlich, daß sogar innerhalb der Bundesrepublik Deutschland die Diskussion über das Selbstbestimmungsrecht keineswegs auf der Grundlage einer einhelligen Meinung geführt wird. Man kann sich vorstellen, daß im Rahmen dieser Diskussion der erste Satz von Punkt 3 der Gemeinsamen Entschließung durchaus unterschiedlich interpretiert wird. Während die einen die in diesem Satz enthaltene Aussage nur auf das Streben nach Wiedervereinigung beziehen, können andere denselben Satz dahin auslegen, daß auch die jenseits der Oder-Neiße-Grenze lebenden bzw. geborenen Deutschen und ihre Abkömmlinge (hier taucht ein weiteres Problem auf!) an diesem Selbstbestimmungsrecht teilnehmen. Noch viel schwieriger wird die Diskussion, wenn man sie in den weltweiten Rahmen hineinstellt. Die Entwicklungsländer betrachten das Selbstbestimmungsrecht, das ja an zwei wichtigen Stellen in der Satzung der Vereinigten Nationen erwähnt wird, nämlich in Art. 1 Nr. 2 und in Art. 55, in erster Linie unter dem Aspekt der von äußeren Einflüssen freien Bestimmung über die natürlichen Schätze ihres Landes. Und schließlich gibt es in der Tat noch den Begriff der Selbstbestimmung des Staates, den nicht nur die sowjetische Völkerrechtslehre kennt. Wenn von ihr gesprochen wird, muß allerdings auch darauf hingewiesen werden, daß sich die Sowjetunion schon sehr früh in ihrer Geschichte auch zum Selbstbestimmungsrecht d e r V ö l k e r bekannt hat. Kein Geringerer als Josef Stalin wurde im Jahre 1913 von seiner Partei beauftragt, nach Wien zu reisen, um dort an Ort und Stelle die Theorie der Austromarxisten, insbesondere Karl Renners und Otto Bauers, zu studieren[12]).

Der erste Satz von Punkt 3 der Gemeinsamen Entschließung läßt daher viele Deutungen zu und wird, sobald er in der deutschen Innen- oder Außenpolitik aktuell wird, sicher zu interessanten Kontroversen führen. Die Ostverträge aber können hiervon nicht berührt werden. Sie nehmen an keiner Stelle Bezug auf das Selbstbestimmungsrecht, definieren es nicht,

---

[12]) Vgl. Hermann Raschhofer, Das Selbstbestimmungsrecht, Bonn 1960, S. 13 ff.

engen es nicht ein. Welche konkreten Vorstellungen mit einer Politik der „friedlichen Wiederherstellung der nationalen Einheit im europäischen Rahmen" verbunden sind, geht aus der Gemeinsamen Entschließung nicht hervor. Die Betonung scheint auf dem Attribut „friedlich" zu liegen, das ein erneutes Bekenntnis zu dem für die Bundesrepublik schon immer geltenden Gewaltverbot bedeutet. Das Hineinstellen der deutschen Frage in den „europäischen Rahmen" ist ebenfalls nichts Neues[13]). Die Aussage, daß die Ostverträge die Lösung der deutschen Frage nicht präjudizieren, bedarf allerdings der weiteren Interpretation. Sie ist zweifellos insofern richtig, als — wie bereits im vorstehenden ausgeführt — eine friedensvertragliche Regelung durch die Ostverträge nicht vorweggenommen wird. Es braucht nicht wiederholt zu werden, daß dies nur dann gilt, wenn ein Friedensvertrag nicht mit der Bundesrepublik Deutschland geschlossen wird; denn die Bundesrepublik Deutschland ist für die gesamte Dauer ihrer Existenz an die Ostverträge gebunden. Im Endeffekt bedeutet dies, daß die Lösung der deutschen Frage auf die Dauer der Existenz der Bundesrepublik Deutschland hinausgeschoben' wird. Jedoch ist dieses Problem im vorliegenden Zusammenhang nicht zu erörtern.

Ein Hauptgegenstand der Ostverträge wird dagegen im letzten Satz von Punkt 3 der Gemeinsamen Entschließung angesprochen: „Mit der Forderung auf Verwirklichung des Selbstbestimmungsrechts erhebt die Bundesrepublik Deutschland keinen Gebiets- oder Grenzänderungsanspruch." Da die Verwirklichung des Selbstbestimmungsrechts von vielen Deutschen dahingehend verstanden wird, daß zumindest die Wiedervereinigung Deutschlands ins Werk gesetzt wird, erhebt sich hier die berechtigte Frage, ob in jenem Satz nicht mit der linken Hand genommen wird, was mit der rechten gegeben worden ist. In ihrer ganzen Tragweite ist diese Frage ein innenpolitisches Problem, das nicht zum Gesamtkomplex der Interpretation der Ostverträge gehört. Aber soweit es diese betrifft, muß es hier zumindest klargestellt werden. Wenn die Forderung nach der Verwirklichung des Selbstbestimmungsrechts im Einklang mit den Ostverträgen stehen soll, so d a r f sie nicht mit einer Gebietsforderung identifiziert werden. Sie darf lediglich die Forderung nach einer freien Betätigung des politischen Willens aller Deutschen beinhalten. Sollte sich aus einer solchen freien Willensbetätigung die Forderung nach Grenzveränderungen ergeben, so dürfen diese niemals durch einen einseitigen Akt, sondern nur durch Verträge mit den betreffenden Staaten vereinbart werden. Das alles ist an sich nichts Neues; denn die

---

[13]) Vgl. Otto Kimminich, Die deutsche Verfassung und der europäische Frieden, DÖV 1973, S. 15 ff.

Bundesrepublik Deutschland hat bereits früher wiederholt erklärt, daß sie jede gewaltsame Grenzänderung ablehnt. Der Deutsche Bundestag erklärt dies in der Gemeinsamen Entschließung erneut, und er erklärt damit zugleich etwas, was auch in den Ostverträgen enthalten ist. Wieder ist also eine Übereinstimmung der Gemeinsamen Entschließung mit dem Inhalt der Ostverträge festzustellen.

Damit ist zugleich die Frage beantwortet, ob die Gemeinsame Entschließung an dieser Stelle in sich selbst widersprüchlich ist. Die scheinbare Diskrepanz zwischen dem Beharren auf dem Selbstbestimmungsrecht und der Erklärung, keine Gebietsforderungen oder Grenzänderungsansprüche zu erheben, kann im innenpolitischen Bereich nicht anders überbrückt werden als im völkerrechtlichen. Damit wird auch nach innen klargestellt, daß die Forderung nach der Verwirklichung des Selbstbestimmungsrechts nichts zu tun hat mit nationalistischen oder gar revanchistischen Tendenzen. Sie ist nichts anderes als ein Ruf nach Freiheit, ein Ruf, der nicht zum erstenmal in der Geschichte der Menschheit ertönt, und von dem nach mannigfaltiger historischer Erfahrung angenommen werden darf, daß er nicht ohne Widerhall bleiben wird.

Wenn bezüglich der im vorstehenden erörterten Punkte der Gemeinsamen Entschließung festgestellt worden ist, daß sie im Grunde nichts Neues enthalten, sondern eine konsequente Fortsetzung der Politik der Bundesrepublik Deutschland darstellen, so liegt darin auch ein Schlüssel für das Verständnis der Tatsache, daß alle Fraktionen des Deutschen Bundestages sich zu ihr bekennen konnten. In besonderem Maße gilt dies für die Punkte 4 und 5 der Gemeinsamen Entschließung. Die Analyse der Ostverträge ergibt eindeutig, daß weder der Deutschlandvertrag noch die Viermächteverantwortlichkeit von den Ostverträgen berührt wird[14]). Die Bundesregierung hat sich das in dem Notenwechsel mit den drei Westmächten noch ausdrücklich bestätigen lassen. Wenn im Zusammenhang mit diesem Problem im Schrifttum davon gesprochen worden ist, der Deutschlandvertrag sei durch die Ostverträge zur „reinen Formalität" herabgesunken, so ist diese Auffassung energisch zurückzuweisen. Der Bundestag hat dies in der Gemeinsamen Entschließung in den Punkten 4 und 5 nachdrücklich getan. Er hat festgestellt, „daß die fortdauernde und uneingeschränkte Geltung des Deutschlandvertrages und der mit ihm verbundenen Abmachungen und Erklärungen von 1954 sowie die Fortgeltung des zwischen der Bundesrepublik Deutschland und der Union der Sozialistischen Sowjetrepubliken am 13. September 1955

---

[14]) Vgl. Otto Kimminich, Der Moskauer Vertrag, Hamburg 1972, S. 97 ff.

Die rechtliche Bedeutung der Entschließung vom 17. Mai 1972 für die Ostverträge

geschlossenen Abkommens von den Verträgen nicht berührt werden." Das gleiche gilt, wie die Gemeinsame Entschließung in ihrem Punkt 5 betont, für die Rechte und Verantwortlichkeiten der vier Mächte in bezug auf Deutschland als Ganzes und auf Berlin. Im Augenblick mögen solche Feststellungen und Betonungen von geringer politischer Aktualität sein. In der Zukunft aber mögen sie sich einmal als außerordentlich wertvoll erweisen. Aber auch das ist ein Umstand, auf den hier nicht näher einzugehen ist, weil dadurch die Feststellung, daß die Punkte 4 und 5 der Gemeinsamen Entschließung inhaltlich nicht von den Ostverträgen abweichen, nicht erschüttert wird.

Punkt 6 der Gemeinsamen Entschließung enthält lediglich einen Hinweis. Die Punkte 7 und 8 können schon deshalb keine Abweichung von den Ostverträgen enthalten, weil Art. 4 der beiden Ostverträge sämtliche anderen Verträge der Bundesrepublik Deutschland unberührt läßt. Der Einbau der Bundesrepublik Deutschland in das westliche Verteidigungsbündnis und die europäischen Gemeinschaften, der in diesen beiden Punkten der Gemeinsamen Entschließung bekräftigt wird, kann daher durch die Ostverträge nicht behindert werden. Die konsequente Fortsetzung der bisherigen Westpolitik kann infolgedessen niemals gegen die Ostverträge verstoßen, und die Gemeinsame Entschließung, die jene Fortsetzung proklamiert, weicht nicht vom Inhalt der Ostverträge ab.

Bezüglich des neunten Punktes der Gemeinsamen Entschließung — Aufrechterhaltung und Fortentwicklung der Bindungen West-Berlins an die Bundesrepublik — ist eine abschließende Würdigung wohl noch nicht möglich. Das volle Ausmaß der rechtlichen Bedeutung des Berlin-Abkommens der vier Mächte und der deutschen Zusatzabkommen ist noch nicht bekannt. Eine inhaltliche Abweichung zu den Ostverträgen ist hier aber noch weniger ersichtlich als in sämtlichen anderen Punkten der Gemeinsamen Entschließung.

Schwierigkeiten bereitet die Interpretation des zehnten Punktes der Gemeinsamen Entschließung: „Die Bundesrepublik Deutschland tritt für die Normalisierung ihres Verhältnisses zur DDR ein. Sie geht davon aus, daß die Prinzipien der Entspannung und der guten Nachbarschaft in vollem Maße auf das Verhältnis zwischen den Menschen und Institutionen der beiden Teile Deutschlands Anwendung finden werden." Der Ausdruck „Normalisierung" ist als Rechtsbegriff kaum definierbar. Wenn darunter die Anerkennung der DDR als Völkerrechtssubjekt begriffen wird, so gerät eine Bundesregierung, die dies erstrebt, in zahlreiche verfassungsrechtliche Schwierigkeiten, auf die hier nicht eingegangen zu werden braucht. Jedoch dürfte dies der Grund sein, warum die Bundesregierung sogar nach dem Abschluß des Grundlagenvertrages mit der DDR darauf beharrt, sie habe die DDR völkerrechtlich nicht anerkannt und beabsichtige dies auch nicht für die Zukunft. Nach strenger juristischer Interpretation ist diese Auffassung unhaltbar; denn der Grundvertrag beinhaltet entweder bereits die völkerrechtliche Anerkennung oder macht sie doch für die Bundesrepublik Deutschland zur Vertragspflicht. Jedoch kann dies hier auf sich beruhen. Hier geht es lediglich um das, was der Deutsche Bundestag in der Gemeinsamen Entschließung vom 17. Mai 1972 erklärt hat, und wie es sich zum Inhalt der Ostverträge verhält. In Punkt 10 der Gemeinsamen Entschließung bekennt er sich zur „Normalisierung" des Verhältnisses mit der DDR, ohne sich von der erklärten Absicht der Bundesregierung zu distanzieren, die DDR völkerrechtlich nicht anzuerkennen. Dies bedeutet offenbar, daß die völkerrechtliche Anerkennung aus dem Begriff der „Normalisierung", wie ihn die Gemeinsame Entschließung vom 17. Mai 1972 verwendet, ausgeklammert werden soll. Das Problem spitzt sich daher auf die Frage zu, ob die Ostverträge eine völkerrechtliche Anerkennung der DDR beinhalten oder der BRD zur Pflicht machen; denn in diesem Falle würde sich tatsächlich eine Abweichung der Gemeinsamen Entschließung vom Inhalt der Ostverträge ergeben.

Die Frage der Anerkennung der DDR ist im Zusammenhang mit der Interpretation in Art. 3 Abs. 2 Nr. 3 des Moskauer Vertrages aufgetaucht, in dem die „Grenze zwischen der Bundesrepublik Deutschland und der Deutschen Demokratischen Republik" ausdrücklich unter den „Grenzen aller Staaten in Europa" genannt wird. Zum ersten Mal wird hier in einem völkerrechtlichen Vertrag der Bundesrepublik Deutschland die DDR ausdrücklich als „Staat" bezeichnet. Da die Anerkennung eines Staates nicht immer durch einen ausdrücklichen völkerrechtlichen Akt erfolgen muß, sondern auch durch konkludentes Handeln bewirkt werden kann, ist die Möglichkeit einer durch die genannte Bestimmung des Moskauer Vertrages bewirkten „stillschweigenden Anerkennung" der DDR nicht auszuschließen. Jedoch muß der stillschweigenden Anerkennung ein Verhalten zugrunde liegen, das von einem entsprechenden Willen des Anerkennenden getragen wird. Da ein geheimer Vorbehalt unwirksam ist, muß bei bestimmten Handlungen, die den Schluß auf eine Anerkennung zulassen, ein Vorbehalt dahingehend erklärt werden, daß sie keine Anerkennung bedeuten. Einen solchen Vorbehalt hat die Bundesrepublik Deutschland deshalb bei der Unterzeichnung aller multilateralen Verträge erklärt, an denen auch die DDR als Vertragspartner beteiligt ist, wie z. B. beim Atomteststoppvertrag vom 5. August 1963.

Die rechtliche Bedeutung der Entschließung vom 17. Mai 1972 für die Ostverträge

Der Moskauer Vertrag vom 12. August 1970 ist kein multilateraler Vertrag. Die DDR nimmt an ihm nicht teil, sondern wird lediglich in Art. 3 Abs. 2 Nr. 3 des Vertrages erwähnt. Der Schluß auf eine stillschweigende Anerkennung ist daher in diesem Fall noch schwerer zu begründen als im Falle des Beitritts zu einem multilateralen Vertrag, an dem auch die DDR beteiligt ist. Ein Vorbehalt im juristischen Sinne ist hier schon deshalb ausgeschlossen, weil die Anerkennung der DDR nicht ausdrücklicher Vertragsgegenstand des Moskauer Vertrages ist. Deshalb kommt nur eine Rechtsverwahrung in Frage, wie sie bei der Aufnahme der diplomatischen Beziehungen mit der Sowjetunion von der Bundesregierung erklärt worden ist. Als eine solche kann die Verlautbarung im Bulletin des Presse- und Informationsamtes der Bundesregierung vom 14. August 1970 unter dem Titel „Überlegungen zum Vertrag zwischen der Bundesrepublik Deutschland und der Union der Sozialistischen Sowjetrepubliken" gelten, in der es unmißverständlich heißt: „Die in dem Vertrag zum Ausdruck kommende Respektierung der territorialen Integrität und der Grenzen bedeutet keine völkerrechtliche Anerkennung der DDR. Das könne nur durch eine Erklärung geschehen, die den Willen der Anerkennung gegenüber dem anzuerkennenden Staat zum Ausdruck bringt"[15]). Somit kann davon ausgegangen werden, daß der Moskauer Vertrag noch nicht die völkerrechtliche Anerkennung der DDR durch die Bundesrepublik Deutschland enthält. Die Ausklammerung der völkerrechtlichen Anerkennung aus dem Begriff der Normalisierung im Sinne der Gemeinsamen Entschließung vom 17. Mai 1972 verstößt daher nicht gegen den Moskauer Vertrag.

Damit steht insgesamt fest, daß die Gemeinsame Entschließung des Deutschen Bundestages vom 17. Mai 1972 nicht vom Inhalt der Ostverträge abweicht. Nachdem diese Feststellung getroffen worden ist, kann nunmehr untersucht werden, ob die Gemeinsame Entschließung des Deutschen Bundestages auf die völkerrechtliche Ebene gehoben worden ist; denn eine Entschließung eines Parlament ist — wie bereits bemerkt — ein innerstaatlicher Akt, der für sich allein noch keinerlei völkerrechtliche Wirkung entfalten kann. Vielmehr bedarf es eines besonderen weiteren Akts, der die Transponierung auf die völkerrechtliche Ebene bewirkt. Die völkerrechtliche Ebene ist die Ebene der Beziehungen zwischen den Staaten. Eine Hebung auf diese Ebene kann nur dadurch bewirkt werden, daß ein Staat die betreffende Willensäußerung in seinem Verhältnis zu einem anderen Staat zum Ausdruck bringt. Die Anwendung dieses allgemeinen Grundsatzes auf den

---

[15]) „Der Vertrag vom 12. August 1970", hrsg. vom Presse- und Informationsamt der Bundesregierung, Bonn 1970, S. 95.

vorliegenden Fall bedeutet: die Gemeinsame Entschließung des Deutschen Bundestages vom 17. Mai 1972 konnte nur dadurch auf die völkerrechtliche Ebene gehoben werden, daß die B u n d e s r e g i e r u n g sich diese Erklärung zu eigen machte und sie den völkerrechtlichen Vertragspartnern, d. h. der Sowjetunion und der Volksrepublik Polen, zur Kenntnis brachte.

Der Vorgang eines solchen offiziellen Zurkenntnisbringens wird als Notifikation oder Notifizierung bezeichnet. Es handelt sich dabei um einen rein formalen Begriff, der unabhängig vom Inhalt und von der Rechtswirkung der notifizierten Willenserklärung oder Tatsache ist. Im vorliegenden Fall sind also zwei Fragen zu prüfen: 1. die Übernahme der Entschließung des Bundestages durch die Bundesregierung, 2. die Notifizierung an die Vertragspartner.

Im Falle des Moskauer Vertrages liegen die Verhältnisse relativ einfach. Die Erfüllung der beiden oben genannten Bedingungen fällt bei ihm zusammen. Die Gemeinsame Entschließung des Deutschen Bundestages vom 17. Mai 1972 wurde dem sowjetischen Botschafter Falin bereits am 19. Mai 1972 vom Außenminister der Bundesrepublik Deutschland übergeben, wobei der letztere erklärte, die Entschließung enthalte die Auffassung der Bundesrepublik Deutschland. Botschafter Falin nahm die Entschließung ohne Widerspruch entgegen und versprach, sie an seine Regierung weiterzuleiten. Ferner erklärte er, das Präsidium des Obersten Sowjets werde von der Entschließung Kenntnis erhalten, noch bevor es das Ratifikationsverfahren abgeschlossen habe. Über die Unterredung berichtete der Staatssekretär im Auswärtigen Amt, Karl Moersch, auf eine Anfrage der Opposition im Deutschen Bundestag[16]). Eine Antwort der Sowjetunion auf die Übermittlung der Gemeinsamen Entschließung ist nicht bekannt. In der sowjetischen Presse ist der Wortlaut der Entschließung nicht veröffentlicht worden. Die Zeitung „Izvestija" berichtete lediglich über die Tatsache der Entschließung. Der Austausch der Ratifikationsurkunden des Moskauer Vertrages fand am 3. Juni 1972 in Bonn statt. Dabei gaben Staatssekretär Dr. Paul Frank für die Bundesrepublik Deutschland und Botschafter Valentin Falin für die Sowjetunion Erklärungen ab[17]). Keiner der beiden Redner erwähnte die Gemeinsame Entschließung vom 17. Mai 1972.

Im Falle des Warschauer Vertrages war eine Übergabe des Textes der Gemeinsamen Entschließung an einen in Bonn akkreditierten polnischen Diplo-

---

[16]) Vgl. BT-Drucksachen VI/3540 und VI/3465.
[17]) Die Erklärungen sind abgedruckt im Bulletin des Presse- und Informationsamtes der Bundesregierung vom 6. Juni 1972, Nr. 82, S. 1130 f.

Die rechtliche Bedeutung der Entschließung vom 17. Mai 1972 für die Ostverträge

maten nicht möglich. Jedoch war der Entschließungsantrag in seiner endgültigen Fassung dem Leiter der polnischen Handelsvertretung in Köln, Piatkowski, bereits am 9. Mai 1972, also sogar noch einen Tag vor der offiziellen Einbringung des Antrags im Deutschen Bundestag, übergeben worden. Am 23. Mai 1972, am Tage der Veröffentlichung des Zustimmungsgesetzes zum Warschauer Vertrag, unterrichtete der Leiter der Handelsvertretung der Bundesrepublik Deutschland in Warschau das polnische Außenministerium mündlich über die Zustimmung des Bundestags und des Bundesrats zum Warschauer Vertrag und teilte dabei auch mit, daß der Bundestag die Entschließung vom 17. Mai angenommen und der Bundesrat sie am 19. Mai 1972 gebilligt habe[18]).

Zu den Begleitdokumenten, die zusammen mit den Zustimmungsgesetzen zu den Ostverträgen im Bundesgesetzblatt veröffentlicht wurden (Vertragstext, Brief zur deutschen Einheit vom 12. August 1970, Noten der Bundesregierung an die drei Westmächte und deren Antwortnoten)[19]), gehörte die Gemeinsame Entschließung vom 17. Mai 1972 nicht. Diese Tatsache ist für die hier zu erörternde Frage jedoch ohne Belang; denn für sie kommt es lediglich darauf an, daß sich die Bundesregierung die Gemeinsame Entschließung im Verhältnis zu den Vertragspartnern zu eigen gemacht hat und sie diesen notifiziert hat. Die Veröffentlichung im Bundesgesetzblatt hat dagegen nur innerstaatliche Wirkung. Sie konnte deswegen unterbleiben, weil die Gemeinsame Entschließung kein Gesetz im formellen oder materiellen Sinne ist. Daß sie als außenpolitische Grundsatzerklärung die gegenwärtige Bundesregierung ebenso bindet wie künftige Bundesregierungen, ändert an dieser Feststellung nichts. (Hinzuzufügen ist allerdings, daß eine solche politische Grundsatzerklärung keine stärkere Bindungswirkung hat als ein formelles Gesetz, d. h., daß der Bundestag mit einfacher Mehrheit in Zukunft auch Abweichungen von der Grundsatzerklärung beschließen kann). Ebenso unerheblich ist es, daß der Vertreter der Bundesrepublik beim Austausch der Ratifikationsurkunden nicht auf die Gemeinsame Entschließung hingewiesen hat. Wesentlich ist vielmehr nur, daß der Bundesaußenminister die Gemeinsame Entschließung dem in der Bundesrepublik Deutschland akkreditierten sowjetischen Botschafter übergeben hat mit dem Bemerken, sie enthalte „die Auffassung der Bundesrepublik Deutschland". Dadurch ist die erste der oben angeführten Bedingungen bezüglich des Moskauer Vertrages — Transformation des Parlamentsakts in eine Willenserklärung der Regie-

---

[18]) Antwort des Parlamentarischen Staatssekretärs Karl Moersch auf eine Anfrage der Opposition im Deutschen Bundestag am 12. Juni 1972, BT-Drucksache VI/3540.
[19]) BGBl. 1972 II, S. 353 ff.

rung — gegenüber der Sowjetunion erfüllt. Die zweite zu untersuchende Frage lautet, ob die Übergabe der Gemeinsamen Entschließung an den Botschafter der Sowjetunion als eine Notifikation im Sinne des Völkerrechts betrachtet werden kann.

Die Völkerrechtslehrbücher sind sich darin einig, daß eine besondere Form für die Notifikation nicht erforderlich ist. Die Notifikation erfolgt vielmehr „auf diplomatischem Wege"[20]). Wenn der Außenminister eines anderen Staates dem in diesem Staat akkreditierten Botschafter eines anderen Staates offiziell ein Dokument überreicht, so wird man wohl sagen können, daß dies „auf diplomatischem Wege" erfolgt sei. Die Erklärung des Botschafters, er werde das Dokument an seine Regierung weiterleiten, ist eigentlich eine Selbstverständlichkeit, kann aber gerade im vorliegenden Fall als Bestätigung dafür angesehen werden, daß sich hier der Vorgang der völkerrechtlichen Notifikation vollzogen hat.

Schwieriger ist die Frage in bezug auf das Verhältnis zur Volksrepublik Polen zu beantworten. Ausschlaggebend ist aber die Tatsache, daß normale diplomatische Beziehungen mit der Volksrepublik Polen im Zeitpunkt der Übergabe der Gemeinsamen Entschließung an den Leiter der polnischen Handelsmission in der Bundesrepublik Deutschland noch nicht bestanden. In der Regel werden Dokumente zwischen Staaten, die keine diplomatischen Beziehungen miteinander pflegen, durch die Vermittlung einer Schutzmacht ausgetauscht. Im Falle der Bundesrepublik Deutschland und der Volksrepublik Polen haben jedoch die beiderseitigen Handelsmissionen schon seit langem direkten Kontakt mit den Regierungen der Länder, in denen sie sich aufhalten. Die Übergabe an den Leiter der polnischen Handelsmission in der Bundesrepublik Deutschland muß daher ebenso wie die Erklärung des Leiters der deutschen Handelsmission in der Volksrepublik Polen als ein „diplomatischer Weg" im Sinne der vorgenannten Definition angesehen werden. Die Tatsache, daß der Text der Erklärung übergeben wurde, bevor er vom Deutschen Bundestag endgültig gebilligt wurde, wäre dann bedenklich, wenn im Zuge der Beratungen im Deutschen Bundestag noch Änderungen des dem polnischen Vertreter überreichten Textes vorgenommen worden wären. Da dies nicht der Fall war, kann auch dieses Bedenken als ausgeräumt gelten.

Somit steht fest, daß die Gemeinsame Entschließung des Deutschen Bundestages auf die völkerrechtliche Ebene gehoben worden ist. Erst jetzt kann

---

[20]) Gerrit von Haeften, in: Wörterbuch des Völkerrechts, hrsg. von Hans-Jürgen Schlochauer, 2. Band, Berlin 1961, S. 633.

Die rechtliche Bedeutung der Entschließung vom 17. Mai 1972 für die Ostverträge

weiter untersucht werden, welche Wirkungen sie auf dieser Ebene entfaltet bzw. entfalten kann. Wie bereits im vorstehenden ausgeführt, ist der Begriff der Notifikation ein formaler Begriff, der nichts über Inhalt und Rechtswirkungen des notifizierten Aktes aussagt. Die Rechtswirkungen bestimmen sich nach dem Inhalt des Aktes. Hier wird erneut von Bedeutung, daß der Text eines völkerrechtlichen Vertrages durch die Erklärung eines Vertragspartners nach der Unterzeichnung nicht mehr geändert werden kann. Deshalb war zunächst zu prüfen, ob die Gemeinsame Entschließung vom 17. Mai 1972 den Text der Ostverträge in irgendeiner Weise verändert. Wäre dies der Fall, so könnte ihr trotz der Hebung auf die völkerrechtliche Ebene keine völkerrechtliche Bedeutung zukommen. Um es deutlich auszudrücken; die Bundesrepublik Deutschland kann sich keiner Vertragspflicht durch den Hinweis auf irgendeine Passage in der Gemeinsamen Entschließung des Deutschen Bundestages vom 17. Mai 1972 entziehen. Die polnischen Pressestimmen zur Gemeinsamen Entschließung vom 17. Mai 1972, die auf diese Tatsache hinweisen, haben daher völlig recht, und die Verwunderung, zum Teil sogar Empörung darüber in der deutschen Presse ist unberechtigt. Es ist bedauerlich, daß schon bei diesem ersten Schritt, der unternommen wurde, um den Vertrag „mit Leben zu erfüllen" — etwas, was bei jedem völkerrechtlichen Vertrag notwendig ist —, solche Mißhelligkeiten zu beobachten waren. Mit Recht hat die Bundesregierung immer wieder erklärt, daß die Gemeinsame Entschließung vom 17. Mai 1972 in voller Übereinstimmung mit dem Wortlaut der Verträge steht. Die vorliegende Untersuchung hat diese Auffassung bestätigt. Nur auf dieser Grundlage ist eine völkerrechtlich Bedeutung der Gemeinsamen Entschließung vom 17. Mai 1972 überhaupt möglich. Jeder Versuch, den Wortlaut der Verträge zu ändern, wäre zum Scheitern verurteilt gewesen. Dies kann nicht oft genug wiederholt werden.

In der deutschen Presse ist die Gemeinsame Entschließung gelegentlich als „Vorbehalt" zu den Verträgen apostrophiert worden. Vorbehalte werden häufig bei multilateralen Verträgen erklärt, bei denen ihre Zulässigkeit ausdrücklich im Vertragstext festgelegt wird. Multilaterale Verträge, insbesondere die sogenannten Konventionen, ersetzen in gewisser Weise den nicht vorhandenen internationalen Gesetzgeber, d. h. sie normieren ein bestimmtes Rechtsgebiet. Da die Völkerrechtsordnung genossenschaftlich organisiert ist, entstehen Rechtsnormen nur durch den übereinstimmenden Willen aller gleichberechtigten Völkerrechtsgenossen. Bei der Vielzahl der Völkerrechtssubjekte in der gegenwärtigen Welt ist es schwer, die volle Übereinstimmung aller Rechtsgenossen bezüglich eines bestimmten Rechtsgebietes zu sichern.

Um solche Kodifikationswerke nicht an einer von der Mehrheit abweichenden Meinung eines einzelnen Staates bezüglich eines kleinen Teilaspekts des Gesamtwerks scheitern zu lassen, eröffnen die Konventionen in der Regel die Möglichkeit der Erklärung von Vorbehalten. Dies bedeutet, daß ein Staat, welcher der Konvention beitritt, zugleich mit dem Beitritt erklären kann, daß er diese oder jene Bestimmung des multilateralen Vertrages nicht annehme. Der Vertrag gilt dann für und gegen ihn unter Ausschluß der im Vorbehalt genannten Bestimmung. Der Vorbehalt muß spätestens bei der Ratifikation erklärt werden, und die Vorbehaltserklärung muß nach einem in der Konvention geregelten Verfahren hinterlegt und bekanntgemacht[21]) werden. Man sieht auf den ersten Blick, daß die Lage bei bilateralen Verträgen, wo sich nur zwei Vertragspartner gegenüberstehen, völlig anders ist. Die Erklärung eines Vorbehalts bedeutet hier praktisch den Vorschlag einer Vertragsmodifizierung, der nur dann Bedeutung haben kann, wenn der andere Partner zustimmt. Deshalb geht ein großer Teil der Völkerrechtslehre davon aus, daß Vorbehalte bei bilateralen Verträgen unzulässig seien. Gelegentlich wird die Auffassung vertreten, sogenannte „Interpretationsvorbehalte" seien möglich. Doch dabei handelt es sich praktisch nur um Hilfsmittel der Interpretation, von denen im folgenden noch die Rede sein wird.

Bezüglich der Ostverträge ist die Lage klar. In der bereits zitierten Antwort des Parlamentarischen Staatssekretärs Moersch auf die Kleine Anfrage von 46 Abgeordneten der CDU/CSU-Fraktion vom 31. Mai 1972 findet sich folgender Satz: „Die Entschließung des Deutschen Bundestages, der sich der Bundesrat angeschlossen hat und die von der Bundesregierung übernommen worden ist, ist eine politische Grundsatzerklärung, die den Vertragspartnern offiziell zur Kenntnis gelangt ist. Soweit sie Aussagen zu den Verträgen enthält, steht sie mit dem Inhalt der Verträge in Einklang. Da sie den Inhalt der Verträge nicht nachträglich modifiziert, kann sie nicht als Vorbehaltserklärung bezeichnet werden"[22]).

Somit ergibt sich folgende Rechtslage: Soweit in der Gemeinsamen Entschließung vom 17. Mai 1972 Probleme angesprochen werden, bezüglich deren die Ostverträge überhaupt keine Aussage enthalten, kann die Gemeinsame Entschließung als eine Rechtsverwahrung angesehen werden, in welcher der deutsche Standpunkt fixiert wird. Dies gilt insbesondere bezüglich des Selbstbestimmungsrechts und der Frage der vereinbarten Grenzveränderung.

---

[21]) Vgl. Rudolf L. Bindschedler, „Vorbehalt": in: Wörterbuch des Völkerrechts, hrsg. von Hans-Jürgen Schlochauer, 3. Band, Berlin 1962, S. 787.
[22]) BT-Drucksache VI/3540, S. 2.

Die rechtliche Bedeutung der Entschließung vom 17. Mai 1972 für die Ostverträge

(Die Ostverträge betreffen nach einhelliger Interpretation aller ihrer Partner nur die e i n s e i t i g e Grenzveränderung.) Bezüglich derjenigen Fragen, die in den Ostverträgen behandelt werden, kann die Gemeinsame Entschließung vom 17. Mai 1972 nur im Rahmen der Interpretation der Verträge Bedeutung erlangen. Hierfür hat die Wiener Konvention über das Recht der Verträge vom 23. Mai 1969[23]) bestimmte Regeln niedergelegt. Die Konvention ist zwar noch nicht in Kraft getreten, weil die hierfür nötige Gesamtzahl von Ratifizierungen noch nicht erreicht ist. Sie gibt aber im wesentlichen nur das bereits bestehende Völkergewohnheitsrecht wieder, das sie kodifiziert. Nicht nur bezüglich der Ostverträge, sondern bezüglich vieler anderer in der Zwischenzeit geschlossener völkerrechtlicher Verträge werden die Prinzipien der Wiener Vertragsrechtskonvention bereits angewendet. Es ist deshalb durchaus zulässig, die Gemeinsame Entschließung des Deutschen Bundestages vom 17. Mai 1972 im Lichte dieser Konvention zu beurteilen, wie es in der deutschen Presse geschehen ist.

Bevor zu diesen Beurteilungen Stellung genommen wird, müssen die einschlägigen Artikel der Wiener Vertragsrechtskonvention hier wiedergegeben werden. Art. 31 Abs. 1 der Vertragsrechtskonvention stellt die Regel auf: „Ein Vertrag soll in gutem Glauben interpretiert werden in Übereinstimmung mit der gewöhnlichen Auslegung, die den in dem Vertrag verwendeten Begriffen in ihrem Zusammenhang und im Lichte ihrer Ziele und Zwecke zu geben ist." Abs. 2 des Art. 31 erklärt den im Abs. 1 verwendeten Ausdruck „Zusammenhang": „Für die Zwecke der Vertragsinterpretation soll der Zusammenhang nicht nur den Text des Vertrages einschließlich der Präambel und der Annexe umfassen, sondern auch das Folgende: a) jede Vereinbarung, die sich auf den Vertrag bezieht und zwischen den Parteien im Zusammenhang mit dem Abschluß des Vertrages geschlossen wurde; b) jedes Instrument, das von einer oder mehreren Parteien im Zusammenhang mit dem Abschluß des Vertrages errichtet und von den anderen Parteien als ein zum Bereich des Vertrages gehörendes Instrument akzeptiert wird."
Ferner ist für die Vertragsinterpretation alles relevant, was in Art. 31 Abs. 3 genannt wird, obwohl es offensichtlich nicht zum „Zusammenhang" des Vertrages im engeren Sinn gehört. Art. 31 Abs. 3 hat folgenden Wortlaut: „In Verbindung mit dem Zusammenhang soll folgendes Berücksichtigung finden: a) alle künftigen Vereinbarungen zwischen den Parteien, welche die Interpretation des Vertrages oder die Anwendung seiner Einzelbestimmungen betreffen; b) jede in der Folgezeit entstehende Praxis in der Anwen-

---

[23]) Der Text der Konvention ist abgedruckt in ZaöRV 1969 (Band 29) S. 711 ff.

dung des Vertrages, welche die übereinstimmende Meinung der Parteien bezüglich seiner Interpretation zum Ausdruck bringt; c) jede einschlägige Regel des Völkerrechts, die auf die Beziehungen zwischen den Parteien Anwendung findet."

Art. 32 der Vertragskonvention behandelt die „Hilfsmittel der Interpretation". Er lautet: „Auf Hilfsmittel der Interpretation, einschließlich der Vertragsvorbereitung und der Umstände seines Abschlusses, kann zurückgegriffen werden, um die Auslegung zu bestätigen, die sich aus der Anwendung von Art. 31 ergibt, oder um die Bedeutung in den Fällen festzulegen, in denen die Interpretation gemäß Art. 31 ergibt, daß a) der Inhalt einer Bestimmung zweideutig oder unklar ist oder b) die Interpretation zu einem Ergebnis führt, das offensichtlich absurd oder unvernünftig ist."

Noch während im Bundestag um die endgültige Formulierung der Gemeinsamen Entschließung gerungen wurde, machten sich namhafte Völkerrechtler Gedanken über die völkerrechtliche Bedeutsamkeit der geplanten Entschließung. Professor Kewenig (Kiel) meinte, die Gemeinsame Entschließung sei eine Urkunde im Sinne des Art. 31 Abs. 2 Ziff. b der Wiener Vertragsrechtskonvention und stehe damit „im gleichen Rang wie der Brief des Außenministers zum Selbstbestimmungsrecht"[24]). Der Bielefelder Völkerrechtler Frowein meinte, „daß die Erklärung eines Vertragspartners vor der Ratifikation eines Vertrages darüber, was er hinsichtlich der Interpretation des Vertrages für wesentlich hält, eine völkerrechtliche Bedeutung hat, und daß der andere Partner sie, wenn er ihr nicht widerspricht, in gewissem Umfange gelten lassen muß, auch wenn er ihr nicht ausdrücklich zustimmt"[25]). Auch dieses Zitat deutet darauf hin, daß hier die Gemeinsame Entschließung als Dokument im Sinne des Art. 31 Abs. 2 Ziff. b der Wiener Vertragsrechtskonvention gewertet wird, obwohl die ganze Wirkung einer solchen Erklärung nur „in gewissem Umfange" eintreten soll. Die genaue Festlegung des Umfanges der völkerrechtlichen Bedeutung einer solchen Erklärung ist aber gerade das hier zu untersuchende Problem.

Es hätte wenig Zweck, in dem Bestreben, der Bundesrepublik Deutschland eine möglichst gute Position zu sichern, die Wiener Vertragsrechtskonvention unangemessen weit auszulegen. Dies würde lediglich den Widerspruch der Vertragspartner herausfordern. Deswegen soll versucht werden, im folgenden ohne Rücksicht auf nationale Interessen zu argumentieren und die Mini-

---

[24]) Zitiert nach Lothar Ruehl, Ein Instrument des Völkerrechts, in: „Die Welt" vom 17. 5. 1972, S. 2.
[25]) „Die Welt" vom 17. 5. 1972, S. 2.

Die rechtliche Bedeutung der Entschließung vom 17. Mai 1972 für die Ostverträge

malposition aufzuzeigen, die auf jeden Fall auch dann gehalten werden könnte, wenn die Ostverträge etwa von einem internationalen Gericht zu beurteilen wären. Daß dies eine restriktive, für die Bundesrepublik Deutschland keineswegs wohlwollende Interpretation der Wiener Vertragsrechtskonvention sein muß, ist selbstverständlich.

Zunächst ist daher die Frage zu untersuchen, ob die Gemeinsame Entschließung vom 17. Mai 1972 zum „Zusammenhang" der Ostverträge im Sinne von Art. 31 Abs. 2 der Vertragsrechtskonvention gehört. Diese Frage ist zu verneinen; denn die Gemeinsame Entschließung vom 17. Mai 1972 ist weder ein Übereinkommen zwischen den Parteien, noch ein Instrument, das von der einen Partei errichtet und von der anderen als zum Bereiche des Vertrages gehörend akzeptiert worden ist. Die Erklärung des sowjetischen Botschafters in der Bundesrepublik Deutschland, er werde die Entschließung an seine Regierung weiterleiten, und das für die Ratifizierung des Moskauer Vertrages in der Sowjetunion zuständige Organ werde noch vor dem Abschluß des in diesem Lande anhängigen Ratifikationsverfahrens davon Kenntnis nehmen (ob dies geschehen ist, konnte übrigens niemals festgestellt werden), kann nicht als Akzeptierung im Sinne von Art. 31 Abs. 2 b der Wiener Vertragsrechtskonvention angesehen werden. Weitere offizielle Stellungnahmen von sowjetischer Seite sind nicht erfolgt, so daß keine Anhaltspunkte für eine Subsumtion unter Art. 31 Abs. 2 b der Vertragsrechtskonvention gegeben sind.

Noch weniger kann die Gemeinsame Entschließung vom 17. Mai 1972 unter Art. 31 Abs. 3 subsumiert werden. Sie ist keine nach Abschluß der Ostverträge geschlossene Vereinbarung zwischen der Bundesrepublik Deutschland einerseits und der Sowjetunion bzw. der Volksrepublik Polen andererseits über die Interpretation der Verträge oder die Anwendung einzelner Bestimmungen derselben. Eine Praxis in der Anwendung der Verträge, welche die übereinstimmende Meinung der Parteien bezüglich der Interpretation der Ostverträge zum Ausdruck gebracht hätte und als deren Niederschlag die Gemeinsame Entschließung vom 17. Mai 1972 angesehen werden könnte, konnte sich schon deswegen noch nicht gebildet haben, weil ja im Zeitpunkt der Gemeinsamen Entschließung die Verträge noch nicht einmal in Kraft getreten waren. Sie ist übrigens auch heute, geraume Zeit nach Inkrafttreten der Ostverträge, noch nicht entstanden.

Die Ablehnung der Subsumtion der Gemeinsamen Entschließung unter Art. 31 Abs. 2 und 3 der Wiener Vertragsrechtskonvention bedeutet jedoch noch nicht, daß die Gemeinsame Entschließung überhaupt keine völkerrechtliche

Bedeutung hätte. Vielmehr kann Art. 32 der Wiener Vertragsrechtskonvention eingreifen. Allerdings muß darauf hingewiesen werden, daß es falsch ist, die Gemeinsame Entschließung von vornherein als ein „Instrument gemäß Art. 32 der Vertragsrechtskonvention" zu bezeichnen, wie es in der Tagespresse gelegentlich geschehen ist. Art. 32 spricht ausdrücklich von H i l f s m i t t e l n der Interpretation. In jedem Fall muß daher zunächst die Interpretation unter Anwendung von Art. 31 versucht werden. Da — wie im vorstehenden ausgeführt — die Abs. 2 und 3 des Art. 31 nicht in Frage kommen, bleibt zunächst nur Art. 31 Abs. 1 für die Interpretation der Ostverträge übrig. Das ist keine Besonderheit der Ostverträge, sondern eigentlich eine Selbstverständlichkeit. Es muß stets versucht werden, einen Vertrag in gutem Glauben und in Übereinstimmung mit der herkömmlichen Bedeutung der in ihm verwendeten Begriffe zu interpretieren.

Die Interpretation der beiden Ostverträge ist nicht Aufgabe der vorliegenden Untersuchung. Zahlreiche Abhandlungen[26]) haben aber die Möglichkeit von Unklarheiten und Mehrdeutigkeiten im Text der Verträge aufgezeigt. An solchen Stellen erlangt Art. 32 der Wiener Vertragsrechtskonvention Bedeutung. Dort müssen die Vorbereitungsarbeiten und die Umstände beim Vertragsabschluß berücksichtigt werden.

Zu den Vorbereitungsarbeiten der Ostverträge gehört die Gemeinsame Entschließung des Deutschen Bundestages vom 17. Mai 1972 sicher nicht. als die Idee einer solchen Gemeinsamen Entschließung geboren wurde, waren die Ostverträge längst unterzeichnet. Dagegen kann durchaus die Meinung vertreten werden, daß die Gemeinsame Entschließung im Falle beider Ostverträge zu den „Umständen des Vertragsabschlusses" im Sinne von Art. 32 der Vertragsrechtskonvention gehört. Der Abschluß eines völkerrechtlichen Vertrages vollzieht sich in verschiedenen Phasen, zu denen die diplomatischen Vorverhandlungen, die Paraphierung des Vertragstextes, die Unterzeichnung und, sofern dies im Vertrag vorgesehen ist, der Austausch der Ratifikationsurkunden gehören. Die beiden Ostverträge schreiben in ihren Art. 5 übereinstimmend vor, daß sie erst mit dem Austausch der Ratifika-

---

[26]) Vgl. Karl Doehring, Wilhelm Kewenig und Georg Ress, Staats- und völkerrechtliche Aspekte der Deutschland- und Ostpolitik, Frankfurt/M. 1971; Dietrich Frenzke, Jens Hacker und Alexander Uschakow, Die Feindstaatenartikel und das Problem des Gewaltverzichts der Sowjetunion im Vertrag vom 12. 8. 1970, Berlin 1971; Otto Kimminich, Der Moskauer Vertrag, Hamburg 1971; Helmut Steinberger, Völkerrechtliche Aspekte des deutsch-sowjetischen Vertragswerks vom 12. August 1970, ZaöRV 1971, S. 82; Elmar Rauch, The Treaty of August 12, 1970, between the Federal Republic of Germany and the Union of Soviet Socialist Republics, New York University Journal of International Law and Politics 1971, S. 176; Wilhelm Wengler, Der Moskauer Vertrag und das Völkerrecht, JZ 1970, S. 633.

Die rechtliche Bedeutung der Entschließung vom 17. Mai 1972 für die Ostverträge

tionsurkunden wirksam werden. Erst dann ist demnach der „Abschluß" des Warschauer bzw. des Moskauer Vertrages erfolgt.

Damit ist die Minimalposition abgesteckt, die bezüglich der völkerrechtlichen Bedeutung der Gemeinsamen Entschließung vom 17. Mai 1972 gehalten werden kann: die Gemeinsame Entschließung ist ein Hilfsmittel der Interpretation der Ostverträge im Sinne von Art. 32 der Wiener Vertragsrechtskonvention. Zugleich legt sie die deutsche Interpretation des Vertrages, der die sowjetische Seite nicht widersprochen hat, auf völkerrechtlicher Ebene fest. Ob die Vertragspartner einen solchen „Interpretationsvorbehalt" im Falle eines internationalen Gerichts- oder Schiedsgerichtsverfahrens über die Ostverträge akzeptieren würden, ist freilich eine andere Frage.

Dieses Ergebnis wird viele, die sich von den Bemühungen des Deutschen Bundestages mehr erhofft hatten, enttäuschen. Ihnen muß entgegengehalten werden, daß der Vertragstext im Zeitpunkt der Beschlußfassung des Deutschen Bundestages durch die Unterschrift der bevollmächtigten deutschen Vertreter festlag und ohne die Zustimmung der völkerrechtlichen Vertragspartner nicht mehr geändert werden konnte. Jeder Vertragspartner wird Verständnis dafür haben, daß die andere Seite einen völkerrechtlichen Vertrag möglichst zu ihren Gunsten interpretiert. Aber die Zulässigkeit von Interpretationen hat ihre klaren Grenzen, die in der Wiener Vertragsrechtskonvention umschrieben sind. Der Grundsatz der Heiligkeit der Verträge gehört zu den ältesten und wichtigsten Prinzipien des Völkerrechts. Kein Staat, dessen Friedens- und Entspannungspolitik glaubwürdig sein soll, darf sich in die Gefahr begeben, des Vertragsbruchs bezichtigt zu werden. Berücksichtigt man, welche engen Grenzen dem Deutschen Bundestag bei der Formulierung der Gemeinsamen Entschließung vom 17. Mai 1972 demnach gezogen waren, so wird man sagen müssen, daß diese Entschließung viele Positionen gefestigt hat. Freilich ist nicht die Verteidigung aller dieser Positionen im gegenwärtigen Zeitpunkt aktuell. Deshalb braucht es niemanden zu beunruhigen, daß nicht ständig von der Gemeinsamen Entschließung vom 17. Mai 1972 gesprochen wird. Aber andererseits sollte sie auch nicht in Vergessenheit geraten. Die in ihr enthaltenen Möglichkeiten sind wertvoll genug, um sie im innenpolitischen wie im völkerrechtlichen Bereich als wichtiges Dokument zu kennzeichnen.

Jens Hacker
DER GRUNDVERTRAG UND DIE EINHEIT DEUTSCHLANDS
Vorbemerkung

Die Frage, ob der am 21. Dezember 1972 geschlossene „Vertrag über die Grundlagen der Beziehungen zwischen der Bundesrepublik Deutschland und der Deutschen Demokratischen Republik" die deutsche Frage offen hält oder als Teilungsvertrag zu werten ist, wird in der Bundesrepublik Deutschland und im Ausland sehr unterschiedlich beantwortet. Das Ausland wertet den Vertrag überwiegend, wenn auch nicht ausschließlich als „Besiegelte Zweistaatlichkeit Deutschlands"[1]). Die Problematik des Vertrages wird deutlich, wenn man die Kommentare zweier bekannter deutscher Autoren aus geschichtlicher und völkerrechtlicher Perspektive zu dem vielzitierten Aufsatz der Londoner „Times" gegenüberstellt. In der „Frankfurter Allgemeinen Zeitung" vom 11. November 1972 schrieb Mitherausgeber Fritz Ullrich Fack:

> „Die ‚Times' ließ sich von dem Ereignis zu einer großen historischen Sentenz inspirieren: Der Grundvertrag, so schrieb sie, besiegele ‚die Auflösung des Bismarck-Reiches'. Hunderteins Jahre nach seiner Gründung. Zu registrieren ist daran weniger der monströse geschichtliche Irrtum, der den 8. November 1972 mit dem 9. November 1918 verwechselt, als vielmehr die durchscheinende Genugtuung, daß ‚der Riese' zweigeteilt bleibt und sich offenkundig auch damit abzufinden beginnt".

Otto Kimminich deutete die „historische Dimension" der „Times" in der Tageszeitung „Die Welt" vom 15. November 1972 so:

> „Die Zahl ist aufschlußreich. In Übereinstimmung mit der bisherigen staats- und völkerrechtlichen Lage Deutschlands geht offenbar die Times davon aus, daß das Deutsche Reich bis zum Abschluß des Grundvertrages, von 1871 bis 1972, als Rechtssubjekt bestanden hat und erst mit Inkrafttreten des Grundvertrages aufhören wird zu existieren".

I. Die Ausgangspositionen

Es erscheint sinnvoll, vor einer Analyse dieser Problematik des Grundvertrages die Ausgangspositionen der Bundesrepublik Deutschland und der

---
[1]) So überschreibt F. L. (Fred Luchsinger) seine Analyse des Grundvertrags in: Neue Zürcher Zeitung, Fernausgabe vom 10. November 1972.

DDR beim innerdeutschen Dialog zu untersuchen. Es geht darum aufzuzeigen, mit welchen Plänen und Vorschlägen, Vorstellungen und Absichten beide Seiten den Dialog begonnen und geführt haben, und welchen Stellenwert die Einheit Deutschlands im jeweiligen Konzept gehabt hat.

Die Haltung der seit Ende 1969 amtierenden Bundesregierung der SPD/FDP-Koalition wird klarer, wenn man ihre Vorstellungen zur Einheit Deutschlands mit jenen ihrer Vorgängerin' vergleicht. Diese Analyse führt zu aufschlußreichen Ergebnissen. Bei der Darstellung der von der DDR eingenommenen Gegenpositionen scheint es notwendig, den zeithistorischen Exkurs noch früher anzusetzen.

1. der Bundesrepublik Deutschland

In den deutschlandpolitischen Vorstellungen der Großen Koalition unter Bundeskanzler Kurt Georg Kiesinger hatte das Wort „Wiedervereinigung" seinen festen Platz. So sagte Kiesinger in seiner ersten Regierungserklärung am 13. Dezember 1966:

> „Wir sind unseren Verbündeten dafür dankbar, daß sie unseren Standpunkt in der Frage unseres geteilten Volkes und seines Rechts auf Selbstbestimmung unterstützen. Die politischen Gegebenheiten haben die Wiedervereinigung unseres Volkes bisher verhindert. Und noch ist nicht abzusehen, wann sie gelingen wird. Auch in dieser für unser Volk so entscheidend wichtigen Frage geht es um Frieden und Verständigung. Wir sind keine leichtfertigen Unruhestifter, denn wir wollen ja gerade den Unruheherd der deutschen Teilung, die auch eine europäische Teilung ist, durch friedliche Verständigung beseitigen und unserem Volk seinen Frieden mit sich und mit der Welt wiedergeben"[2].

Als Kiesinger am 12. April 1967 vor dem Bundestag Vorschläge unterbreitete, um, wie er erklärte, „die Not der Spaltung unseres Volkes zu erleichtern und dadurch die Voraussetzungen für eine Entspannung innerhalb Deutschlands zu schaffen"[3], schloß er seine Erklärung mit den Worten: Der Bundesregierung „kommt es darauf an, alles zu tun, um die Spaltung Europas und Deutschlands im Wege der Verständigung zu beenden"[4]. In seiner Rede anläßlich des Staatsaktes zum Tage der deutschen Einheit führte Kiesinger am 17. Juni 1967 aus, „daß wir unsere Landsleute drüben nicht bevormunden, sie nicht zwingen wollen, was nicht ihrem Wunsch und Willen entspricht. Nur solange sie selbst nicht frei entscheiden können, was sie wollen, sprechen wir für sie und werden wir nicht aufhören, für sie

---
[2]) Text in: Texte zur Deutschlandpolitik. Band I — 13. Dezember 1966—5. Oktober 1967. Hrsg. vom Bundesministerium für gesamtdeutsche Fragen. Bonn und Berlin 1968, S. 24.
[3]) Text, a. a. O., S. 46.
[4]) Text, a. a. O., S. 47.

zu sprechen. Dies ist der Kern unserer Wiedervereinigungspolitik, dies ist darum auch das Kernstück unserer Auseinandersetzungen mit den Verantwortlichen im anderen Teil Deutschlands, aber auch mit allen, die jene Verantwortlichen stützen oder lenken. Das ist keine Anmaßung, wie man uns vorwirft, das ist unsere Gewissenspflicht"[5]).

In der von der Bundesregierung der Großen Koalition am 30. Mai 1969 einstimmig angenommenen Grundsatzerklärung zur Deutschland- und Friedenspolitik heißt es in Punkt 1:

> "Die Bundesregierung hält fest an der grundlegenden Verpflichtung der Präambel des Grundgesetzes, die das ganze deutsche Volk auffordert, in freier Selbstbestimmung die Einheit und Freiheit Deutschlands zu vollenden"[6]).

Auf diese Grundsatzerklärung der Bundesregierung bezog sich Kiesinger auch in seinem zweiten Bericht über die Lage der Nation im geteilten Deutschland vom 17. Juni 1969[7]). An anderer Stelle sagte er:

> "Von Anfang an richtete das deutsche Volk, richteten die Väter des Grundgesetzes in der Bundesrepublik ihre Hoffnung nicht nur auf den Wiederaufbau der eigenen staatlichen Existenz und auf die Wiedergewinnung der deutschen Einheit"[8]).

Bundeskanzler Willy Brandt legte in seiner ersten Regierungserklärung der SPD/FDP-Koalition vom 28. Oktober 1969 großen Wert auf die Feststellung, daß er die von der Bundesregierung der Großen Koalition verfolgte Deutschland-Politik fortsetzen werde:

> "Diese Regierung geht davon aus, daß die Fragen, die sich für das deutsche Volk aus dem zweiten Weltkrieg und aus dem nationalen Verrat durch das Hitlerregime ergeben haben, abschließend nur in einer europäischen Friedensordnung beantwortet werden können. Niemand kann uns jedoch ausreden, daß die Deutschen ein Recht auf Selbstbestimmung haben, wie alle anderen Völker auch.
>
> Aufgabe der praktischen Politik in den jetzt vor uns liegenden Jahren ist es, die Einheit der Nation dadurch zu wahren, daß das Verhältnis zwischen den Teilen Deutschlands aus der gegenwärtigen Verkrampfung gelöst wird ...
>
> Die Bundesregierung setzt die im Dezember 1966 durch Bundeskanzler Kiesinger und seine Regierung eingeleitete Politik fort und bietet dem Ministerrat der DDR erneut Verhandlungen beiderseits ohne Diskriminierung auf

---

[5]) Text, a. a. O., S. 78 f.
[6]) Text in: Texte zur Deutschlandpolitik. Band III — 1. Juli 1968—31. August 1969. Hrsg. vom Bundesministerium für innerdeutsche Beziehungen. Bonn 1970, S. 254.
[7]) Text, a. a. O., S. 258.
[8]) Text, a. a. O., S. 263.

der Ebene der Regierungen an, die zu vertraglich vereinbarter Zusammenarbeit führen sollen"[9]).

Brandt betonte, die Deutschen seien nicht nur durch ihre Sprache und ihre Geschichte verbunden: „Wir haben auch noch gemeinsame Aufgaben und gemeinsame Verantwortung: für den Frieden unter uns und in Europa. 20 Jahre nach Gründung der Bundesrepublik Deutschland und der DDR müssen wir weiteres Auseinanderleben der deutschen Nation verhindern, also versuchen, über ein geregeltes Nebeneinander zu einem Miteinander zu kommen"[10]).

Trotz dieses Bekenntnisses, die Deutschland-Politik der Großen Koalition fortzuführen, wird hier — in bezug auf die Einheit Deutschlands — ein wesentlicher neuer Aspekt deutlich: Die Worte „Wiedervereinigung" und „Einheit Deutschlands" fehlten in Brandts erster Regierungserklärung. Noch prononcierter brachte Brandt in seinem ersten Bericht zur Lage der Nation — wobei die Weglassung „... im geteilten Deutschland" ebenso programmatischen Charakter hat wie die Umbenennung des damaligen Bundesministeriums für gesamtdeutsche Fragen in Bundesministerium für innerdeutsche Beziehungen — am 14. Januar 1970 die neuen Akzente einer Deutschland-Politik zum Ausdruck.

> „Es gibt trotz allem noch die Einheit der Nation. Die Einheit der Deutschen hängt von vielen Faktoren ab und doch wohl nicht in erster Linie, jedenfalls nicht allein, von dem, was in der Verfassung steht, sondern von dem, was wir tun, nicht in erster Linie oder allein von dem, was in Verträgen steht, sondern davon, wieweit wir andere Staaten als Freunde gewinnen, weniger von Potsdam 1945 als vielmehr von der Überwindung der europäischen Spaltung in den siebziger, achtziger und, wenn es sein muß, in den neunziger Jahren..."[11]).

Brandt fuhr dann fort:

> „Professor Hermann Heimpel hat schon 1955 mit der Distanz des Historikers ein Ausrufungszeichen gesetzt, als er uns, die deutsche Öffentlichkeit, darauf aufmerksam machte, daß es kein ein für allemal gegebenes Recht auf Wiedervereinigung gebe, und daß wir einem Prozeß gegenüberstünden, dessen Chancen auch verspielt werden könnten. Die Einheit der Deutschen ist eine Chance, mehr nicht, aber auch nicht weniger"[12]).

---

[9]) Text in: Texte zur Deutschlandpolitik. Band IV — 28. Oktober 1969—23. März 1970. Hrsg. vom Bundesministerium für innerdeutsche Beziehungen. Bonn 1970, S. 11 f.
[10]) Text, a. a. O., S. 12.
[11]) Text, a. a. O., S. 210.
[12]) Text, ebenda.

Erinnert sei in diesem Zusammenhang auch an die Ausführungen Karl Jaspers', die er 1960 in einem Fernseh-Interview gemacht hat:

> „Ich bin seit Jahren der Auffassung, daß die Forderung der Wiedervereinigung nicht nur irreal ist, sondern politisch und philosophisch in der Selbstbesinnung irreal. Denn, die Wiedervereinigung beruht — der Gedanke der Wiedervereinigung beruht darauf, daß man den Bismarckstaat für den Maßstab nimmt. Der Bismarckstaat soll wiederhergestellt werden. Der Bismarckstaat ist durch die Ereignisse unwiderruflich Vergangenheit, und ich habe das Bewußtsein, daß die Forderung der Wiedervereinigung daher kommt, daß, wie ein Gespenst der Vergangenheit, etwas Unwirkliches an uns herantritt. Die Wiedervereinigung ist sozusagen die Folge dessen, daß ich das, was geschehen ist, nicht anerkennen will. Sondern, daß man etwas wie eine Rechtsforderung auf etwas gründet, das durch Handlungen verschwunden ist, die dieses ungeheure Weltschicksal heraufbeschworen haben, und die Schuld des deutschen Volkes sind. Diese Handlungen aber will man nicht anerkennen, sondern gründet ein Recht auf das, was nicht mehr existiert"[13].

In seiner ebenfalls 1960 publizierten Schrift „Freiheit und Wiedervereinigung" stellte Karl Jaspers dazu fest: „Die historische Vorstellung, daß das zerrissene Deutschland sich mit Sinnotwendigkeit auf den Bismarckstaat Kleindeutschlands hin entwickelt habe, ist eine Fiktion politischer Historiker der Bismarck- und der wilhelminischen Zeit und ihrer Nachfahren bis heute. Die Chancen, die dieser Staat eröffnete, sind verspielt. Wir Deutschen bleiben. Aber die Deutschen sind ein ‚Volk unter Völkern' (Schelling)"[14].

Barthold Witte, der 1967 mit dem Buch „Was ist des Deutschen Vaterlands?" hervorgetreten ist, gelangt in seinem im Frühjahr 1973 verfaßten Beitrag „Die deutsche Nation nach dem Grundvertrag" zu folgendem Schluß: „Als Jaspers dies aussprach, erregte er einen Sturm der Entrüstung. Inzwischen sind freilich einige seiner Argumente Gemeinbesitz der Bonner Politik. Das gilt vor allem für den Stellenwert des Nationalstaats in heutiger Zeit. Vor hundert Jahren waren viele bereit, für seine Verwirklichung Frieden und Freiheit aufs Spiel zu setzen. Im Bundestag stimmen dagegen Koalition und Opposition darin überein, daß ‚Frieden vor Nation' (Brandt) und ‚Freiheit vor Einheit' (Barzel) geht; auch besteht weitgehende Übereinstimmung darüber, daß die deutsche Frage, wenn überhaupt, nur im Kontext europäischer Zusammenarbeit und Integration lösbar ist, mithin nicht durch einfache Wiederherstellung eines souveränen Nationalstaates, sondern vielmehr durch bewußte Souveränitätsverzichte eines solchen

---

[13]) Text in K. Jaspers: Freiheit und Wiedervereinigung. Über Aufgaben deutscher Politik. München 1960, S. 110.
[14]) Text, a. a. O., S. 42. Vgl. dazu auch B. Witte: Die deutsche Nation nach dem Grundvertrag, in: Europa-Archiv 1973, S. 227—234 (228 mit Fußnote 4).

deutschen Gesamtstaats zugunsten übernationaler Lösungen, wie sie das Grundgesetz von 1949 in seinem Artikel 24 anvisiert"[15]).

Der Mainzer Politik-Wissenschaftler Hans Buchheim hat in seinem instruktivem Aufsatz „Zur Einheit muß für uns untrennbar die Freiheit gehören" im Februar 1972 den grundlegenden Unterschied zwischen der Deutschland-Politik der SPD/FDP-Bundesregierung und ihrer Vorgängerinnen wie folgt herausgearbeitet:

> „Brandt geht, ... nicht wie man es von früher gewohnt war, von der Spaltung und Zerrissenheit des deutschen Volkes aus, um die Wiederherstellung der Einheit zu fordern, sondern er hebt auf eine fortbestehende Einheit ab, die gewahrt werden müsse. Sie manifestiert sich darin, daß es noch gemeinsame Aufgaben gebe, deren Bezugspunkt der Frieden sei. Dabei ist wichtig, daß diese Einheit durchaus als eine politische vorgestellt wird. Zwischen der politischen Ebene, auf der das deutsche Volk in zwei Staaten aufgespalten ist, und der nichtpolitischen, der Fortexistenz dieses Volkes in einer sprachlich und geschichtlich sowie durch familiäre Bindungen begründeten Einheit, wird gewissermaßen ein Zwischengeschoß eingezogen, welches einerseits zwar politisch ist, auf dem man andererseits aber der Realität der Trennung im staatlichen Bereich entkommt"[16]).

Die Stärken und Schwächen der Bonner Deutschland-Politik umreißt Buchheim so:

> „Die Stärke des Bonner Konzepts besteht in dem unbedingten Engagement für den Frieden, welches uns die Sympathie der anderen Völker sichert und schon seine Früchte gebracht hat. Da es von der Bundesregierung bei jeder Gelegenheit erläutert wird, bedarf es hier keiner Wiederholung. Die Schwäche des Bonner Entwurfs besteht in der Annahme, man könne die in der staatlich-politischen und in der ideologischen Realität antagonistische Situation Deutschlands dadurch überwinden, daß man die Vorstellung einer sublimierten politischen Einheit der Nation einführt, der gegenüber sich das Gewicht der Wirklichkeit relativert. Nicht daß es zwei Staaten gibt, ist auf der von Brandt postulierten politischen Zwischenebene das ausschlaggebende, sondern daß sie füreinander keinesfalls Ausland sind. Nicht, wie es in der DDR mit der Freiheit steht, soll entscheidend sein, sondern daß auch sie aus der Verpflichtung für die eine deutsche Nation und für den Frieden nicht herauskann — was sie auf ihre Weise in der Tat auch nicht will."

Faßt man die Vorstellungen der Bundesregierung im Hinblick auf die angestrebten vertraglichen Vereinbarungen mit der DDR vor Beginn des innerdeutschen Dialogs thesenartig zusammen, so läßt sich feststellen: Der Grundvertrag sollte die besondere Lage in Deutschland berücksichtigen,

---

[15]) B. Witte, a. a. O., S. 228.
[16]) H. Buchheim: Zur Einheit muß für uns untrennbar die Freiheit gehören. Die wahre Lage der Nation, in: Frankfurter Allgemeine Zeitung vom 21. Februar 1972.

vom Fortbestehen der Einheit der deutschen Nation und der Vier-Mächte-Rechte und -Verantwortung für Deutschland als Ganzes ausgehen und — was hier entscheidend ist — die Wiederherstellung der staatlichen Einheit Deutschlands nicht verhindern. Am 21. Mai 1970 trug Bundeskanzler Willy Brandt bei seinem zweiten Treffen mit DDR-Ministerpräsident Willi Stoph seine „Vorstellungen über Grundsätze und Vertragselemente für die Regelung gleichberechtigter Beziehungen zwischen der Bundesrepublik Deutschland und der Deutschen Demokratischen Republik" vor. Hier interessieren vor allem die Punkte 1, 10 und 11 des Kasseler Zwanzig-Punkte-Katalogs[17]).

Punkt 1 lautet:

> „Die Bundesrepublik Deutschland und die Deutsche Demokratische Republik, die in ihren Verfassungen auf die Einheit der Nation ausgerichtet sind, vereinbaren im Interesse des Friedens sowie der Zukunft und des Zusammenhalts der Nation einen Vertrag, der die Beziehungen zwischen den beiden Staaten in Deutschland regelt, die Verbindung zwischen der Bevölkerung der beiden Staaten verbessert und dazu beiträgt, bestehende Benachteiligungen zu beseitigen."

Und in Punkt 10 wird festgestellt:

> „Der Vertrag muß von den Folgen des Zweiten Weltkrieges und von der besonderen Lage Deutschlands und der Deutschen ausgehen, die in zwei Staaten leben und sich dennoch als Angehörige einer Nation verstehen."

In Punkt 11 betonte die Bundesregierung, daß die jeweiligen Verpflichtungen gegenüber den vier früheren Besatzungsmächten Frankreich, Großbritannien, den USA und der Sowjetunion, die auf den besonderen Rechten und Vereinbarungen dieser Mächte über Berlin und Deutschland als Ganzes beruhen, unberührt bleiben.

2. der DDR

Die DDR wertete bis 1955 die „Lösung" der „deutschen Frage" als staatsrechtliches Problem. Sie scheute zunächst davor zurück, aus der ab 1953 entwickelten Zwei-Staaten-These alle Konsequenzen zu ziehen und die Deutschland-Frage von der staatsrechtlichen auf die völkerrechtliche Ebene zu transportieren[18]). Bis 1955 bediente sich die DDR ausnahmslos des Begriffs „Wiedervereinigung", um den staatsrechtlichen Charakter der „deutschen Frage" zu betonen. Den Begriff „Vereinigung" gebrauchte Ministerpräsident Otto Grotewohl — soweit ersichtlich — erstmals in seiner

---

[17]) Text in: Deutschland-Archiv 1970, S. 623 f.
[18]) Vgl. dazu ausführlicher J. Hacker: Der Rechtsstatus Deutschlands aus der Sicht der DDR. Köln 1974, Kapitel 7.

Rundfunk-Ansprache vom 16. Juli 1955 unmittelbar vor Beginn der Genfer Gipfelkonferenz; darin war interessanterweise sowohl von der „Vereinigung" als auch von der „Wiedervereinigung" Deutschlands die Rede.

Selbst mit der Ausgestaltung der Zwei-Staaten-These nach der Genfer Gipfelkonferenz vom Sommer 1955 tauchte in offiziellen Publikationen der DDR immer noch der Begriff „Wiedervereinigung" auf. Nachdem die DDR mit der Proklamierung der Zwei-Staaten-These, dem Inkrafttreten des Deutschland-Vertrags und der nochmaligen Souveränitäts-Verleihung durch die UdSSR 1955 noch gezögert hatte, die „deutsche Frage" von der staatsrechtlichen auf die völkerrechtliche Ebene zu übertragen, trat sie zur Jahreswende 1956/57 mit einem neuen Konzept hervor: es entsprach der neuen Einschätzung des staats- und völkerrechtlichen Status Deutschlands durch die DDR, die seit dem Sommer 1956 beide Staaten in Deutschland als Nachfolgestaaten des am 8. Mai 1945 untergegangenen Deutschen Reiches bezeichnet[19]).

Zur Jahreswende 1956/57 schrieb Walter Ulbricht einen programmatischen Aufsatz im Zentralorgan seiner Partei, „Neues Deutschland", in dem er das neue Konzept umriß: die „Lösung" der „deutschen Frage" sei nur noch auf der Basis einer Konföderation, das heißt, einer völkerrechtlichen Staatenverbindung, eines Staatenbundes, möglich. Der Konföderations-Gedanke wurde in der Folgezeit in zahlreichen Varianten vorgetragen[20]).

Das noch gültige vom VI. Parteitag der SED im Januar 1963 beschlossene Parteiprogramm geht davon aus, daß „die geeigneteste Form der Verwirklichung der friedlichen Koexistenz in Deutschland eine Konföderation der beiden deutschen Staaten ist"[21]). An anderer Stelle heißt es im Parteiprogramm: „Die SED hält unverrückbar an ihrem Ziel der Wiederherstellung der nationalen Einheit Deutschlands ... fest"[22]). Es bleibt abzuwarten, ob und in welcher Form dieser Programmsatz von der „Kommission zur Überarbeitung des Parteiprogramms" geändert wird, deren Bildung die VI. Tagung des Zentralkomitees der SED am 6. und 7. Juli 1972 in Ost-Berlin beschlossen hat[23]).

---

[19]) Vgl. dazu ausführlicher J. Hacker, a. a. O., Kapitel 15.
[20]) Vgl. dazu im einzelnen J. Hacker: Die „deutsche Konföderation". Ein untaugliches Mittel für die Wiederherstellung eines freien und demokratischen Gesamtdeutschlands, in: Aus Politik und Zeitgeschichte. Beilage zur Wochenzeitung „Das Parlament", B. 42 vom 19. Oktober 1968, S. 3—30.
[21]) Text bei A. Riklin/K. Westen: Selbstzeugnisse des SED-Regimes. Das Nationale Dokument, das Erste Programm der SED, das Vierte Statut der SED. Köln 1963, S. 106.
[22]) Text, a. a. O., S. 105.
[23]) Vgl. dazu Neues Deutschland vom 8. Juli 1972; dort werden auch die Namen der Mitglieder der Kommission genannt. Eine weitere Kommission wurde mit der Überarbeitung des Statuts der SED beauftragt. Vgl. ebenda.

Nachdem die SED der Bundesrepublik Deutschland 1966 die „Konföderations-Fähigkeit" und die „Konföderations-Würde" abgesprochen hatte, trat nach der Bildung der Bundesregierung der Großen Koalition Ende 1966 der Konföderations-Gedanke in der Deutschland-Politik der SED immer stärker in den Hintergrund[24]). Den Begriff „deutsche Konföderation" hat Walter Ulbricht — soweit ersichtlich — zuletzt in seiner Neujahrs-Ansprache am 31. Dezember 1966 verwandt, als er ein „Zehn-Punkte-Programm" für „die erste Etappe des Weges zu einer Konföderation" vorschlug[25]).

Bemerkenswerte „Wiedervereinigungs"-Parolen gebrauchte die DDR auch in ihren Memoranden zum ersten Antrag auf Mitgliedschaft in der UNO im Jahre 1966. So heißt es in dem Memorandum des Ost-Berliner Außenministeriums zum Antrag der DDR auf Mitgliedschaft in der UNO vom Februar 1966:

> „... ist die Wiedervereinigung Deutschlands nur im Ergebnis eines lange andauernden Prozesses auf dem Wege der Entspannung und über die Gewährleistung der europäischen Sicherheit möglich. Denn nur eine solche nationale Wiedervereinigung, die der Sicherung des Friedens in Europa dient, kann im Interesse der deutschen Nation und aller anderen Völker Europas liegen. Die Wiedervereinigung setzt eine friedliche Verständigung zwischen den beiden deutschen Staaten voraus"[26]).

Ähnlicher Formulierungen bediente sich das Memorandum des Außenministeriums der DDR zum Antrag der DDR auf Aufnahme in die UNO vom August 1966: „Nachdem sich auf deutschem Boden zwei Staaten gegensätzlicher Gesellschaftsordnung und entgegengesetzter Politik herausgebildet haben, ist die Wiedervereinigung Deutschlands nur im Ergebnis eines Prozesses der Entspannung und der friedlichen Annäherung zwischen beiden deutschen Staaten möglich. Voraussetzung dafür ist eine friedliche Verständigung zwischen beiden deutschen Staaten"[27]).

Hingegen wurde in dem parteiinternen „Material zur Diskussion zur Vorbereitung des VII. Parteitags der SED", das die Parteiführung im Januar 1967 an alle Grundorganisationen, leitende Parteiorgane und Parteigruppen der SED in den Massenorganisationen versandt hatte, und das in die Bundesrepublik gelangt ist, unmißverständlich festgestellt:

---

[24]) Vgl. dazu ausführlicher J. Hacker, a. a. O. (Anm. 20), S. 16 ff.
[25]) Vgl. „Neujahrsbotschaft des Vorsitzenden des Staatsrates, Walter Ulbricht, zum Jahreswechsel", in: Neues Deutschland vom 1. Januar 1967 und SBZ-Archiv 1967, S. 23.
[26]) Text des Memorandums in: Neues Deutschland vom 14. März 1966 und Europa-Archiv 1966, S. D 190—196 (191).
[27]) Text des Memorandums in: Neues Deutschland vom 28. September 1966.

> „Eine Vereinigung der sozialistischen Deutschen Demokratischen Republik mit einem imperialistischen Westdeutschland ist... nicht real. Für die DDR gibt es keine Rückkehr zum Kapitalismus... Die Vereinigung der deutschen Staaten ist und bleibt unser Ziel. Aber wir sind uns darüber klar, daß die Vereinigung nur im Sozialismus möglich sein wird, und daß der Weg dorthin für Westdeutschland lang und beschwerlich sein kann... Es ist auch nicht zulässig, die friedliche Koexistenz der beiden deutschen Staaten mit der Vereinigung in einen Topf zu werfen und damit Begriffe wie ‚Lösung der deutschen Frage' im Sinne der Vereinigung von Feuer und Wasser anzuwenden"[28].

Walter Ulbricht bediente sich in seiner Rede auf dem VII. Parteitag der SED am 17. April 1967 teilweise der gleichen Wendungen. Auch er bezeichnete die „Vereinigung Deutschlands" als „nicht real" und forderte die „demokratische Umgestaltung Westdeutschlands" als Vorbedingung einer „Vereinigung" beider deutscher Staaten. Den Gebrauch des Begriffs „deutsche Konföderation" vermied er ebenso wie das parteiinterne Material vom Januar 1967[29]).

Die neue „Vereinigungs"-Parole verkündete Walter Ulbricht in seiner Rede vom 1. Dezember 1967 vor der Volkskammer, in der er die Ausarbeitung der sozialistischen Verfassung der DDR ankündigte:

> „Nach der historisch unvermeidlichen demokratischen Umwälzung auch in der westdeutschen Bundesrepublik kann der Weg zur Vereinigung der vom Imperialismus gespaltenen deutschen Nation auf der Grundlage der Demokratie und des Sozialismus beschritten werden. Was die deutschen Imperialisten gespalten haben, werden die deutschen Arbeiter im Bündnis mit den Bauern, der Intelligenz und allen anderen werktätigen Schichten und demokratischen fortschrittlichen bürgerlichen Kreisen vereinigen"[30].

Ulbrichts Ausführungen verdeutlichen, wie sehr die zweite DDR-Verfassung vom 6. April 1968 seine Handschrift trägt. Während für Ulbricht der Imperialismus für die Spaltung der „deutschen Nation" verantwortlich ist, spricht die Präambel der Verfassung von der „geschichtlichen Tatsache, daß der Imperialismus unter Führung der USA im Einvernehmen mit Kreisen des westdeutschen Monopolkapitals Deutschland gespalten hat". Sehr viel klarer kehrt Ulbrichts Formel in Artikel 8 Absatz 2 der DDR-Verfassung vom 6. April 1968 wieder, der die Wiederherstellung der staatlichen Einheit Deutschlands nicht gänzlich abschreibt. Zunächst wird festge-

---

[28]) Auszüge aus den parteiinternen Richtlinien veröffentlichte die „Frankfurter Allgemeine Zeitung" in ihrer Ausgabe vom 11. April 1967. Dem Verfasser liegt der vollständige Text vor. Die Zitate sind dem Original entnommen.
[29]) Text der Rede Ulbrichts in: Neues Deutschland vom 18. April 1967; Auszug in: SBZ-Archiv 1967, S. 123—128.
[30]) Text der Rede in: Neues Deutschland vom 2. Dezember 1967 und in: Verfassung der Deutschen Demokratischen Republik. Dokumente — Kommentar. Band 1. Hrsg. von K. Sorgenicht, W. Weichelt, T. Riemann, H.-J. Semler. Berlin (Ost) 1969, S. 37.

stellt, die Herstellung und Pflege normaler Beziehungen und die Zusammenarbeit der beiden deutschen Staaten auf der Grundlage der Gleichberechtigung seien nationales Anliegen der DDR. In Artikel 8 Absatz 2 Satz 2 ist festgelegt:

> „Die Deutsche Demokratische Republik und ihre Bürger erstreben darüber hinaus die Überwindung der vom Imperialismus der deutschen Nation aufgezwungenen Spaltung Deutschlands, die schrittweise Annäherung der beiden deutschen Staaten bis zu ihrer Vereinigung auf der Grundlage der Demokratie und des Sozialismus an."

Die Verfassung der DDR macht also die „Vereinigung" Deutschlands von der Umwälzung der politischen, wirtschaftlichen und sozialen Verhältnisse in der Bundesrepublik Deutschland abhängig.

In dem Vertragsentwurf, den Walter Ulbricht in seiner Eigenschaft als Vorsitzender des Staatsrats der DDR am 17. Dezember 1969 Bundespräsident Gustav Heinemann zugesandt hat, ist von der „Wiedervereinigung" Deutschlands oder der „Vereinigung" der „beiden deutschen Staaten" überhaupt nicht mehr die Rede. In seinem Begleitschreiben zu dem Vertragsentwurf sprach der frühere SED-Chef von der Aufnahme gleichberechtigter Beziehungen zwischen der DDR und der Bundesrepublik Deutschland „entsprechend den Prinzipien der friedlichen Koexistenz"[31]).

An der Koexistenz-Formel hat die DDR auch in der Folgezeit festgehalten. In der Entschließung des VIII. Parteitags der SED, der vom 15. bis 19. Juni 1971 in Ost-Berlin stattgefunden hat, wird betont, daß es zwischen der DDR und der Bundesrepublik nur „Beziehungen der friedlichen Koexistenz auf der Grundlage des Völkerrechts"[32]) geben kann. Die DDR versteht den Begriff „friedliche Koexistenz" nicht im Sinne des friedlichen Zusammenlebens, sondern als „höchste Form des Klassenkampfes auf internationaler Ebene", als ein Mittel der ideologischen Aggression und zur Überwindung der „bürgerlichen Ideologie"[33]).

---

[31]) Texte des Vertragsentwurfs und des Begleitschreibens in: Deutschland-Archiv 1970, S. 80—82 (80).
[32]) Text der Entschließung in: Neues Deutschland vom 21. Juni 1971 und Deutschland-Archiv 1971, S. 877—892 (880).
[33]) Vgl. dazu vor allem A. Norden: Friedliche Koexistenz und ideologischer Klassenkampf, in: Neues Deutschland vom 10. Juli 1972 (Nachdruck aus der „Prawda" vom 5. Juli 1972); Rede Erich Honeckers auf dem 8. FDGB-Kongreß am 27. Juni 1972 in Ost-Berlin. Text in: Neues Deutschland vom 28. Juni 1972; These 42 der „Losungen zum 1. Mai 1972": „Für europäische Sicherheit — für Beziehungen der friedlichen Koexistenz zwischen der DDR und der BRD!" Text in: Neues Deutschland vom 14. April 1972; O. Winzer: Die Grundlagen der friedlichen Koexistenz und gutnachbarliche Beziehungen der Staaten Europas, in: Einheit 1972, S. 608—615; H. Kröger: Völkerrechtliche Anerkennung und friedliche Koexistenz, in: Blätter für deutsche und internationale Politik 1970, S. 565—576.

II. Die Aussagen des Grundvertrages

Die entscheidende Frage, ob der Grundvertrag die deutsche Frage offen hält oder als Teilungsvertrag zu werten ist, hat das Bundesverfassungsgericht in seinem Urteil über die Konformität des Grundvertrages mit dem Grundgesetz vom 31. Juli 1973 unmißverständlich beantwortet. Bis zu diesem Zeitpunkt wurde diese Frage sowohl im staats- und völkerrechtlichen Schrifttum als auch von politischer Seite unterschiedlich beantwortet. Für die Analyse dieser Problematik sind vor allem folgende Aussagen des Grundvertrags relevant[34]:

die Präambel

> „... in dem Bewußtsein, daß die Unverletzlichkeit der Grenzen und die Achtung der territorialen Integrität und der Souveränität aller Staaten in Europa in ihren gegenwärtigen Grenzen eine grundlegende Bedingung für den Frieden sind ...
>
> ausgehend von den historischen Gegebenheiten und unbeschadet der unterschiedlichen Auffassungen der Bundesrepublik Deutschland und der Deutschen Demokratischen Republik zu grundsätzlichen Fragen, darunter zur nationalen Frage,
>
> geleitet von dem Wunsch, zum Wohle der Menschen in den beiden deutschen Staaten die Voraussetzungen für die Zusammenarbeit zwischen der Bundesrepublik Deutschland und der Deutschen Demokratischen Republik zu schaffen ..."

Artikel 2

> „Die Bundesrepublik Deutschland und die Deutsche Demokratische Republik werden sich von den Zielen und Prinzipien leiten lassen, die in der Charta der Vereinten Nationen niedergelegt sind, insbesondere der souveränen Gleichheit aller Staaten, der Achtung der Unabhängigkeit, Selbstständigkeit und territorialen Integrität, dem Selbstbestimmungsrecht, der Wahrung der Menschenrechte und der Nichtdiskriminierung."

---

[34] Text des „Vertrags über die Grundlagen der Beziehungen zwischen der Bundesrepublik Deutschland und der Deutschen Demokratischen Republik", in: Bundesgesetzblatt 1973, Teil II, Nr. 25 vom 9. Juni 1973. Der Grundvertrag ist am 21. Juni 1973 in Kraft getreten. Nachdem der Vertrag zunächst von offizieller Bonner Seite als „Grundvertrag" bezeichnet worden ist, hat man sich später für die Version „Grundlagen-Vertrag" entschieden. In Veröffentlichungen der DDR wird vornehmlich vom „Grundlagenvertrag" und vom „Berliner Vertrag" gesprochen. Mit der letzten Version soll der Vertrag in die Reihe der Ostverträge (des Moskauer Vertrags und des Warschauer Vertrags) eingeordnet werden; außerdem wird mit dieser Bezeichnung zum Ausdruck gebracht, daß der Vertrag in Berlin am 21. Dezember 1972 unterzeichnet worden ist, das gemäß der Verfassung der DDR vom 6. April 1968 fälschlicherweise als die „Hauptstadt der Deutschen Demokratischen Republik" apostrophiert wird. Die einschlägigen Dokumente zum Grundvertrag sind auch enthalten in: Vertrag über die Grundlagen der Beziehungen zwischen der Bundesrepublik Deutschland und der Deutschen Demokratischen Republik. Hrsg. vom Presse- und Informationsamt der Bundesregierung. Bonn 1972 (im folgenden zitiert: Vertrag).

In Artikel 3 bekräftigen beide Seiten die „Unverletzlichkeit der zwischen ihnen bestehenden Grenze jetzt und in der Zukunft und verpflichten sich zur uneingeschränkten Achtung ihrer territorialen Integrität".

In Artikel 9 stimmen beide Seiten darin überein, „daß durch diesen Vertrag die von ihnen früher abgeschlossenen oder sie betreffenden zweiseitigen und mehrseitigen internationalen Verträge und Vereinbarungen nicht berührt werden".

Wichtig sind in diesem Zusammenhang außerdem die Erklärungen zu Protokoll der Bundesrepublik Deutschland und der DDR zu Staatsangehörigkeitsfragen[35]), der Briefwechsel mit dem Wortlaut von Noten der Bundesrepublik Deutschland an die Drei Westmächte und der Deutschen Demokratischen Republik an die Sowjetunion zu Artikel 9 des Vertrags[36]), der Hinweis betreffend Schreiben an die DDR zur nationalen Frage[37]), die Erläuterungen der Bundesregierung zum Vertrag[38]) und die Denkschrift der Bundesregierung zum Vertrag[39]).

1. Der Grundvertrag — kein Teilungsvertrag

Die Bundesregierung hat von Anfang an den Standpunkt vertreten, daß der am 8. November 1972 in Bonn paraphierte und am 21. Dezember 1972 in Ost-Berlin unterzeichnete Grundvertrag kein Teilungsvertrag ist. So stellte der Bundesminister für innerdeutsche Beziehungen, Egon Franke, am 24. November 1972 dazu fest:

> „Hier und da wurde der Vertrag in den letzten Wochen als ‚Teilungsvertrag' qualifiziert. Das ist nicht nur ein böses, sondern auch ein unwahres Wort. Niemand wird wohl im Ernst behaupten, der Vertrag als solcher konstituiere die Teilung. Das tut er nicht. Andererseits, wenn die staatliche Wiedervereinigung in irgendeiner greifbaren Nähe wäre, so hätte dieser Vertrag nicht geschlossen zu werden brauchen. Er hat also durchaus mit der Teilung zu tun, soviel ist richtig. Indem er von der Teilung ausgeht, sucht er für die Dauer der Teilung einen erträglichen Modus vivendi zu begründen: insofern stellt der Vertrag die Tatsache der Teilung, oder andersherum: die Tatsache des Vorhandenseins von zwei deutschen Staaten fest. Dies geschieht in einer Weise,

---

[35]) Text in: Vertrag, S. 15.
[36]) Text in: Vertrag, S. 35, 38.
[37]) Text in: Vertrag, S. 50.
[38]) Text in: Vertrag, S. 51—56.
[39]) Text in: Verträge, Abkommen und Vereinbarungen zwischen der Bundesrepublik Deutschland und der Deutschen Demokratischen Republik. Mit Anhang: Das Viermächte-Abkommen über Berlin vom 3. September 1971. Hrsg. vom Presse- und Informationsamt der Bundesregierung. Februar 1973, S. 42—54.

daß die völkerrechtliche Lage in Deutschland unangetastet bleibt, wie die Erklärung der Vier Mächte deutlich macht"[40]).

Die Auffassung der parlamentarischen Opposition hat vornehmlich der Vorsitzende der CDU/CSU-Bundestagsfraktion, Karl Carstens, verdeutlicht. In einem Aufsatz „Die Erfolge östlicher Westpolitik" schreibt Carstens:

> „Der Grundvertrag bestätigt... in aller Form die Existenz zweier selbständiger, voneinander unabhängiger, souveräner deutscher Staaten und fixiert die Teilung Deutschlands insoweit.. Irgendwelche ausdrücklichen Hinweise auf das Fortbestehen eines beide Seiten weiterhin einigenden Landes, auf Deutschland als Ganzes, auf das deutsche Volk oder auf die deutsche Nation fehlen. Nur mittelbar kann aus Artikel 9 des Grundvertrages hergeleitet werden, daß diese Positionen von der Bundesrepublik nicht aufgegeben worden sind... Auch in der Präambel zum Grundvertrag ist von der deutschen Einheit oder der deutschen Nation nicht die Rede, sondern nur von ‚unterschiedlichen Auffassungen... zur nationalen Frage'. Zusammenfassend kann man sagen, daß die die Teilung Deutschlands hervorhebenden Vertragsteile klar und ausdrücklich formuliert sind, während die Hinweise auf eine fortbestehende Einheit versteckt oder einseitig sind"[41]).

Im staats- und völkerrechtlichen Schrifttum ist der Grundvertrag von jenen Autoren als „Teilungsvertrag" apostrophiert worden, die meinen, der Vertrag impliziere die völkerrechtliche Anerkennung der DDR. Diese Ansicht vertreten beispielsweise Otto Kimminich[42]), Friedrich August von der Heydte[43]) und Hermann Weinkauff[44]). Diese These hat nicht die Zustimmung des Bundesverfassungsgerichts gefunden. Es kommt in seinem Urteil vom 31. Juli 1973 zu dem klaren Ergebnis, daß die Bundesrepublik Deutschland eine völkerrechtliche Anerkennung der DDR nicht nur förmlich nicht ausgesprochen, sondern im Gegenteil wiederholt ausdrücklich

---

[40]) Text der Stellungnahme Frankes, in: Der Grundlagenvertrag. Vertrag über die Grundlagen der Beziehungen zwischen der Bundesrepublik Deutschland und der Deutschen Demokratischen Republik. Seminarmaterial des Gesamtdeutschen Instituts — Bundesanstalt für gesamtdeutsche Aufgaben. Bonn o. J., S. 11 f.
[41]) K. Carstens: Die Erfolge östlicher Westpolitik. Politische Wirkungen des Grundvertrages, in: Die politische Meinung 1973, H. 147, S. 5—15 (12).
[42]) O. Kimminich: Wird Deutschland als Ganzes durch den Grundvertrag beerdigt?; in: Die Welt vom 15. November 1972: „Sogar die völkerrechtliche Anerkennung der ‚DDR', die in dem Grundvertrag ohne Zweifel enthalten ist, ist von sekundärer Bedeutung".
[43]) F. A. von der Heydte: Wendepunkt der deutschen Nachkriegsgeschichte. Hrsg. vom Arbeitskreis Deutschland- und Ostpolitik, München o. J. Er schließt aus den Artikeln 1, 4 und 6 des Grundvertrags, daß damit die DDR völkerrechtlich de jure anerkannt sei.
[44]) H. Weinkauff: Der Grundvertrag verletzt das Grundgesetz — Er vollzieht die völkerrechtliche Anerkennung der DDR, in: Rheinischer Merkur vom 17. November 1972. Weitere Nachweise zu dieser Thematik bei J. Hacker, a. a. O. (Anm. 18). S. 433, Anm. 105.

abgelehnt habe[45]). Dabei gebraucht das höchste deutsche Gericht eine neue Formel, indem es von einer „faktischen Anerkennung besonderer Art" spricht. Zweifellos wäre es besser gewesen, wenn die Bundesregierung sowohl im Zeitpunkt der Paraphierung des Grundvertrags am 8. November 1972 als auch bei dessen Unterzeichnung am 21. Dezember 1972 nochmals ausdrücklich betont hätte, daß für sie die völkerrechtliche Anerkennung der DDR nach wie vor nicht in Betracht komme.

Im Schrifttum wird der Grundvertrag von jenen Autoren als „Teilungsvertrag" apostrophiert, die meinen, der Vertrag impliziere die völkerrechtliche Anerkennung der DDR. Während Hermann Weinkauff meint, mit der völkerrechtlichen Anerkennung der DDR im Grundvertrag werde die Teilung Deutschlands endgültig besiegelt, und nach dem Vertrag sei die DDR nunmehr auch rechtens kein Teil Deutschlands mehr[46]), schreibt Friedrich August von der Heydte, die Unverletzlichkeit der Grenzen bedeute den Verzicht auf „jedes Streben nach Wiedervereinigung"[47]). Diese These läßt das Bundesverfassungsgericht in seinem Urteil vom 31. Juli 1973 nicht gelten; unmißverständlich stellt es fest: „Der Vertrag ist kein Teilungsvertrag, sondern ein Vertrag, der weder heute noch für die Zukunft ausschließt, daß die Bundesregierung jederzeit alles ihr Mögliche dafür tut, daß das deutsche Volk seine staatliche Einheit wieder organisieren kann."

2. Das Wiedervereinigungsgebot des Grundgesetzes

Zu den bemerkenswertesten Dokumenten aus der Regierungszeit der Großen Koalition gehört die bereits zitierte „Grundsatzerklärung der Bundesregierung zur Deutschland- und Friedenspolitik" vom 30. Mai 1969, die alle Regierungen, zu denen die Bundesrepublik Deutschland damals diplomatische Beziehungen unterhielt, notifiziert worden ist. Darin wird von der „grundlegenden Verpflichtung der Präambel des Grundgesetzes" gesprochen, die das ganze deutsche Volk auffordert, in freier Selbstbestimmung die Einheit und Freiheit Deutschlands zu vollenden.

Obwohl Bundeskanzler Brandt in seiner ersten Regierungserklärung vom 28. Oktober 1969 betonte, daß er die von der Bundesregierung der Großen Koalition verfolgte Deutschland-Politik fortsetzen werde, setzte er von

---
[45]) Text des Urteils des Bundesverfassungsgericht vom 31. Juli 1973. Im Verfahren zur verfassungsrechtlichen Prüfung des Gesetzes zum Vertrag vom 21. Dezember 1972 zwischen der Bundesrepublik Deutschland und der Deutschen Demokratischen Republik über die Grundlagen der Beziehungen zwischen der Bundesrepublik Deutschland und der Deutschen Demokratischen Republik vom 6. Juni 1973, in: Seminarmaterial des Gesamtdeutschen Instituts — Bundesanstalt für gesamtdeutsche Aufgaben. Bonn 1973, S. 11.
[46]) Vgl. den Nachweis oben, in Anm. 44.
[47]) Vgl. den Nachweis oben, in Anm. 43.

Anfang an wichtige neue Akzente. Seit seinem Amtsantritt umschrieb er das Hauptziel seiner Deutschland-Politik mit der These, es gälte, die „Einheit der Nation" zu wahren; die Worte „Wiedervereinigung" und „Einheit Deutschlands" suchte man in Brandts erster Regierungserklärung vergeblich. Nach dem Karlsruher Urteil vom 31. Juli 1973, das alle Verfassungsorgane, Gerichte und Behörden in der Bundesrepublik Deutschland bindet, stellt sich die Frage, ob es mit dem Wiedervereinigungsgebot des Grundgesetzes vereinbar ist, daß der Bundeskanzler nur noch von der „Einheit der Nation" und „Einheit der Deutschen" spricht. Der Karlsruher Spruch bezieht sich auf die Festellungen des KPD-Verbots-Urteils, in dem das Wiedervereinigungsgebot aus der Präambel des Grundgesetzes entwickelt worden ist. Damals erklärte das Gericht, dem Vorspruch des Grundgesetzes komme naturgemäß vor allem politische Bedeutung zu: „Darüber hinaus hat aber der Vorspruch auch rechtlichen Gehalt." Aus dem Vorspruch sei für alle politischen Staatsorgane der Bundesrepublik Deutschland die Rechtspflicht abzuleiten, „die Einheit Deutschlands mit allen Kräften anzustreben, ihre Maßnahmen auf dieses Ziel auszurichten und die Tauglichkeit für dieses jeweils als einen Maßstab ihrer politischen Handlungen gelten zu lassen... Nach der negativen Seite hin bedeutet das Wiedervereinigungsgebot, daß die Staatsorgane alle Maßnahmen zu unterlassen haben, die die Wiedervereinigung rechtlich hindern oder faktisch unmöglich machen"[48]).

Welch große Bedeutung das Bundesverfassungsgericht auch heute noch dem Wiedervereinigungsgebot beimißt, geht daraus hervor, daß es im Leitsatz 4 zum Urteil vom 31. Juli 1973 verankert ist. Aus dem Wiedervereinigungsgebot folge: „Kein Verfassungsorgan der Bundesrepublik Deutschland darf die Wiederherstellung der staatlichen Einheit als politisches Ziel aufgeben, alle Verfassungsorgane sind verpflichtet, in ihrer Politik auf die Erreichung dieses Zieles hinzuwirken — das schließt die Forderung ein, den Wiedervereinigungsanspruch im Inneren wachzuhalten und nach außen beharrlich zu vertreten — und alles zu unterlassen, was die Wiedervereinigung vereiteln würde." In der Begründung wird noch unmißverständlich hinzugefügt: „Die Wiedervereinigung ist ein verfassungsrechtliches Gebot." Im Leitsatz 5 stellt das Gericht kategorisch fest: „Die Verfassung verbietet, daß die Bundesrepublik Deutschland auf einen Rechtstitel aus dem Grundgesetz verzichtet, mittels dessen sie in Richtung auf Verwirklichung der Wiedervereinigung und der Selbstbestimmung wirken kann, oder einen mit dem Grundgesetz unvereinbaren Rechtstitel schafft, oder sich an der Be-

---
[48]) Text in: Entscheidungen des Bundesverfassungsgerichts, Band 5, S. 127 f.

gründung eines solchen Rechtstitels beteiligt, der ihr bei ihrem Streben nach diesem Ziel entgegengehalten werden kann."

Aufschlußreich ist in diesem Zusammenhang, wie das Bundesverfassungsgericht den „Brief zur deutschen Einheit", dessen politischer und rechtlicher Gehalt umstritten ist[49]), interpretiert. Das Gericht gelangt zu dem Ergebnis, daß der wesentliche Inhalt des Briefes vor Abschluß der Verhandlungen angekündigt und der Brief der Gegenseite unmittelbar vor Unterzeichnung des Vertrags zugestellt worden sei: „In ihm ist festgehalten, daß der Vertrag nicht in Widerspruch steht ‚zu dem politischen Ziel der Bundesrepublik Deutschland, auf einen Zustand des Friedens in Europa hinzuwirken, in dem das deutsche Volk in freier Selbstbestimmung seine Einheit wiedererlangt'."

3. Die „nationale Frage"

In der Deutschland-Politik der SPD/FDP-Bundesregierung spielte von Anfang an der Begriff der „deutschen Nation" und nicht der des „deutschen Volkes" die entscheidende Rolle. Bundeskanzler Brandt hat seit seinem Amtsantritt den Begriff der Nation mit dem Konzept besonderer Beziehungen zwischen den beiden Staaten in Deutschland verknüpft. Dabei bedient er sich einer modifizierten Form des im deutschen Sprachgebrauch entwickelten Begriffs der „Kulturnation", der die Nation nicht als Staat oder Staatsvolk identifiziert, sondern auf die Gemeinsamkeit von Sprache, Geschichte und Kultur abhebt. Als ein weiteres Kriterium führt Brandt an, daß in beiden deutschen Staaten die Nation noch immer durch unzählige familiäre und persönliche Bande lebendig ist[50]).

Brandts Konzept, den Sondercharakter des innerdeutschen Verhältnisses mit dem Begriff der „Nation" zu qualifizieren, stieß bei der DDR auf erbitterten Widerstand. Sie lehnte es auch ab, im Grundvertrag die von der Bundesregierung gewünschte, in Punkt 1 des Kasseler Zwanzig-Punkte-Katalogs vom 21. Mai 1970 enthaltene Formel von der „Einheit der Nation" zu verankern. Man einigte sich auf die „gemeinsame Feststellung eines Konsenses über den Dissens"[51]); in der Präambel des Grundvertrags

---

[49]) Vgl. dazu das Gutachten von Prof. K. Doehring und Dr. Georg Ress über die rechtliche Qualität des Briefes zur deutschen Einheit, das beide Autoren im Verfahren über die Verfassungsmäßigkeit des Grundvertrags beigesteuert haben. Text in: Der Streit um den Grundvertrag. Eine Dokumentation. Hrsg. von E. Zieslar/J. Hampel/F.-Ch. Zeitler. München-Wien 1973, S. 265—280.
[50]) Vgl. dazu mit Nachweisen J. Hacker: Der Begriff der Nation aus der Sicht der DDR, in: Gegenwartskunde 1972, S. 371—403 (301 f.) und, ebenda S. 451 f.
[51]) So Martin Kriele in seinem Plädoyer vor dem Bundesverfassungsgericht am 19. Juni 1973, Text, a. a. O. (Anm. 49), S. 212.

ist von den „unterschiedlichen Auffassungen ... zu grundsätzlichen Fragen, darunter zur nationalen Frage" die Rede.

Brandts Nations-Begriff, aus dem alle rechtlichen Elemente eliminiert sind, hat vor dem Bundesverfassungsgericht nicht bestehen können. Für das Gericht, das sich hier auf keine früheren Entscheidungen beziehen kann, hat der Begriff der „deutschen Nation" einen rechtlichen Gehalt:

> „Wenn heute von der ‚deutschen Nation' gesprochen wird, die eine Klammer für Gesamtdeutschland sei, so ist dagegen nichts einzuwenden, wenn darunter auch ein Synonym für das ‚deutsche Staatsvolk' verstanden wird, an jener Rechtsposition also festgehalten wird und nur aus politischen Rücksichten eine andere Formel verwandt wird. Versteckte sich dagegen hinter dieser neuen Formel ‚deutsche Nation' n u r noch der Begriff einer im Bewußtsein der Bevölkerung vorhandenen Sprach- und Kultureinheit, dann wäre das r e c h t l i c h die Aufgabe einer unverzichtbaren Rechtsposition. Letzteres stünde in Widerspruch zum Gebot der Wiedervereinigung als Ziel, das von der Bundesregierung mit allen erlaubten Mitteln anzustreben ist"[52]).

Zusammenfassend läßt sich über die im Grundvertrag getroffene Regelung feststellen: Ausgerechnet in der zentralen Frage nach der Einheit der Nation ist der Grundvertrag am schwächsten und in seiner historischen Dimension am bedrückendsten. Er ist seiner Intention nach kein Teilungsvertrag, aber auch keine Barriere gegen jene, die auf den Fluß der Zeit und die prägende Kraft geschichtlicher Fakten hoffen[53]). Daher kann es nicht verwundern, daß das Selbstbestimmungsrecht nur allgemein im Rahmen des Katalogs der Prinzipien der UNO-Charta und ohne ausdrückliche Bezeichnung seines Trägers im Grundvertrag aufgeführt wird. Im Grundvertrag fehlt nicht nur jeglicher Hinweis auf den Fortbestand der deutschen Nation, sondern auch auf das deutsche Volk. In ihm ist nur noch von den „Menschen in den beiden deutschen Staaten" die Rede.

4. Die Vier-Mächte-Rechte und -Verantwortung

Vergleicht man auch hier die Regelung im Grundvertrag mit den in Kassel am 21. Mai 1970 entwickelten Vorstellungen, so hat die Bundesregierung an ihrem ursprünglichen Konzept wesentliche Abstriche vorgenommen. In Punkt 11 des Kasseler Zwanzig-Punkte-Katalogs schlug die Bundesregierung vor, daß die jeweiligen Verpflichtungen gegenüber den vier früheren Besatzungsmächten, „die auf den besonderen Rechten und Vereinbarungen dieser Mächte über Berlin und Deutschland als Ganzes beruhen", unberührt bleiben. Gemäß der in Artikel 9 des Grundvertrags verankerten „Nicht-

---
[52]) Hervorhebungen im Text.
[53]) So F. U. Fack in seinem Leitartikel in: Frankfurter Allgemeine Zeitung vom 11. November 1972 (Vgl. dazu auch oben, S. 1).

berührungsklausel" stimmen die Bundesrepublik Deutschland und die DDR darin überein, „daß durch diesen Vertrag die von ihnen früher abgeschlossenen oder sie betreffenden zweiseitigen und mehrseitigen internationalen Verträge und Vereinbarungen nicht berührt werden"[54]).

In einem Briefwechsel zu Artikel 9 des Grundvertrags teilen beide Seiten einander mit, daß das Auswärtige Amt der Bundesrepublik Deutschland den Botschaftern der drei Westmächte und das Ministerium für Auswärtige Angelegenheiten der DDR dem Botschafter der UdSSR Noten übermitteln, in denen jeweils unter Bezugnahme auf Artikel 9 des Grundvertrags festgestellt wird, „daß die Rechte und Verantwortlichkeiten der Vier Mächte und die entsprechenden diesbezüglichen vierseitigen Vereinbarungen, Beschlüsse und Praktiken durch diesen Vertrag nicht berührt werden".

Die Feststellung beider Noten entspricht der von den Botschaftern der vier Mächte in Berlin erarbeiteten Erklärung, die am Tage nach der Paraphierung des Grundvertrags veröffentlicht worden ist. Darin betonen sie, daß sie die Anträge der Bundesrepublik Deutschland und der DDR auf Mitgliedschaft in den Vereinten Nationen unterstützen werden. Außerdem stellen die vier Mächte „in diesem Zusammenhang fest, daß diese Mitgliedschaft die Rechte und Verantwortlichkeiten der vier Mächte und die bestehenden diesbezüglichen vierseitigen Regelungen, Beschlüsse und Praktiken in keiner Weise berührt"[55]).

So bedauerlich es ist, daß weder im Grundvertrag und in dem erwähnten Briefwechsel zu Artikel 9 noch in der Erklärung der vier Mächte vom 9. November 1972 das Objekt der Rechte und Verantwortlichkeiten der vier Mächte bezeichnet wird, so wenig kann der neuerdings gelegentlich vertretenen These gefolgt werden, es handle sich nur noch um „objektlose"[56]) oder um „abstrakte Rechte und Verantwortlichkeiten der Vier Mächte"[57]).

---

[54]) Vgl. dazu im einzelnen F. Klein: Juristischer Deutschlandbegriff und Vier-Mächte-Verantwortung, in: Jahrbuch der Albertus-Universität zu Königsberg/Pr., Band XXIV/1974. Berlin (Vorabdruck 33 S.); J. Hacker, a. a. O. (Anm. 18), Kapitel 16.
[55]) Vgl. „Erklärung der vier Siegermächte veröffentlicht", in: Frankfurter Allgemeine Zeitung vom 10. November 1972.
[56]) Diese These vertritt vor allem Dieter Blumenwitz, der die Bayerische Staatsregierung im Streit um den Grundvertrag vor dem Bundesverfassungsgericht vertreten hat. Vgl. D. Blumenwitz: Der Grundvertrag zwischen der Bundesrepublik Deutschland und der DDR, in: Politische Studien 1973, S. 3—10 (9 f.). Von der Reduzierung auf „ein Bündel von Interventionsrechten" spricht Blumenwitz auch in: Die Unberührtheitsklausel in der Deutschlandpolitik, in: Festschrift für Friedrich Berber zum 75. Geburtstag. Hrsg. von D. Blumenwitz und A. Randelzhofer. München-Wien 1973, S. 83—108 (108).
[57]) So lautet der Schriftsatz, den der bayerische Ministerpräsident Alfons Goppel am 18. Juni 1973 dem Bundesverfassungsgericht vorgelegt hat. Text in: Der Streit um den Grundvertrag, a. a. O. (Anm. 49), S. 159.

Die Tatsache, daß weder im Grundvertrag noch in seinen Begleitdokumenten — einschließlich der Erklärung der vier Botschafter — das Bezugsobjekt der Vier-Mächte-Rechte und -Verantwortung genannt wird, bedeutet noch nicht, daß es und damit auch der Rechtsbegriff „Deutschland" oder „Deutschland als Ganzes" zu existieren aufgehört hat. Wer so argumentiert, übersieht, daß die vier Mächte kein neues Bezugsobjekt an die Stelle des alten gesetzt haben. Es muß sich um dieses Bezugsobjekt handeln, „da schon rechtslogisch Rechte und Verantwortlichkeiten einen Bezugspunkt haben müssen und andere Rechte und Verantwortlichkeiten der Vier Alliierten als ‚in Bezug auf Deutschland als Ganzes und auf Berlin' nicht existieren"[58]).

Hinzu kommt: Würde das Bezugsobjekt der Vier-Mächte-Rechte und -Verantwortlichkeiten nicht mehr bestehen, dann wäre der Hinweis auf die früher geschlossenen Abmachungen der Alliierten — vor allem aus den Jahren 1944/45, 1955 und 1964 — ohne Sinn. Das Bundesverfassungsgericht ist dieser Argumentation und Interpretation, für die die Rechte und Verantwortlichkeiten der Vier Mächte entweder ohne Objekt oder nur noch eine Fiktion sind, nicht gefolgt. Mit Nachdruck betont es: Es wäre rechtlich die Aufgabe einer unverzichtbaren Rechtsposition, wenn die Verweisung auf die Vier-Mächte-Verantwortung für Gesamtdeutschland bedeuten würde, „künftig sei sie a l l e i n noch eine (letzte) rechtliche Klammer für die Fortexistenz Gesamtdeutschlands; verfassungsgemäß ist nur — wie es auch die Bundesregierung versteht, daß sie eine weitere Rechtsgrundlage für das Bemühen der Bundesregierung bildet, nämlich eine ‚völkerrechtliche' neben der staatsrechtlichen"[59]).

Das Bundesverfassungsgericht wertet den Grundvertrag als einen ersten Schritt „in einem längeren Prozeß, der zunächst in einer der dem Völkerrecht bekannten verschiedenen Varianten einer Konföderation endet, also ein Schritt in Richtung auf die Verwirklichung der Wiedervereinigung des deutschen Volkes in einem Staat, also auf die Reorganisation Deutschlands". Bemerkenswert ist an dieser Aussage einmal, daß das Gericht — erstmals — eine konkrete Lösung der deutschen Frage auf völkerrechtlicher Basis andeutet. Es wäre hier aber angebracht gewesen hinzuzufügen, daß es sich um ein „wiedervereinigtes Deutschland, das eine freiheitlichdemokratische

---

[58]) So H. H. Mahnke: Der Vertrag über die Grundlagen der Beziehungen zwischen der Bundesrepublik und der DDR. Anmerkungen zum Urteil des Bundesverfassungsgerichts in: Deutschland-Archiv 1973, S. 1163—1180 (1179).
[59]) Hervorhebung im Text.

Verfassung, ähnlich wie die Bundesrepublik besitzt"[60]), handeln muß. Das Bundesverfassungsgericht hat unmißverständlich klargemacht, daß es die völkerrechtliche Lösung nur neben der staatsrechtlichen gelten lassen will.

Eine staatsrechtliche Lösung der deutschen Frage erscheint nach dem Abschluß des Grundvertrags insofern nicht leicht vorstellbar, als zumindest die Elemente des „Besonderen" des Vertrags, für den, wie das Bundesverfassungsgericht selbst feststellt, die Regeln des Völkerrechts gelten, dafür keine tragfähige staatsrechtliche Basis abzugeben vermögen[61]).

---

[60]) So Artikel 7 des am 5. Mai 1955 in Kraft getretenen Deutschland-Vertrags. Text in: Die Gesamtverfassung Deutschlands. Nationale und internationale Texte zur Rechtslage Deutschlands. Bearbeitet von Dietrich Rauschning. Mit einer einleitenden Darstellung der Rechtslage Deutschlands von Herbert Krüger. Frankfurt/M.-Berlin 1963, S. 135.
[61]) Abschließend sei noch bemerkt, daß das Bundesverfassungsgericht in seinem Urteil vom 31. Juli 1973 nicht der These der Bundesregierung gefolgt ist, nach der der Grundvertrag einen „modus vivendi" schaffe. Vgl. beispielsweise die Denkschrift zum Vertrag über die Grundlagen der Beziehungen zwischen der Bundesrepublik Deutschland und der Deutschen Demokratischen Republik, in: Verträge, Abkommen und Vereinbarungen zwischen der Bundesrepublik Deutschland und der Deutschen Demokratischen Republik, a. a. O. (Anm. 39), S. 42: „Der Vertrag löst die deutsche Frage nicht, er hält sie vielmehr offen. Er regelt die Beziehungen zwischen den beiden deutschen Staaten im Sinne eines modus vivendi. Er fügt sich damit in die Verträge ein, die die Bundesrepublik Deutschland mit der Sowjetunion und Polen im Jahre 1970 geschlossen hat." Vgl. auch die Stellungnahme des Bundesministers für innerdeutsche Beziehungen, Egon Franke, zum Grundlagenvertrag am 24. November 1972, a. a. O. (Anm. 40), S. 12. Das Bundesverfassungsgericht hat dazu festgestellt: „Er ist zwar in ähnlicher Weise wie das Grundgesetz keine endgültige Lösung der deutschen Frage. Gleichwohl kann er nicht als eine bloße ‚Übergangslösung' bis zu einer späteren ‚endgültigen' Neubestimmung des Verhältnisses zwischen den beiden Staaten qualifiziert werden; er ist kein vereinbarter ‚modus vivendi', der in absehbarer Zeit durch eine andere grundsätzliche Neubestimmung des Verhältnisses zwischen diesen beiden Staaten abgelöst werden soll." Gegen die These vom „modus vivendi" hat sich auch SED-Chef Erich Honecker auf der 9. Tagung des Zentralkomitees der SED am 28. Mai 1973 gewandt: „Als definitive völkerrechtliche Regelung der Beziehungen zwischen zwei souveränen Staaten ist der Berliner Vertrag kein ‚Modus vivendi', und nach der Logik der Dinge gibt es darum auch keine ‚offene deutsche Frage'." Text der Rede in: Neues Deutschland vom 29. Mai 1973, S. 3—7 (3). Vgl. dazu auch J. Hacker, a. a. O. (Anm. 18): Schlußbemerkung.

Herbert G. Marzian

HAT DIE DEUTSCHE NATION NOCH EINE ZUKUNFT?

Ist es in unserer Gegenwart möglich, sich dem Thema von der deutschen Nation anders als in Frageform zu stellen? Sicher kann der Historiker einen bewegenden Überblick über das Werden unserer Nation durch die Jahrhunderte geben. Das Bewußtsein von ihrer geschichtlichen Größe und Rolle legitimiert das Verlangen nach ihrer Fortsetzung. Aber ganz so selbstverständlich wäre eine solche Rückerinnerung nicht, denn es fehlt an einem öffentlichen und schon gar an einem wissenschaftlichen Konsensus darüber, was deutsche Nation ist. Diese Unsicherheit ist zumindest im europäischen Vergleich eine deutsche Eigentümlichkeit.

Der Zusammenbruch und die Teilung des deutschen Nationalstaates 1945 haben die Auseinandersetzung über Anfang, Gestalt und Wert der deutschen Nation neu belebt. Meist sind es Wiederholungen alter Streitigkeiten und Argumente. Ob das Bismarckreich den Deutschen Glück oder Unglück gebracht habe, ob es Erfüllung oder Vergewaltigung deutscher Geschichte gewesen sei, dies wird ausgiebig diskutiert. Die amtliche Verlegenheit im Januar 1971 einerseits und das Interesse eines Teiles der Deutschen an jenem Gedenktag andererseits kennzeichnen die Situation. Statt eines nationalen Selbstverständnisses haben wir die richtungslose Leere einer verantwortungslosen Gesellschaft.

Das Verhältnis zur historischen deutschen Nation war gebrochen, aber das Ringen um ein neues Selbstverständnis wurde von anderen Themen überlagert und verdrängt. Der Europagedanke bestimmte und befeuerte die Geister, man sprach von dem Ziel einer „Nation Europa". Das Verlangen nach einer europäischen Gemeinschaft bedeutete Rückkehr zu einem verlorengegangenen Zustand, doch der Begriff „Nation Europa" war der weite Wurf in eine vielleicht mögliche Zukunft, der aber die historischen Nationen mit ihren natürlichen Grundlagen überflog. Wer dem Optimismus der neuen Europäer das Bedenken entgegenhielt, er mißachte die Erfahrung, daß nicht der Weitsprung, sondern der Schritt ein sicheres politisches Vorankommen gewährleiste, und daß schließlich die deutsche Nation geteilt und deshalb nicht geschlossen in das neue Europa eingebracht werden könne, der wurde rasch als „Nationalist" diffamiert. Das Reden von Europa begann das Nachdenken über unsere Nation zu ersetzen. Aber eine durch äußere Gewalt geteilte Nation ist das Prüffeld für die Wahrhaftigkeit des Anspruches eines neuen Europa, auf Freiheit und Selbstbestimmung gegründet zu sein.

Im Kern richtig war und bleibt die Auffassung, daß die Lösung der deutschen Frage wegen ihrer vielfältigen Probleme im europäischen Rahmen zu sehen und anzustreben sei. Allzu oft wirkte sich jedoch der Verweis auf Europa wie eine Tabuisierung unserer Nationalfrage aus. Der Blick in die Zukunft wurde zu einer Flucht nicht nur vor der Vergangenheit, sondern auch aus der Gegenwart.

Die jüngste Vergangenheit lag den Deutschen nach 1945 als schwere Last auf den Schultern. Aber zu lange Bußpredigten stumpfen ab und lassen die vitale Kraft eines Volkes dieser Potenz sich andere Felder der Betätigung suchen. Der verständliche Nachholbedarf nach Kriegs- und Elendszeit verlangte nach einer Befriedigung, die um so energischer angestrebt wurde, als es um Leistung auf einem so erfreulich unpolitischen Gebiet ging: Wohlstand für alle, das war ein individuelles und allgemeines Ziel, das man den Deutschen doch nicht übelnehmen konnte.

Die gewichtigen Sachgründe, welche den Auf- und Ausbau der ökonomischen Kraft Westdeutschlands erforderlich machten, dürfen sicher nicht gering geschätzt werden. Ihre Beachtung hat wesentlich zur innenpolitischen Stabilisierung mit außenpolitischer Wirkung beigetragen. Aber weil weithin allein der Wohlstand Orientierungspunkt persönlichen Strebens war, wurde es eine Stabilität, die nicht Ruhe stiftete, sondern Unruhe brachte. Es hätte keine überraschende Erfahrung sein müssen, daß satte Mägen oft neues Verlangen, Mißgunst und Neid wecken, wenn nicht ein Kanon ethischer Werte vor Egoismus und Gleichgültigkeit bewahren hilft. Der Götze Konsum zerfrißt die Gemeinschaft, läßt die Verantwortung für den Mitmenschen dahinschwinden.

Kaum verwunderlich ist der Rückschlag, den wir seit ein paar Jahren erleben. Die Konsumgesellschaft wird immer drängender nach dem Warum und Wohin befragt. Bilanzen und Bankkonten können auf die Dauer das eingeborene Bedürfnis des Menschen nach einem Selbstverständnis im übergeordneten Bezug nicht befriedigen. Überdruß und Leere ziehen als Vakuum Antworten an, die dem Bequemen als Beruhigung dienen, den Unzufriede-

---

Anmerkung: Vortrag auf der Beiratssitzung des Göttinger Arbeitskreises April 1973.

nen zum Umsturz auffordern und den Betroffenen zu Einsicht und Umkehr bringen. Der Pragmatismus des ökonomischen Aufbaus, der Technologie, der Industrialisierung reicht als Orientierungsmethode in dieser Welt nicht aus. Wer ihm doch vertrauen will, ihm sogar die Befähigung zutraut, alle Rätsel lösen und alle Probleme bewältigen zu können, der ist der gefährlichen Verführung ausgesetzt, die in der Unvollkommenheit des Menschen liegenden Grenzen des Machbaren doch noch überwinden zu wollen. Hier trifft er sich mit dem doktrinären Ideologen, der nicht seinem System die Schuld gibt, wenn es nicht funktioniert, sondern dem Menschen, den er deshalb umzuformen, einzupassen sucht. Die brutalen Methoden des frühen Bolschewismus z. B. sind heute bis zur Technik der programmierten Bewußtseinsänderung verfeinert worden.

Was hat nun diese Entwicklung, die gesteuert oder ungesteuert auf eine Zerstörung des Menschenbildes, eine Enthumanisierung unserer Welt hinausläuft, mit der Frage nach der deutschen Nation zu tun? Soll die Nation eine der Antworten auf das Vakuum des modernen Menschen sein?

Wir schrecken zurück, an die Nation im Zusammenhang mit dem gegenwärtigen Trend der Re-Ideologisierung zu denken. Die Erfahrungen seit dem 19. Jahrhundert lehren uns, welche Explosionskraft dem Nationalgedanken innewohnen kann. Der demokratische, der kulturelle, der politische, der ethnische Nationsbegriff gingen widersprüchliche und verwirrende Verbindungen ein, die Zugehörigkeit zu einer Nation wurde nach subjektiven oder objektiven Kriterien bestimmt, je nachdem, ob eine persönliche Entscheidung oder Faktoren wie Abstammung, Sprache, geographischer Raum und Kulturbereich angenommen wurden. Das Bewußtsein abendländischer Gemeinsamkeiten trat zurück, zwischen den Völkern brachen Gräben auf. Die eigene Nation wurde als Selbstzweck überhöht. Auch auf deutschem Boden rangen verschiedene Nationsbegriffe um Geltung und Verwirklichung. Während in Preußen, durch die geschichtliche Entwicklung bedingt, die persönliche Entscheidung des Bürgers unbeschadet seiner Abstammung im Vordergrund stand, bildete das sprachlich-kulturelle Band das entscheidende Element in den west- und süddeutschen Klein- und Mittelstaaten. Auch der Erste Weltkrieg, an dessen Ende die Verwirklichung der Nationalidee der kleinen Völker stand, brachte keine Klärung. In den sogenannten Nachfolgestaaten und in Polen wurde nicht das nationale Selbstbestimmungsprinzip durchgeführt, sondern auf sogenannte „historische Rechte" zurückgegriffen, welche über die jeweiligen Volksgebiete hinausgehende territoriale Ansprüche begründeten. Neue Nationalitätenstaaten entstanden, in denen ein Staatsvolk mit seiner Nationalidee die Führung beanspruchte und die Angehörigen anderen Volkstums in die Rolle von Minderheiten, d. h. minderberechtigter Gruppen, verwies. Unter Rückgriff auf manche Vorbilder prägten die autoritären und totalitären Bewegungen in Europa (Lenin, Stalin, Mussolini, Hitler, Maurras, Pilsudski u. a.) Nationsbegriffe, welche u. a. nicht einmal eine theoretische Entscheidungsfreiheit offenließen, sondern nach innen eine zwangsmäßige Integration — vor allem ideologisch, teilweise aber auch rassisch — und eine gewaltmäßige Segregation — bis zur physischen Vernichtung — forderten, sowie nach außen einen Führungs- und Vorherrschaftsanspruch erhoben.

Der Zweite Weltkrieg hat entgegen manchen Erwartungen die Frage nach der Nation nicht ausgelöscht. Die von der deutschen Kriegsherrschaft befreiten Völker sahen sich in ihrer nationalen Existenz bestätigt, das Ende der Kolonialherrschaft auf den anderen Kontinenten ließ neue Staaten entstehen, deren Bewohner danach trachten, Nationen zu werden.

Mit dem Abschied von der Nation scheint es also noch nicht so weit zu sein. Die Vorgänge in den neuen Staaten Afrikas und Asiens müssen nicht abschrecken, denn sie durchlaufen erst das Jugendalter der nationalen Entwicklung. Diese Beispiele lehren aber, daß das Verlangen nach Freiheit und Selbstbestimmung eine ungebrochene politische Kraft zur Nationswerdung ist, was logisch zumindest bedeutet, daß alte Nationen auf der Wiederherstellung ihrer Freiheit und Selbstbestimmung mit gleichem politischem Anspruch zu bestehen haben.

Mit dieser Beobachtung stimmt überein, daß der Nationsbegriff in den Mittelpunkt der neuen Deutschlandpolitik gestellt wurde. Erst später hat Bundeskanzler Brandt ihn unter den Friedensbegriff eingestuft. Zu Beginn seiner Kanzlerzeit hat Brandt eine Definition des Nationsbegriffs gegeben, nämlich am 14. Januar 1970 im Bericht zur Lage der Nation vor dem Deutschen Bundestag. Er führte aus:

„25 Jahre nach der bedingungslosen Kapitulation des Hitler-Reiches bildet der Begriff der Nation das Band um das gespaltene Deutschland. Im Begriff der Nation sind geschichtliche Wirklichkeit und politischer Wille vereint. Nation umfaßt und bedeutet mehr als gemeinsame Sprache und Kultur, als Staat und Gesellschaftsordnung. Die Nation gründet sich auf das fortdauernde Zusammengehörigkeitsgefühl der Menschen eines Volkes".

Der Bundeskanzler erklärte weiter:

„Niemand wird leugnen, daß es in diesem Sinne eine deutsche Nation gibt und geben wird, soweit wir vorauszudenken vermögen. Im übrigen: auch oder,

Hat die deutsche Nation noch eine Zukunft?

wenn man so will, selbst die DDR bekennt sich in ihrer Verfassung als Teil dieser deutschen Nation".

Auf seine historischen Wurzeln und Bezüge soll dieser Nationsbegriff hier nicht untersucht werden. Wichtig ist in diesem Zusammenhang nur, daß er als eine Vereinigung von geschichtlicher Wirklichkeit und politischem Willen verstanden wird. Während die geschichtliche Wirklichkeit — wie gemeinsame Sprache und Kultur — ein vorgegebener, allerdings auch nicht völlig unverlierbarer Zustand ist, bildet der politische Wille das bewegende, nach Geltung und Gestaltung drängende Element. Als Ziel dieses politischen Willens nannte der Bundeskanzler im weiteren Verlauf seines Berichtes die Verwirklichung der Forderung auf Selbstbestimmung für das deutsche Volk.

Das in der Berufung auf die DDR-Verfassung von 1968 liegende Angebot, zu einem geordneten Nebeneinander auf der Grundlage der e i n e n deutschen Nation zu kommen, wurde allerdings sehr bald zu einer Enttäuschung, welche für den Kenner der Entwicklung des Nationsbegriffes der SED jedoch nicht überraschend kam. In ihrer Verfassung beschrieb sich die DDR als „sozialistischer Staat deutscher Nation", eine Formulierung, in der der Akzent auf dem Adjektiv „sozialistisch" liegt. Ministerpräsident Stoph hatte auch auf den Zusammenkünften in Erfurt und Kassel im März und Mai 1970 mit aller Deutlichkeit erklärt, daß es haltlos sei, von einer „Einheit der Nation" zu sprechen oder eine „Einheit der Nation" wahren zu wollen. Er erklärte, daß die Zerstörung der Einheit der Nation durch keinerlei Begriffskonstruktionen, die eine fiktive Weiterexistenz der „Einheit der Nation" vorgäben, ungeschehen gemacht werden könne. Er wies die Argumentation des Bundeskanzlers zurück, die DDR sei ebenso wie die Bundesrepublik verfassungsmäßig an die „Einheit der Nation" gebunden, und nannte die Bundesrepublik einen vom Nationalverband abgetrennten Separatstaat, während die DDR „der sozialistische deutsche Nationalstaat" sei. Der Versuch des Bundeskanzlers, die „Einheit der Nation" nicht mehr als obersten Dachbegriff auszugeben, sondern ihn neben — wie er in Kassel ausführte — „das Bewußtsein der Verantwortung und der besonderen Entwicklung für die Sicherung und Erhaltung des Friedens und des Schutzes der Völker vor der Verletzung ihres Selbstbestimmungsrechtes" zu stellen, verfing nicht. Stoph erwiderte, daß in der DDR „die Wurzeln des Krieges ausgerottet" seien, und daß die DDR „der deutsche Friedensstaat" sei.

Die von Ministerpräsident Stoph im Frühjahr 1970 auch in das bilaterale Gespräch mit Bonn eingebrachten Auffassungen der SED über den Nationsbegriff haben inzwischen eine weitere Verschärfung erfahren. Statt vieler Belege hier nur zwei aus jüngerer Zeit: Das Politbüromitglied Albert Norden, ZK-Sekretär für Propaganda, führte in einem Vortrag vor der Parteihochschule „Karl Marx" am 3. Juli 1972 aus: „Es gibt nicht zwei Staaten einer Nation, sondern zwei Nationen in Staaten verschiedener Gesellschaftsordnung." In der DDR wachse die neue, die sozialistische Nation, während in der BRD die alte kapitalistische Nation fortbestehe. Zwischen ihnen gebe es keine Klammer. Und in einer Rede zum 125. Jahrestag der März-Revolution von 1848 nannte Norden die von Bonn propagierte „Einheit der Nation" eine „Kampfansage gegen die wahrhafte Einheit der Völker im Sozialismus". Norden erinnerte an das Kommunistische Manifest, wo es heißt, indem sich das Proletariat die politische Herrschaft erobere, erhebe es sich „zur nationalen Klasse", konstituiere es „sich selbst als Nation", die dadurch endlich frei werde von Ausbeutung, nationaler und sozialer Bedrückung und Kriegen[1]).

Auch wer sich in den Begriff einer „deutschen Kulturnation" retten möchte, weil er sicher nicht unzutreffend meint, daß das gemeinsame deutsche kulturelle Erbe, die gemeinsame Sprache trotz mancher Uminterpretationen und Veränderungen noch immer ein starkes einigendes Band bilden, der muß zur Kenntnis nehmen, daß die andere Seite auch diesen Begriff politisiert. Einer der führenden ideologischen Köpfe der SED, Prof. Kurt Hager, wandte sich im Dezember 1972 gegen die These von einer „einheitlichen Kulturnation" und der „Einheit der deutschen Kultur" und führte aus:

> „Jedoch ist es eine unbestreitbare Tatsache, daß mit dem Entstehen zweier Staaten — der DDR und der BRD — und ihren entgegengesetzten gesellschaftlichen Systemen sich auch der gegensätzliche Charakter der Kultur in der DDR und in der BRD voll herausgebildet hat. In der DDR entfaltet sich die sozialistische Kultur als die Kultur der Arbeiterklasse und der mit ihr verbündeten Klassen und Schichten des Volkes. In der BRD herrscht hingegen die von Fäulnis befallene antihumane Kultur des Imperialismus vor, mit der sich die demokratischen Kulturschaffenden im Widerstreit befinden. Es stehen sich somit heute zwei Kulturen gegenüber, die ihrem Inhalt und Klassencharakter nach unvereinbar sind".

---

[1]) Inzwischen ist mit Wirkung vom 7. Oktober 1974 jede Erwähnung der „deutschen Nation" aus der „DDR"-Verfassung gestrichen worden.

Hat die deutsche Nation noch eine Zukunft?

Man kann also nicht die deutsche Frage auf ein Ruhekissen „Kulturnation" betten und auf ihm gelassen die Entwicklung abwarten.

Die Erwartung also, auf der Grundlage einer angenommenen verbalen Übereinstimmung auch zu einer gemeinsamen Auffassung zu kommen, wurde mit einer immer schärferen Abgrenzung beantwortet. In dem Bonn-Ostberliner-Grundlagenvertrag ist der Dissens in dieser Frage dann auch ausdrücklich festgehalten worden. Als taktisches Mittel zur Verständigung ist der Nationsbegriff damit offensichtlich zumindest vorerst untauglich geworden. Mit der Nation kann man nicht wie mit einem Werkzeug umherspielen, es verlängern oder verkürzen, abstumpfen oder schleifen.

Nicht der Nationsbegriff als solcher ist gefährlich, wie manche dogmatischen Europäer nun meinen, sondern die Gefahr liegt darin, daß er als entleerte Hülse aus einer falschen, einer giftigen Flasche aufgefüllt wird. Wenn zugelassen wird, daß der Nationsbegriff immer mehr abgeflacht, ausgehöhlt wird — wie es im amtlichen Sprachgebrauch zunehmend geschieht, so daß er fast zu einem Synonym für Volk wurde —, dann mag dies der Hoffnung entspringen, die andere Seite werde von der Konfrontation in diesem wichtigen Punkt einer Deutschlandpolitik ablassen. Dagegen aber sprechen nun alle Anzeichen. Ost-Berlin ist im Hochgefühl des Erfolges seines zäh betriebenen Anerkennungsverlangens, den es wesentlich auf die ideologischen Grundlagen und Methoden seiner Politik zurückführt. Man kann sich vorstellen, daß eine drüben angestellte Lagebeurteilung zu optimistischen Ergebnissen kommt. Was übrigens auf realpolitischem Felde erwarten läßt, daß man eine durchgreifende Hinwendung zu einer kooperativen Haltung gegenüber Bonn für nicht nötig hält. Man wird bei der Taktik punktuellen Entgegenkommens bleiben, um in der Bundesrepublik keine Ernüchterung entstehen zu lassen.

Es ist deshalb dringend erforderlich, daß bei uns der politische Wille, welcher erst aus einem Volk eine Nation macht, genau und eindeutig beschrieben wird. Insofern bedarf die Definition des Bundeskanzlers vom Januar 1970 einer Ergänzung. Die Anführung nur der Selbstbestimmung reicht nicht mehr aus, sie ist doppeldeutig und läßt eine Berufung jener Kräfte auf sie zu, welche den demokratischen und sozialen Rechtsstaat des Grundgesetzes von innen und von außen umstürzen wollen.

Wir alle sind ernstlich aufgefordert, jede Manipulation mit der deutschen Nation abzuwehren. Sie darf von der Verpflichtung auf die Ideale und

Prinzipien der freiheitlichen und rechtsstaatlichen Demokratie nicht gelöst werden. Wir dürfen uns nicht einreden lassen, daß es einen besonderen „deutschen Weg" zwischen West und Ost gebe. Wohl liegt Deutschland in der Mitte Europas, das ist eine geographische Tatsache. Politisch liegt ein Teil unseres Vaterlandes, die Bundesrepublik Deutschland, aber am östlichen Rand der freien Welt. Das ist die entscheidende Tatsache, vor der es kein Ausweichen gibt. Wer immer nur vom Gegenüber zweier Gesellschaftssysteme spricht, der trägt mit oder ohne Absicht zur Verharmlosung des fundamentalen Gegensatzes zwischen Freiheit und Unfreiheit bei.

In unserem Lande wird auch Klage darüber geführt, daß in unserem Geschichtsbild die Revolutionen, Aufstände und Unruhen eine zu geringe Rolle spielen. Sicher haben Revolutionen ihren historischen Stellenwert im Werdegang einer Nation. Wer aber Revolutionen als höchsten Ausdruck der politischen Reife eines Volkes gefeiert wissen will, der bläst in das Feuer der Gewalt in unserer ohnehin schon gewalttätigen Zeit. Dem Frieden dient man aber auf dem mühseligen Weg der Reformen, auf dem man den überzeugendsten Beweis antreten kann, ein wahrer Demokrat zu sein. In unserer Situation kann aber auch nicht übersehen werden, daß, wer bei uns den revolutionären Weg lobpreist, praktisch der östlichen Ideologie die Tür öffnet. Die „sozialistische Nation" ist nicht die Gemeinschaft aller Bürger, sondern die Herrschaft einer Klasse.

In der Vergangenheit unseres Volkes und Landes gibt es eine Epoche, welche mit der unsrigen vergleichbar ist. Auch damals war ein Krieg verloren, das Land aufgeteilt vom Sieger, nur ein Teil verblieb dem Staate. Ich meine die Lage Preußens nach 1807. Damals verfiel man nicht in Apathie und Resignation. So taten sich in Königsberg einige Männer zusammen, um die Landsleute, die Mitbürger aufzurütteln. Damals schrieb Fichte:

> „Im allgemeinen aber kann man als Regel annehmen, und wird es sich im Leben und durch die Geschichte bestätigt finden, daß, je unentschlossener, mutloser, träger, kränkelnder, je mehr das Leben verträumend und für frisches Leben erstorben einzelne oder auch ganze Zeitalter waren, desto fester glaubten sie an Unglück und an ein dunkles Verhängnis, gleichsam um die Schuld ihrer heimlich gefühlten Untauglichkeit dadurch von sich selbst abzulehnen. Je kräftiger dagegen einzelne oder ganze Zeitalter in sich selbst waren, desto mehr glaubten sie an das überwiegende Vermögen tüchtiger Menschen, und hielten dafür, daß nichts unerreichbar sei dem unerschütterlichen Willen".

Hat die deutsche Nation noch eine Zukunft?

Darauf gibt es keine absolute Antwort, sondern nur eine bedingte.

Ich meine: Unsere Nation hat eine Zukunft, wenn wir sie wollen.

Mit dem Verzicht auf einen demokratischen, freiheitlichen Nationsbegriff werden wir uns nicht in eine Überwindung der Spaltung unseres Vaterlandes hineinschummeln können, sondern Einigkeit und Recht und Freiheit unwiederbringlich verlieren.

Friedrich Benninghoven

GEDANKEN HERMANN LUDWIG VON BOYENS
ZUR PREUSSISCH-POLNISCHEN FRAGE

In 51 Wochen schicken wir uns an, den 250. Geburtstag Immanuel Kants festlich zu begehen. Die Stiftung Preußischer Kulturbesitz beabsichtigt am 22. April 1974 in Berlin eine größere Kant-Ausstellung zu eröffnen. Bei den Vorbereitungen dazu habe ich auch in einem Aktenbestand geblättert, der nach abenteuerlicher Odyssee soeben wieder im Geheimen Staatsarchiv in Berlin eingetroffen war, dem Nachlaß des preußischen Heeresreformers Hermann Ludwig von Boyen. Die Papiere des Feldmarschalls bilden mit den Nachlässen Scharnhorst, Gneisenau, Winterfeldt und kleineren Aktenbeständesplittern nach der Vernichtung des Heeresarchivs den Rest der einstmals so stolzen und umfangreichen preußischen Heeresüberlieferung — noch nicht einmal ein Prozent des einst Vorhandenen.

So sei denn aus diesem Bestand, dessen Schicksal dem der sibyllinischen Bücher verglichen werden kann, etwas für den heutigen Abend ausgewählt, nämlich Aufzeichnungen Boyens, in denen sich seine wechselnde Einstellung zur schicksalhaften preußisch-polnischen Frage ebenso widerspiegelt wie die geschichtliche Entstehung des deutsch-polnischen Problems in neuerer Zeit überhaupt.

Die Berührung mit Kant ergibt sich aus Boyens Herkunft und Jugendzeit. Beide Männer waren Ostpreußen, Boyen wurde 1771 in Kreuzburg geboren, wuchs dort und in Königsberg auf, saß als junger siebzehnjähriger Offiziersschüler im Hörsaal des Philosophen und studierte später in seiner Bartensteiner Garnison einige Schriften und Grundgedanken Kants[1]). Freilich war er nicht der abstrakte Denker, der den Hauptwerken des großen

---

[1]) Der Text dieses Beitrags gibt die ungekürzte Fassung der Rede wieder, die der Verfasser zum Bohnenmahl der Gesellschaft der Freunde Kants am 27. 4. 1973 gehalten hat. Die Anmerkungen sind so knapp wie möglich gehalten, da ein Vollabdruck der beiden Aufsätze Boyens von 1830/1831 vom Vf. vorbereitet wird. — Vgl. zum Folgenden: Walther Kuhrke, Kant und Boyen (Königsberg 1929). — Ferner: Friedrich Hossbach, Einflüsse Immanuel Kants auf das Denken preußisch-deutscher Offiziere. In: Jb. d. Albertus-Univ., Bd. 4, Kitzingen 1954, S. 139—145; Friedrich Meinecke, Das Leben des Generalfeldmarschalls Hermann von Boyen. 2 Bde., Stuttgart 1896—1899. — Erinnerungen aus dem Leben des

Philosophen mit vollem Verständnis hätte folgen können, aber in anderer Weise war er ihm innerlich verwandt. Friedrich Meinecke, Boyens Biograph, hat das so ausgedrückt: „Boyen ist nicht in dem Sinne ein Schüler Kants, daß dessen System als solches die Grundlage seiner Überzeugungen wurde, sondern er war ein ihm gleichgerichteter Charakter, ebenso wie dieser von Haus aus ein Rationalist, aber bestrebt, die Herrschaft der Vernunft zu verinnerlichen"[2]).

Wie sehr sich Boyens und Kants Wesen und Haltung in den großen Zeitfragen berührten, das hat 1929 Walter Kuhrke in diesem Kreise dargelegt[3]). Das zeigt sich ebensowohl im Eintreten für die Bauernbefreiung, in der Billigung der Französischen Revolution, im Gedanken der allgemeinen Wehrpflicht, der Boyen zum Schöpfer des berühmten Wehrgesetzes von 1814 werden ließ, wie in der Betonung des Pflichtgedankens. Wenn Kant oft das Wort Virgils zitierte: „Gib dem Unglück nicht nach, sondern tritt ihm um so kühner entgegen", so war dieser Sinn auch in Hermann von Boyen lebendig, wenn er nach der Schlacht von Jena, in der er schwer verwundet wurde, und nach dem Tilsiter Frieden kräftig an der Wiederaufrichtung des gedemütigten preußischen Staates mitwirkte. Diese Haltung gipfelte in dem von Gneisenau und Boyen mitbewirkten stolzen „Bekenntnis" aus der Feder Carl von Clausewitz', „daß ein Volk nichts höher zu achten hat, als die Würde und Freiheit seines Daseins, daß es diese mit dem letzten Blutstropfen verteidigen soll, daß es keine heiligere Pflicht zu erfüllen, keinem höheren Gesetze zu gehorchen hat, daß der Schandfleck einer feigen Unterwerfung nie zu verwischen ist, daß dieser Gifttropfen in dem Blute eines Volkes in die Nachkommenschaft übergeht und die Kraft später Geschlechter lähmen und untergraben wird..."[4]). Dieses am Vorabend des napoleonischen Feldzugs von 1812 niedergeschriebene Bekenntnis wurde in den Tagen verfaßt, als Boyen und Clausewitz wegen des preußischen Bündnisses mit Frankreich die preußischen Dienste verließen.

Die geistigen Umrisse von Boyens Persönlichkeit können hier nur kurz angedeutet werden, sie wären aber unvollständig ohne einen Blick auf die

---

General-Feldmarschalls Hermann von Boyen. Aus seinem Nachlaß im Auftrag der Familie herausgegeben von Friedrich Nippold. Teil 1—3, Leipzig 1889—1890. — Friedrich Meinecke, Drei Denkschriften Boyens über Polen und Südpreußen aus den Jahren 1794 und 1795. In: Zeitschr. d. histor. Gesellschaft f. d. Provinz Posen, hrsg. v. Rodgero Prümers. 8. Jg., Posen 1893, S. 307—318. — Auf die Literatur zur preußisch-polnischen Frage kann hier nur ganz allgemein verwiesen werden, insbesondere die bei Horst Jablonowski, Die preußische Polenpolitik von 1815—1914, Würzburg 1964 zitierten deutschen und polnischen Arbeiten.
[2]) Meinecke, Boyen 1, S. 88.
[3]) Vgl. Anm. 1.
[4]) Carl von Clausewitz, Politische Schriften und Briefe. Hrsg. v. Hans Rothfels, München 1922, S. 85. — Dazu Meinecke, Boyen 1, S. 224.

Prägung durch das Elternhaus. In ihm war eine Religiosität lebendig, wie sie im preußischen Offizierskorps der friderizianischen Zeit nichts Ungewöhnliches war, nach Meineckes Urteil nicht im Sinn eines blanken, rationalistischen Deismus, sondern einer schlichteren, einfacheren Art des Christentums, die auch nicht pietistisch genannt werden kann. „Ihre Hauptgedanken" sagt Meinecke, „sind das kindliche, gläubige Vertrauen auf Gott und seinen Sohn, die Hoffnung auf die Ewigkeit und die sittliche Durchdringung des Lebenswandels. Sie verabscheut Heuchelei und Scheinwesen, lehrt zugleich freimütig und streng gegen sich selbst zu sein und erfaßt die Pflichten der Nächstenliebe in warmer Herzensgesinnung"[5]). Vergegenwärtigen wir uns schließlich noch, daß dieser Offizier bestrebt war, die kriegerische Kraft seines Berufsstandes stets mit der Bildung geistiger Aufklärung zu verschmelzen, daß nach seinem Ziel Heer und Staatsbürgertum einander durchdringen sollten, daß er bei aller Liebe zu Geselligkeit und Witz ein einfaches, arbeitsames Leben dem schwelgenden Luxus vorzog, so sind damit die zur Einführung nötigen Umrisse seines Wesens gezeichnet, die an dieser Stelle genügen müssen.

Boyen betrat Polen 1794 als junger Offizier nach der zweiten polnischen Teilung, als der Kościuszko-Aufstand ausgebrochen war. Er nahm an den preußischen Operationen am Narew teil und rückte nach der dritten und abschließenden Teilung 1795 mit in das zu Preußen geschlagene sogenannte Neuostpreußen ein, d. h. das alte Masowien, das westliche Litauen und den Bezirk von Bialystok. So lernte er die alte polnische Adelsrepublik in der Stunde ihres tiefsten inneren und äußeren Verfalles kennen. Diese Eindrücke waren für sein Polenbild bestimmend und spiegeln sich noch in seinen Erinnerungen wider, die er in gesetzterem Alter niederschrieb. Zwar erschien ihm der Führer des Aufstandes, Kościuszko, als ein „sehr edler Mann", einer, wie Boyen schreibt, „von den wenigen Polen, die ohne Neben-Absicht sich der Sache seines zertrümmerten Vaterlandes widmeten"[6]), aber schon beim ersten Auftrag in Mlawa bereitete dem Preußen seine, wie er es nennt, „Unbekanntschaft mit den inneren polnischen Einrichtungen eine augenblickliche Selbsttäuschung". Er hatte Befehl, im Ort den Präsidenten gefangen zu nehmen, den ein Pole als Anhänger des Aufstandes angezeigt hatte. Zu seiner Überraschung wurde er nach Aufstellung von Postenketten vor dem Haus des Präsidenten, nach seinen eigenen Worten, endlich „komisch enttäuscht, als diese geglaubte wichtige Person sich in einen alten, zerlumpt gekleideten Kerl verwandelte, der eben in

---

[5]) Meinecke, Boyen 1, S. 12.
[6]) Erinnerungen 1, S. 34.

seinem Laden aus einer großen Tonne stinkende Heringe verkaufte, wobei ich denn noch nachträglich zu meiner Belehrung erfuhr, daß im kleinsten polnischen Städtchen, welches oft keinen Vergleich mit einem deutschen Dorfe aushält, der Vorsteher jedesmal den Titel ‚Präsident' führe"[7]).

Waren es besonders „die Menge wechselseitiger Angebereien"[8]) der polnischen Bewohner, welche auf Boyen den ungünstigsten Eindruck machen mußten, so dürfen wir nicht vergessen, daß er dies mit dem Blick des Besatzungsoffiziers betrachtete. Wer das Problem von Besatzung und Kollaboration aus den Erfahrungen des 20. Jahrhunderts auch nur flüchtig kennt, wird die Polen von 1794 milder beurteilen. Gewichtiger war das, was der junge Offizier mit sicherem Blick über die Stände im besetzten Masowien beobachtete. Vom verarmten Kleinadel waren einige den Aufständischen zugezogen, die eigentlichen Gutsbesitzer dagegen fast alle auf ihren Besitzungen geblieben, ihre Frauen dagegen bekannten offen ihre Sympathie mit den Aufständischen, „und ich bin überzeugt", fügte Boyen hinzu, „daß die ruhiger gesinnten Eheherren von ihnen deswegen manche Gardinenpredigt anhören mußten"[9]). Den armen Bauernstand hingegen sah der Preuße in einer „im höchsten Grade traurigen Lage", so daß die Bauern die Ankunft der Besatzung mit Hoffnungen begrüßten; das änderte sich erst durch die geforderten Lieferungen für die Armee. Treffend bemerkt Boyen auch das Fehlen des Bürgertums: „Einen Bürgerstand nach deutschem Begriff gab es in keiner der von uns besetzten Städte und ... eigentlich in ganz Polen nicht." Es gab nur wenige Wohlhabende. Die Juden, ein großer Teil der städtischen Bewohner, hielt sich aus Klugheit zu den Preußen, „und der übrige Teil, der die schlechten Hütten, welche man Städte nannte, bewohnte, stand dem Bauernstande in seinen Sitten und Gewohnheiten sehr nahe..."[10]). Boyen vermißte einen eigentlichen Bürgersinn, der alle Bewohner des Ortes verband, wie er das aus Preußen kannte. Warschau, Wilna und Krakau bildeten allerdings Ausnahmen von dieser Charakterisierung.

Durch farbige Erlebnisse versteht Boyen dieses allgemein gehaltene Bild noch auszumalen: „In Grodno", sagt er, „dieser berühmten Stadt des Sarmatischen Reichs, standen auf dem Markt, vielleicht seit einem Jahrhundert, ohne Dach und Fenster die Umfassungs-Mauer eines großen Palastes. Hinter den Fensteröffnungen dieses Gebäudes im unteren Stock

---
[7]) Ebd. S. 36.
[8]) Ebd. S. 36.
[9]) Ebd. S. 38.
[10]) Ebd. S. 38—39.

hatten sich Judenfamilien kleine Hütten angebaut und trieben hier ihr geschäftiges Leben. Unter der Regierung des Königs Stanislaus war ferner eine neue Vorstadt erbaut. Wenn man in die Straße, welche sie bildete, eintrat, so erblickte man eine ziemliche Reihe von ganz hübschen Giebelhäusern; sah man aber näher zu, so waren nur diese Giebel massiv aufgeführt und hinten an diese nur elende Hütten angeklebt, so daß diese ganze Anlage in echt polnischem Charakter bloß auf äußeres Prunken berechnet war"[11]).

Bei den Gerichten sah der Preuße Korruption: Die Beredsamkeit der Advokaten gehörte nicht der Unschuld, sondern den Bestzahlenden. Bei den Quartalsgerichten wurden die ärmeren Prozeßparteien durch Tricks der Richter und Advokaten geprellt. Boyen gedenkt allerdings auch einiger ehrenvoller Ausnahmen, so des Präsidenten des Appellationsgerichts, v. Frankowski, eines der achtenswertesten Männer, die er, nicht nur in Polen, kennengelernt habe.

Als verantwortlich für den unglücklichen Zustand Polens, innen wie außen, bezeichnet Boyen seine adligen polnischen Standesgenossen. Mit dieser Beurteilung stand er auch im damaligen Europa keineswegs allein. Hören wir ihn wieder selbst:

„Es ist nicht zu leugnen, daß der polnische Adel größtenteils sehr gute körperliche und auch bis zu einem gewissen Punkt geistige Anlagen hat. Seine Erziehung, oder was man so nennt, erhält ihm wenigstens einen gesunden Körper, er ist ein dreister Reiter, lebhaften, aufgeweckten Geistes; alles Erlernen, bei dem von Nachahmen, nicht selbst Schaffen, die Rede ist, gelingt ihm gewöhnlich gut, und so kann er sich z. B. fremde Sprachen sehr aneignen. Durch keinen Zwang der bürgerlichen Ordnung in seiner Heimat gefesselt, entstehen seine Entschlüsse nur immer in der ersten Aufwallung, er ist in dieser großer Opfer, kühner Taten fähig; sowie dies erste Feuer aber verraucht ist, handelt derselbe nur, und oft auf eine unwürdige Art, nach seinen Privatinteressen. Gewöhnt, alles durch Gewalt von seinen Untertanen zu erzwingen, hat sich bei ihm, den ersten Moment abgerechnet, das Gefühl des Mitleidens und der Dankbarkeit nur sehr wenig entwickelt. Wenn seine Regierungen oder seine Vorgesetzten ihn höflich behandeln, hält er dies größtenteils für Schwäche. Der Mangel eines gebildeten Bürgerstandes, dessen geistige Kraft ihm etwas Achtung abgenötigt hätte, bildet bei ihm einen beinahe erblichen Übermut und einen sehr bemerklichen Mangel alles Sinnes für Gehorsam und bürgerliche Ord-

---

[11]) Ebd. S. 91.

nung aus, und doch sind diese in der Regel so stolzen und übermütigen Leute da, wo ihre Interessen es zu erheischen scheinen, einer Kriecherei fähig (was sie dann Klugheit nennen), von der der Deutsche keinen Begriff hat"[12]).

Hätte Boyen die Erfahrungen des 20. Jahrhunderts besessen, würde er dies letzte kaum so verallgemeinernd geschrieben haben, aber seine Erinnerungen beweisen, daß er auch in seiner Zeit durchaus unerfreuliche Charaktere unter den p r e u ß i s c h e n Offizieren beobachten konnte, freilich als Ausnahmen[13]). Mit Erstaunen aber beobachtete er im Vorzimmer seines Generals einen angesehenen Polen, den Starosten von Rożan, der „den Stern des polnischen Ordens trug und noch obenein das Band desselben in großem Kostüm um seine Schultern gehangen hatte, und in diesem Galaanzuge" dem alten Bedienten des Generals buchstäblich die Hand küßte und Geld anbot, nur um in seiner schwebenden Streitsache früher als sein Gegner den General sprechen zu können. Ein anderer Pole bekannte ihm offen, er wäre lieber russisch als preußisch geworden, und auf die Frage nach dem Grunde: „Ja, ihr nehmt euch der Bauern zu sehr an, bei den Russen werde ich zwar zuweilen mißhandelt, aber dafür kann ich mit meinen Untertanen machen, was ich will"[14]. Wie ein solches Verhalten auf den 25jährigen Leutnant wirkte, kann man sich unschwer vorstellen, vernichtend ist denn auch Boyens Urteil über die politische Leitung des polnischen Adels: „... die polnische Nation hatte ihren Untergang schon selbst und schon lange herbeigeführt; sie ist an der Adelssouveränität (die ebensogut eine pestartige Krankheit wie die Volkssouveränität ist) natürlichen Todes verblichen." Das schließt sein menschliches Mitgefühl mit diesem Unglück Polens nicht aus, wenn er schreibt: „Daß der Pole selbst, wenn auch allein durch seine Schuld sein Vaterland zertrümmert war, doch auf dieses Ereignis mit tiefem Schmerz blickt, wer könnte ihm dies verargen"[15])? Schließlich hinterließ auch die Begegnung des jungen Boyen mit der polnischen Geistlichkeit bei ihm einige Zweifel, die freilich nicht ohne eine heitere Note blieben. So schildert er z. B. einmal, wie er eines Tages bei der Landesaufnahme vorübergehend in einige ledige Zellen des Kapuzinerklosters in Stregocin einquartiert wurde. Von einem Hund im Klosterhof gebissen, verlangte er das Tier zu erschießen und versetzte in gereizter Stimmung einem Mönch, der über ihn zu lachen und sich ihm zu widersetzen schien, eine Ohrfeige. Es kam indessen zu Verhandlungen, und Boyen wurde vom

---

[12]) Ebd. S. 96.
[13]) Ebd. S. 72.
[14]) Ebd. S. 96—97.
[15]) Ebd. S. 95, 93.

Pater Prior mit zwei Mönchen zur Versöhnung zu einem Abendessen in seine Zelle gebeten. „Der Wein", schreibt er dazu, „machte uns vertraulich, und nun nahm der ehrwürdige Prior ein ziemlich großes Kaminbrett weg, um mir hier einen vollständigen Destillierapparat zu zeigen, auf dem er unbemerkt für sich und seine Vertrauten alle möglichen Liköre zu verfertigen imstande sei. Diesmal wurde er indes nicht dazu benutzt, sondern ein ganz stattlicher Punsch bereitet, bei dessen langem Genuß der Leutnant beinahe das Aufnehmen und die unter strenger Ordensregel lebenden Bettelmönche ihre Horas versäumt hätten"[16]).

Wir haben damit hinreichend bei solchen frühen polnischen Eindrücken Boyens verweilt, sie sind indessen bedeutsam genug, denn sie dürften von weiten Kreisen des damaligen Preußen — und auch anderer Länder — geteilt worden sein. Wir wissen nicht, ob Boyen sich 1794 dessen erinnerte, was Kant in seiner Anthropologie-Vorlesung unter anderem vom damaligen Polen gesagt hatte, daß es nämlich eins jener Länder sei, die eine natürliche Unfähigkeit hätten, gesetzmäßig regiert zu werden[17]). Die anarchischen Zustände des unglücklichen Landes vor den Teilungen, die blutigen Aufstände, Konföderationen, Parteikämpfe und ausländischen Einmischungen in dem schwachen Staat haben sicher zu diesem Urteil geführt.

Wenden wir uns nun den eigentlichen politischen Gedanken Boyens über das preußisch-polnische Verhältnis zu, so finden wir sie hauptsächlich in fünf Denkschriften oder Aufsätzen, wie er sie nennt. Die Denkschriften sind, soweit zu ermitteln, nicht zu amtlichem Zweck verwendet worden; einmal sagt Boyen selbst, er schreibe als Privatmann, er behält der Regierung die höhere Einsicht vor. Zudem sind die drei kleinen Aufsätze von 1794 und 1795 unvollendet, diese hat Meinecke vor 80 Jahren abgedruckt, die beiden jüngeren, längeren von 1830 und 1831 hingegen nicht[18]). Diese hat die Forschung gelegentlich benutzt, aber offenbar nicht ediert. Es mag zunächst überraschen, daß der Leutnant Boyen im Winter 1794, als er zahlreiche der geschilderten Erfahrungen schon gesammelt hatte, in seinem ersten Aufsatz „Ansichten über Polen" der Tendenz einer weiteren Teilung dieses Landes nachdrücklich entgegentrat. Soeben war der polnische Aufstand von den Russen niedergeschlagen worden, hatte Warschau kapituliert,

---

[16]) Ebd. S. 100—102.
[17]) Vgl. Kurt Forstreuter, Kant und die Völker Osteuropas. In: Jahrb. d. Albertus-Universität zu Königsberg, Bd. 8, Würzb. 1958, S. 116, gestützt auf die Akademie-Ausgabe der Werke Kants, Bd. 15 (1913), S. 595 f.
[18]) Meinecke, Drei Denkschriften (vgl. Anm. 1). Geheimes Staatsarchiv Preußischer Kulturbesitz (weiterhin gekürzt GStA), Rep. 92 Nachlaß Boyen, Paket 1, II Nr. 13, Blatt 15—38, 40—55.

schickten sich die Mächte an, über das Schicksal des gebeugten Landes zu beraten. Welches sind nun Boyens Argumente bei seiner Verteidigung der Unabhängigkeit Polens? Er stellt die Frage „zu welcher Höhe das polnische Reich hätte steigen können, und ob diese dem preußischen Staat so sehr gefährlich hätte werden können"[19]. Im Vordergrund steht also seine Sorge um Preußen, die Staatsräson. Polen ist nach seiner Ansicht schwach, weil seine Volksmenge und sein Reichtum nicht im rechten Verhältnis zu seiner Fläche ständen. Diese Einsicht hatte er offensichtlich aus seinen Erlebnissen gewonnen, aber auch wirtschaftlich-statistische Kenntnisse mögen mitsprechen, die er sich als Hörer des Königsberger Professors Kraus, eines Freundes Kants, erworben hatte. Preußen würde, wenn es nicht gerade anfange stillzustehen, seinen wirtschaftlichen Abstand von Polen immer aufrechterhalten. Zudem müsse Polen seine Rohstoffe, Getreide und Holz, wegen des natürlichen Laufs der Wasserwege immer auf Weichsel und Memel über Preußen ausführen, auch wären Rußland und Ungarn dafür gar keine Abnehmer. Gehe der Export aber durch Preußen, so werde auch der Einfuhrhandel den preußischen Kaufleuten bleiben. Er vergleicht diese Schlüsselstellung Preußens mit der niederländischen gegenüber den Rheinlanden, nur mit dem Unterschied, daß „Preußen", wie er sagt, „aber durch seine Größe, musterhafte Verfassung, innere Stärke immer gegen Polen als der großmütig freundschaftliche Versorger erscheinen wird". Eine Gefahr bestehe also von Polen her nicht. Ganz anders bei einer Teilung. Petersburg und Wien würden dann durch Manufakturen und Zollmauern alle diejenigen Kräfte der Wirtschaft an sich ziehen, die bislang nach Preußen strömten. Ein ungeteiltes Polen in Allianz mit Rußland gegen Preußen sei auch nicht so unvorteilhaft. „Der gewöhnliche Gemeinplatz ist", so führt er aus, „man bedenke die offene Lage der preußischen Grenzen von Lublinitz bis Memel." Aber sie bliebe ja auch bei einer Teilung ohne Festungen und Gebirge gegen die stärkeren Russen schwerer zu verteidigen als gegen die Polen. Die russische Armee sieht er in einem Rußland verbündeten Polen durch Rücksichtnahmen in ihren Operationen und Verpflegungsmöglichkeiten gehemmt. Die Preußen könnten auch, würden sie von Polen angegriffen, rasch durch Einnahme Warschaus das Zentrum des Nachbarlandes ausschalten. Hier bricht der Aufsatz ab.

Im zweiten Fragment über die Entstehung der polnischen Revolution lobt Boyen den freilich mißlungenen Versuch Polens, mit der Verfassung von 1791 Reformen zu bewirken[20]. Uneinigkeit im Inneren und die Übermacht

---
[19] Drei Denkschriften S. 308—312.
[20] Ebd. S. 313—316.

Rußlands und Preußens hätten zum Scheitern geführt, nach der zweiten Teilung sei der Rest der Republik faktisch eine russische Provinz geworden, in der der russische Gesandte regiere. Mit der Auflösung der polnischen Armee und der Abschaffung ihres Militärordens sei dann die Kränkung des polnischen Ehrgefühls eingetreten, die zum Aufstand geführt habe. „Vergebens", sagt Boyen, „hat der polnische Krieger sein Leben zur Erlangung dieses Ordens gewagt, er mußte es dahingeben und in dem Augenblick stillschweigend gestehen, nicht dem Staate, sondern einer Räuberbande gedient zu haben. Ehre, Überzeugung, Vaterlandsliebe, alles wurde durch diese Maßregel gekränkt." Hier fühlt man nicht nur die Achtung des preußischen Soldaten für seinen zeitweiligen Gegner, sondern auch ein warmes menschliches Mitgefühl für die vom Unglück Getroffenen. Die weiteren Einzelheiten des Fragments können hier übergangen werden. Fest steht somit, daß der junge Boyen trotz seines Erstaunens über die inneren Zustände in Nordpolen der polnischen Sache zu dieser Zeit nicht ohne Sympathie gegenüberstand.

Im dritten unvollendeten Aufsatz endlich, im Juni 1795 kurz vor der im Oktober erfolgten endgültigen dritten Teilung (sie war damals schon beschlossene Sache), hat er sich mit dem neuen staatsrechtlichen Zustand vertraut gemacht und denkt darüber nach, wie das neueroberte Gebiet zu gewinnen sei[21]). Am Anfang muß für ihn das Studieren der Sitten und Gebräuche der neuen Untertanen stehen. Ein Mißgriff wäre die „Begierde, auf das Baldigste die neue Provinz mit der alten auf einen Leisten zu haben". Das würde nur zur inneren Abwendung oder zur Revolution führen. Ein gutes Mittel zur Gewinnung, und dies kennzeichnet seine jugendliche Unerfahrenheit, sieht er in der Schaffung einer Anzahl von Orden und Titeln ohne große Verbindlichkeiten. „Der eingegangene Pour la générosité schiene mir hierzu sehr dienlich, nur würde ich ihn in zwei Klassen teilen, wo die letzteren noch einen größeren Stern zu erwarten hätten, damit ihr Ehrgeiz immer in reger Erwartung bliebe. Zwei kreuzweis gestickte Schlüssel von der linken zur rechten Seite an einem Bande getragen, könnten dem Kammerherrn auch nicht schaden..." und so weiter. Die armen Edelleute des Kleinadels, die der neuen Verfassung am meisten widerstreben, weil sie nun keine Geldunterstützung der Reichen mehr erhalten und keine Exzesse mehr begehen dürfen, soll man bei der Armee verwenden. Da sie zu preußischen Offizieren zu ungebildet sind, möchte sie Boyen vorerst in Bosniakeneskadronen allmählich an Disziplin gewöhnen.

---

[21]) Ebd. S. 316—318.

Gedanken Hermann Ludwig von Boyens zur preußisch-polnischen Frage

Eingeborene Edelleute, die außer Landes wollen, soll man ziehen lassen, fremde aber beim Ankauf befördern. Hier taucht ein Gedanke auf, den wir später noch in anderer Form wiederfinden werden, den Adel durch Auswanderung zu vermindern. „Der Edelmann", sagt Boyen schon hier, „gehört in keinem Reich zur wahren Volksmenge, die nur aus den Bauern besteht." Und „Schulen und der verbesserte Zustand des gemeinen Mannes werden nur der Provinz den wahren Flor geben; jedoch muß man sehr gradatim gehn, da das Volk noch über jeden Begriff zurück ist". Dabei muß man „ihren übrigen aus der vorigen Verfassung mitgebrachten Schwachheiten sehr durch die Finger sehn; ein in Südpreußen in den Kopf geschlagenes Loch ist sicher nicht so hoch anzurechnen, als in den anderen Provinzen. Verbesserungen lassen sich nicht erzwingen und reifen nur durch Generationen. Bis dahin also", schließt Boyen, „bis die Zeit diese wohltätigen Veränderungen hervorbringt, muß man warten und sich damit trösten, daß es in mancher militärischen Hinsicht gut ist, minder cultivierte Grenzprovinzen zu haben". Was wir hier an seinen Gedanken bemerken, sind die schwachen Umrisse von Prinzipien, wie sie später tatsächlich in der preußischen Polenpolitik angewendet wurden. Noch ist dies ganze Boyensche Denken weitgehend frei von Überlegungen über die Sprachunterschiede, hie deutsch, hie polnisch, noch sinnt er nicht über die Frage nach, was Nationalität sei, er denkt rein territorial und etatistisch, es liegt ihm an der Hebung der zerrütteten wirtschaftlich-sozialen Zustände der polnischen Landesteile und an der Verbreitung von geordnetem Recht und Disziplin.

Eine ganz andere Einstellung sollte sich dann 35 Jahre später zeigen. Erinnern wir uns kurz, was indessen vor sich gegangen war. Der friderizianische Staat war 1806 zusammengebrochen und hatte dabei auch seine Erwerbungen aus den polnischen Teilungen größtenteils eingebüßt. Die Französische Revolution und Napoleon hatten Europa verändert, und das französische Kaiserreich war der Gegenwirkung der Mächte erlegen. An den inneren Reformen Preußens hatte Boyen mitgewirkt, er war der Schöpfer der allgemeinen Wehrpflicht, der Landwehr und der Verfechter des Volkskrieges gegen Napoleon, er hatte sich 1813 bei Großgörschen, Dennewitz, Leipzig und in Holland auch an der Front betätigt. Der Wiener Kongreß hatte das unter Napoleon als Herzogtum Warschau wiedererstehende Polen zum viertenmal geteilt, dafür aber den Namen Polen für den russisch verwalteten Teil wieder aufleben lassen. Dieser erhielt eine eigene Verfassung, ein Heer und die Aussicht auf Vergrößerung nach Osten. 1819 hatte Boyen vor dem Drängen der Reaktion in Preußen seinen Abschied als Kriegsminister genommen und lebte seitdem als Privatmann in Berlin. Die 1815 an Preußen gefallene Provinz Posen behielt im Rahmen des Staates eine Sonderstellung als Großherzogtum mit eigenem Statthalter. Da brach im Gefolge der Julirevolution in Frankreich und Belgien im November 1830 auch im russischen Kongreßpolen der Aufstand aus.

Durch ihn sind Boyens zwei letzte Denkschriften veranlaßt. Erschreckt durch die möglichen Folgerungen für den preußischen Staat, dem er sich durch Herkunft und Lebenswerk verbunden fühlte, griff er noch einmal in dieser Sache, die er auch zwischendurch nie ganz aus den Augen verloren hatte, als innerlich beteiligter Privatmann zur Feder. Eine unmittelbare Wirkung scheint diese Schrift nicht ausgeübt zu haben, sie zeigt aber die geistigen Strömungen der Zeit und Boyens Versuche, zur Lösung andrängender Fragen beizutragen, so anschaulich, daß es sich lohnt, den Inhalt ausführlicher wiederzugeben[22]).

Wir werden an Kant gemahnt, wenn wir sehen, wie Boyen die Frage des Verhältnisses von Staat und Moral an den Anfang stellt.

Wie Kant sieht Boyen, daß in der Welt der Staaten nie ein höherer Gerichtshof die Streitigkeiten entscheiden kann. Aber dem praktischen Staatsmann war die Kantsche Forderung daraus, einen Völkerbund zu schaffen, fremd; er zieht sich auf den gängigen Unterschied von Staatsmoral und Privatmoral zurück, beide wandeln in verschiedenen Bahnen.

Die von den aufständischen Polen erhobene Forderung nach Wiederherstellung der polnischen Nation als selbständigen Staat löst bei Boyen die Grundfrage aus: „Ist die Erhaltung der Nationalität eines Volkes ein so unwandelbares Recht, daß dasselbe unter allen Bedingungen anerkannt werden muß oder gewinnt eine Nationalität den Rechtsanspruch auf Selbständigkeit nur durch eine Reihe von Bedingungen, welche sie pünktlich zu erfüllen suchen muß?" Nehme man ein u n b e d i n g t e s Recht an, so gerate man in Widerspruch zur Vorsehung, sagt Boyen und verweist auf das Schicksal der Römer, Griechen, Juden, deren Nationen untergegangen seien, während sich andere wie Spanier, Engländer, Franzosen, Ungarn aus Trümmern älterer Nationen neu gebildet hätten. Welches sind aber die B e d i n g u n g e n des Rechts der Nation auf Selbständigkeit? Boyen findet sie in der Fähigkeit, sich physisch und moralisch zu behaupten. „Deshalb muß sie die nötige Summe der Kriegskraft, der inneren Entwicklung haben, um den Anforderungen der Zeit zu genügen." „Jede zurückgebliebene innere Entwicklung eines Landes untergräbt nicht allein

---

[22]) GStA, Rep. 92 Nachl. Boyen (vgl. Anm. 18).

dessen Selbständigkeit, sonderen sie wirkt auch feindlich und dadurch hemmend auf die Nachbarstaaten." Boyen kann sich also Nationen nicht ohne Staat denken, geht dieser unter, so ist auch die Nationalität von dem, wie er sagt, „unaufhaltsamen Gang der Weltregierung" zum Untergang verurteilt, neue Staaten und Nationen entstehen aus den Trümmern. Zur Ausführung dieses Gedankens gibt er einen Exkurs der polnischen Geschichte, aus dem hier nur festzuhalten ist, daß Boyen in jedem Staat und jeder Nation, entsprechend seinem Vorsehungsgedanken, auch einen Zweck im geschichtlichen Plan erblicken wollte: so s o l l t e Polen nach seiner Auffassung Europa vor dem einst noch fremden Rußland bewahren und den sinkenden byzantinischen Thron gegen neue Mächte stützen. Diese Aufgabe habe es schlecht erfüllt! Ein zügelloser Adel habe durch Einführung der schlechtesten aller Regierungsformen, ein königliches Wahlreich, den Untergang Polens herbeigeführt. Schon 1709 sieht er Sarmatien für aufgelöst an, es ist der Beginn des russischen Einflusses. Polen, Österreich und Frankreich hätten durch ihr „unzweckmäßiges" Benehmen die russische Macht nach Mitteleuropa gebracht, nach Danzig, an den Rhein; Deutschland habe dadurch Lothringen verloren. „Und doch, sagt Boyen, verlangt man jetzt, daß Preußen diese ihm fremden Fehler durch Gefährdung seiner Existenz wieder gutmachen soll. Er verweist auf den Siebenjährigen Krieg, in dem Polen durch selbstverschuldete Ohnmacht russisches Quartier und Magazin gegen Preußen geworden sei, nach 1763 zunehmend eine russische Provinz. Preußen sei aus Gründen der Staatsmoral gezwungen gewesen, an die eigene Erhaltung zu denken, die Teilungen seien zwangsläufig Folge der Ohnmacht Polens gewesen. Auch 1830 wertet Boyen noch Kościuszko als edlen Mann, sieht aber nunmehr in ihm mehr den unrealistischen Schwärmer, der am Widerstand des Adels gegen Reformen zugunsten des kleinen Mannes scheiterte. Auch hier bekundet er noch das Mitleid mit den schmerzlichen Empfindungen der Polen, aber er bemerkt nach drei Jahrzehnten auch den Gewinn, den die neuen Regierungen dem Volk des geteilten Staates gebracht hätten, „... denn", so sagt er, „daß überall der innere Zustand ... sich gegen die frühere Anarchie zu verbessern anfing, dies dürfte schwer abzuleugnen sein und wird auch selbst von vorurteilsfreien Polen zugestanden"[23]).

Napoleon habe die Polen nur für seine Zwecke benutzt, ohne ihre Einheit wiederherzustellen. 1813 hätte der russische Sieger das Land unterworfen. Damit kommt für Boyen das Moment des Eides ins Spiel, den er

---

[23]) Ebd. Blatt 23 b.

höher stellt als die Nationalität. Er sagt: „Wer keinen Widerstand mehr leisten kann oder will, wer sich im Gegenteil unterwirft, geht zur Erhaltung seines Lebens einen feierlichen Vertrag ein, den ein ehrlicher Mann halten muß, auch wenn er keinen Eid deshalb ausgesprochen hätte." Kaiser Alexander habe ein neues Königreich Polen gebildet, er und Preußen hätten jedem Eingeborenen eine Frist zur Auswanderung und zum Verkauf seines Besitzes zugebilligt. Hier sei eine neue Verpflichtung für jeden Bewohner entstanden, „die keine Sophistik wegzubringen vermag: Wer seiner persönlichen Interessen wegen bei der ihm gelassenen Wahl sich für einen Aufenthalt bestimmt und dadurch einer Regierung unterwirft, dieser bekommt dadurch ebenso heilige Verpflichtungen für dieselbe, als wenn sie ein Erbteil von 20 Generationen wären. Niemals kann eine nationale Vorliebe über die Heiligkeit solcher Eide herrschen, und wer sie ohne Veranlassung bricht, beschmutzt ebensosehr sein Gewissen wie seine Ehre"[24]).

Der polnische Adel habe „leider viel zu oft mit Eiden gespielt, sie wohl als Täuschungsmittel, nicht als sittliche Bürgschaften betrachtet und bis jetzt keine einzige durch die Geschichte bestätigte Garantie gegeben, daß er selbständig zu sein verdiene". Dies Verhalten werde durch russische Mißgriffe und das nicht eingelöste Versprechen Alexanders einer Erweiterung Polens nicht gerechtfertigt[25]).

Der öffentlichen Meinung in West- und Mitteleuropa, die sich mehr für als gegen Polen erklärte, maß Boyen demgegenüber weniger Wert bei. „Im allgemeinen", so schreibt er, „berücksichtigt die öffentliche Meinung den Eindruck des Augenblicks, als daß sie sich zur Ergründung der Veranlassungen die Mühe gibt; wenn daher von einem Unglück, besonders von einer Unterdrückung die Rede ist, so nimmt sie die Klagen für bares Geld; Gutmütigkeit und Eile übersehen die Handlungen, die den Unfall erzeugten." Hinzu komme Frankreich, das durch das Geschrei über die Ungerechtigkeit der polnischen Teilungen den Blick von s e i n e n Handlungen ablenken wolle. „Daß Franzosen derartige Ansichten förderten", überlegt er, „mag nicht befremden, aber in vielfacher Hinsicht ist es traurig, wenn Deutsche ungeprüft so etwas nacherzählen; es beweist nur, daß unsere Gauen reicher an juristisch gewissenhaften Leuten als an Staatsmännern sind"[26]).

Was aber wird geschehen, wenn das Königreich Polen von Rußland unabhängig wird? Zunächst erwartet Boyen ein Sinken des polnischen Wohlstands, weil bisher das gesamte zivile Aufkommen „eigentlich nur zu

---
[24]) Blatt 24 b.
[25]) Bl. 25 b.
[26]) Bl. 26.

Landesverbesserungen angewendet wurde", und weil Rußland Polen für die neuen Fabrikerzeugnisse (die Industrie war im Aufbau) seinen großen Markt geöffnet hatte.

Für Preußen aber würde Polen kein nützlicher Verbündeter sein, eine völlige Abkehr Boyens von seinen Ansichten von 1794! Abgesehen davon, daß im Norden Rußland doch direkter Nachbar bliebe, Polen würde unverweilt nach den preußischen Seeküsten trachten. Es müßte nur allein die Ostsee zum Entwicklungsziel haben und auf dieses mit ungeteilter Kraft wirken, denn „welcher Besitz ist für einen Thron in Warschau lockender, Wilna oder Danzig"[27])? Rußland habe hingegen auch das Schwarze Meer und den Kaukasus zum Entwicklungsziel. Ein selbständiges Polen aber in den damaligen Grenzen zu erhalten, „welche Bürgschaften gibt uns die polnische Geschichte", ruft Boyen, „der polnische Charakter zu dieser friedlichen Aussicht?" Er verweist auf den Aufstand von Warschau 1794 mit Grausamkeiten gegen die Russen und auf die gegenwärtige blutige Empörung, in der die Polen, uneingedenk der Wohltaten des ihnen errichteten Wohlstandes, die Eidschwüre von sich geworfen hätten, „als wenn das Gewissen ein wechselndes Kleidungsstück sei".

Den damals erwogenen Gedanken, Preußen solle Sachsen gegen Posen tauschen, verwirft Boyen. An keinem Punkt dürfe man Polen näher an die Seeküste rücken lassen, auch werde eine Macht von 5 Millionen Menschen im Besitz Posens in einem möglichen Krieg mit Österreich durch rückwärtige Bedrohung Schlesiens gefährlich, ebenso bei einem Angriff Frankreichs. „Posen aufzugeben ist ebensoviel, als wenn man die Kurtine zwischen zwei Bollwerken [nämlich Ostpreußen und Schlesien] dem Feinde einräumt!!"[28])

Soll man nicht aber, angesichts des zu erwartenden polnischen Nationalwiderstandes lieber doch die ganze Sache aufgeben? Boyen glaubt, dieser Widerstand werde nur vom Adel, wenigen begünstigten Bürgern und dem Pöbel der großen Städte getragen; diese Sozialgruppen schätzt er auf bestenfalls 10 Prozent der Bevölkerung, also 400 000 von 4 000 000. Er rechnet auf die Bauern; werden ihnen auch im russischen Polen wie in Preußen vernünftige Befreiungen zuteil, so wird man sie schon bloß aus dem Standpunkt der Menschlichkeit gewinnen. Diese Einstellung war damals nicht ganz unbegründet, weil eine Bauernbefreiung im Russischen Reich noch nicht eingeführt war, während in Posen, wo es sie gab, die Masse der Bauern dem Aufstand fernblieb.

---
[27]) Bl. 27 b.
[28]) Bl. 30.

Daß Rußland den Aufstand nicht mit allen Kräften bekämpfen sollte, hält der preußische Beobachter für undenkbar. „Man kann sehr liberale Gesinnungen haben", sagt er, „und deswegen doch vor den Folgen, welche unausbleiblich aus der Annahme eines solchen Prinzips entstehen müßten, erschrecken."

Eine Intervention Frankreichs befürchtet Boyen nicht, Preußen habe jetzt klugerweise auch in Frankreich nicht interveniert, hier spürt man wieder seine Sympathie für die Französische Revolution aus der Jugendzeit, und wolle Frankreich von Preußen das Recht der Nichtintervention fordern, so „wäre dies der erste offene Schritt zur Beherrschung und völligen Umwälzung von Europa". Überdies habe Preußen Pflichten der Dankbarkeit gegen Rußland seit 1807 und 1813.

Bei Betrachtung der Ziele Preußens stellt Boyen wieder die Staatsräson an die Spitze. Wie ist Preußen entstanden? Weil „das Deutsche Reich und Polen in sich zerfallen waren und das Zeitbedürfnis deshalb das Aufbauen eines neuen selbständigen Staates auf deutschen und polnischen Trümmern forderte, der zugleich der Schutz der protestantisch-evangelischen Kirche auf dem Kontinent werden sollte . . .". Eine Wiederherstellung Deutschlands oder Polens nach altem Umfang ist deshalb der preußischen Existenz zuwider. Spätestens hier wird klar, daß Boyens Nationalgefühl ein staatlich-preußisches, nicht ein deutsches im Sinne der Sprach- und Kulturnation war. Als Staat geringeren Umfangs müsse Preußen jeden Machtzuwachs der größeren Staaten durch angemessenen eigenen Erwerb ausgleichen. Da zwischen Staaten der gesetzliche Schutz fehle, könne man nicht die Privatmoral zum Maßstab machen. Hier wendet er sich ganz von den Forderungen Kants in der Schrift zum ewigen Frieden ab, aber auch Kant hatte diese ja als Bedingungen aufgestellt, im vollen Bewußtsein dessen, daß die Wirklichkeit einstweilen noch völlig anders aussehe. Unmoralisch sei eine Staatsmacht aber, wenn sie, so Boyen, über ihr Bedürfnis erwerbe, oder wenn die Provinzen schlecht verwaltet und im Zivilisationsstand herabgedrückt würden. — Wieder macht sich das Pflichtgefühl bei ihm bemerkbar, ja es wird in friderizianischer Weise zum Zweck des Staatslebens erhoben, bei den Staaten sei „weder Krieg noch Friede ihr Zweck, sondern nur das beharrliche Bestreben, sich auf der von der Vorsehung ihnen vorgeschriebenen Bahn zu entwickeln". Gerade dieser teleologische Gedanke, der aus der Aufklärung stammt, wird uns heute nicht befriedigen können, da die Ziele der Vorsehung im Staatsleben dem Menschen unerforschlich sind. — Nun geht Boyen zur Betrachtung der politisch-militärischen Lage Preußens über. Es verdankt nach seiner Ansicht den größten Teil seiner Selbständigkeit der Seeküste von Swinemünde bis Memel, „kein Binnenland könnte ihm diese ersetzen, da nur durch eine Seeküste der Einfluß auf England und alle kommerziellen Nationen erzeugt wird"[29]). Dieser Lebensnerv sei bedroht durch die ungünstige preußische Ostgrenze, die geringe Tiefe des Landes, die geringere preußische Bewohnerzahl an den Mündungen der Weichsel und Memel im Verhältnis zur Bevölkerung des zentralen polnischen Gebiets im Stromhinterland. Dies dränge zur Eroberung der Mündungen, auch behindere die gegenwärtige Grenze den Verkehr zwischen Oberschlesien und Ostpreußen. Daher gehe die preußische Tendenz auf eine Grenze wie die von 1795. Die Westgrenze Preußens hält er hingegen für gut und sicher. Die Teilung des Landes in zwei räumlich getrennte Hälften (Rheinland-Westfalen und Ostelbien) dränge Preußen unaufhörlich zu engeren Handels- und Militärverbindungen mit den dazwischen liegenden Kleinstaaten Sachsen, Anhalt, Schwarzburg, Reuß, Hessen, Nassau, Waldeck. Sie müßten so fest abgeschlossen werden, daß sie nicht durch die Launen eines Ministers oder die einseitige Ansicht des Bundestages in Frankfurt gelöst werden könnten. Hier ist bereits in Umrissen die Schöpfung des Norddeutschen Bundes Bismarcks vorweggenommen, denn Boyen fordert für Preußen mit diesen Kleinstaaten gemeinsame Zoll-, Steuer- und Militärgesetze, eine Gesetzkommission zumal für Münze, Maß und Gewicht und einen Obersten Gerichtshof. Die fürstlichen Rechte sollen dabei durch eine in altdeutschem Geiste geschlossene Erbverbindung aller verbündeten Fürstenhäuser mit Sukzessionsvorteilen befriedigt werden. Dies könne wohl nur g e g e n Österreich und Frankreich geschehen, und so kommt Boyen auf „den Ausspruch des großen Friedrichs: Daß Rußland unser nützlichster Alliierter sei". Diese Gedanken eine Generation vor 1866 zeugen von beachtlichem Weitblick[30]).

Weniger scharfblickend war hingegen seine Unterschätzung der nationalen Bewegung, die damals doch schon in Griechenland, Italien, Frankreich und Polen sich zeigte, von Deutschland einmal abgesehen.

Für Polen schlägt er daher vor: Abschaffung des Namens, Auflösung der Armee und Verkleinerung des Territoriums des russischen Königreichs Polen, dessen Provinzen in mehrere kleine Staaten mit eigener Verfassung umgebildet werden sollten. Warschau möchte er durch Sondersteuern nach und nach verkleinern, den Führern des Aufruhrs unter den Gutsbesitzern „einen entfernten Aufenthalt in Rußland" angewiesen sehen. In Deutsch-

---

[29]) Bl. 35 b.
[30]) Bl. 36—37 a.

land sollen entsprechend dem österreichischen, süddeutschen, mitteldeutschen und hannoverschen Interesse vier Kreise gebildet werden und sich dann als Bundesmächte vereinigen[31]).

Nach der Denkschrift von 1830 kam es erst zur vollen Ausbreitung des polnischen Aufstandes, der nach Litauen und Wolhynien ausgriff. Die Stimmung auch in Berlin veränderte sich, schon sprach man von Abtretung der ältesten Provinzen Preußens, und dies wohl vor allem hat Boyen 1831 noch einmal zur Feder greifen lassen[32]). Verschiedene Gedanken des vorhergehenden Aufsatzes wurden jetzt von ihm variiert. Da nun auch England die Polen moralisch unterstützte, suchte er die Motive zu ergründen. Die Forderung der englischen Flugblätter, man müsse „die kolossale Übermacht Rußlands wiederum zurückdrücken und Europa sich zu diesem löblichen Zwecke wiederum vereinigen", ließ ihn fragen, „woher denn diese große Furcht ... aus einem Inselstaate kommt, zu dem doch fürs erste die Kosaken und Baschkiren nicht hinschwimmen können", und so erblickte er hier „einen der Spießbürgerpolitik des Kontinents hingeworfenen Köder, der eigentliche englische Grund ist: der Neid über die mögliche Entwicklung der russischen Marine, zu dem durch Zerstörung der russischen Kräfte der Kontinent gegen sein wirkliches Interesse und nur zum Vorteil Englands mitwirken soll"[33]). Das „aus London erhobene Angstgeschrei gegen den russischen Koloß" werde „von den deutschen Journalpolitikern gläubig aufgenommen". Die gegenwärtige Stimmung in Berlin sei den Polen viel günstiger als den Russen, und zwar einmal wegen „irriger Ansicht über den Umfang der russischen Streitkräfte", sodann „aus gereiztem Gefühl". „Es ist nicht zu leugnen", sagt der preußische General, „daß oft junge Reisende aus jenem Lande durch etwas Unbesonnenheit und Übermut das einheimische Nationalgefühl verletzen, es lebt in der Erinnerung des Volkes manches harte Benehmen der russischen Einquartierung, und viele, sowohl Militär- als Zivileinrichtungen Rußlands, erscheinen auf unserem durch die Weise unserer Regierung vorgeschrittenen Standpunkt mit Recht verwerflich, und so hat sich aus allen Gründen bei uns (besonders in Berlin) eine Abneigung gegen Rußland in der öffentlichen Meinung erzeugt..." Aber: Dies kann nicht über den Vorteil einer Staatsverbindung entscheiden, die nach besonnenem Abwägen dessen geschlossen werden muß, was dem Staate wahrhaft nützlich ist. Schneidend fügt er hinzu, „daß die Politik eines Kaffeehauses gewöhnlich dem letzten Sieger recht gibt, und daß da,

---
[31]) Bl. 37 b—38.
[32]) Bl. 40—55. Vgl. J. Müller, Die Polen in der öffentlichen Meinung Deutschlands 1830 bis 1832, Marburg 1923.
[33]) Bl. 40—41.

wo von fremder Unterdrückung die Rede ist, die öffentliche Meinung, weil es ihr für den Augenblick nichts kostet, ohne weitere Untersuchung gewöhnlich sehr großmütig tut..."[34]).

„Die sehr originelle Versicherung der Polenfreunde, daß dies neue Reich ... fortdauernd mit Preußen in Frieden leben würde, ... wird ... durch das Benehmen eines großen Teiles des Adels in Posen und leider auch Westpreußen widerlegt. Die polnische Tendenz spricht nicht allein von dem Wiedergewinn der Ostseeküsten, nein, sie sagt auch ganz unverhohlen, daß Schlesien ehedem eine polnische Provinz war"[35]).

Ein selbständiges Polen werde bei der Kriegslust jenes Volkes 200 000 Mann Frankreich und zuweilen auch England zur Verfügung stellen, „einen vollständigen Ersatz für die sonst von ihm gemieteten' deutschen Kontingente". Das Argument, daß doch wohl die drei Mächte Rußland, Österreich und Preußen imstande seien, die Polen nach deren Unabhängigkeit in ihren Grenzen zu halten, veranlaßt Boyen zu der Frage: „Ist es nicht einer der sonderbarsten logischen Schlüsse, daß man sich vors erste einen Gegner neu schaffen und hinterher, ihn zu bekämpfen, zusammentreten solle"[36])?

Von Rußland befürchtete er für Preußen hingegen nichts, Österreich müsse einer Unterjochung Preußens durch Rußland mit aller Kraft entgegentreten, „Eroberungen aber, die Polen von Preußen machen könnte, kann Österreich nicht allein sehr gelassen zusehen, sondern sich in gewisser Beziehung wohl gar darüber freuen". Er erwägt, mit Rußland eine günstigere „nasse" Grenze Preußens auszuhandeln, die westlicher verlaufen solle als die von 1795, wohl aber an Memel, Narew, Weichsel, Bzura und Pilica. Hierfür sind für ihn zwei militärische Gründe maßgebend. Der Widerspruch zwischen dem Erwerb weiterer polnischer Landstriche für Preußen und dem unruhigen Charakter der polnischen Nation ist ihm selbst aufgegangen. Aber im Sinne des alten Staates rechnet er mit dem „Einfluß für die kommende Zeit", mit der „gerechten und väterlichen Behandlung" der neuen Untertanen. Der polnische Bauer sei nicht unempfänglich für eine menschliche Behandlung, und hier schlägt bei Boyen, wie schon immer seit seinen ersten politischen Gedanken, das Herz für die breiten Schichten des Volkes. Das vortreffliche Gesetz über die Verleihung von Eigentum an die Bauern soll daher in Posen noch 1831 voll durchgeführt werden. Die zur Revolution übergelaufenen Gutsbesitzer aus Posen (es waren einige hundert) könnten zwar durch Konfiskation der Güter bestraft werden,

---
[34]) Bl. 42—43.
[35]) Bl. 44.
[36]) Bl. 45—47.

aber Boyen schwebt ein milderes Verfahren vor, der Verkauf ihrer Besitzungen und anschließende Landesverweisung. Der Verkauf soll zum gerechten Preis nach der landwirtschaftlichen Taxe vorgenommen werden, gegebenenfalls durch treuhänderische Einschaltung der Seehandlung und Verzinsung zu 3 Prozent. Auf so gewonnenen Gütern könnten durch Vererbpachtungen recht viele deutsche Kolonisten angesetzt werden; man sieht die Vorwegnahme späterer Versuche preußischer Polenpolitik, die jetzt noch nicht zum Tragen kamen. Durch diese gesamte Politik wollte Boyen, wie er ausdrücklich hervorhebt, Adel und Bauern trennen. An Vertreibungen von Bevölkerungsteilen hat er hingegen niemals gedacht, dies hätte seiner rechtlich denkenden Natur zutiefst widersprochen. Die Schulen sollten zweisprachig bleiben, die Beamten Polnisch lernen[37]).

Wenn wir zurückblicken, so sind diese Denkschriften auch nach 140 Jahren noch von einer fast beklemmenden Aktualität. In ihnen spiegelt sich das Entstehen des neuzeitlichen deutsch-polnischen Verhältnisses ebenso wider wie bestimmte machtpolitische Grundstrukturen Europas, die wie auf geheimnisvolle Art bis in unsere Zeit fortwirken. Man sieht aus diesen Papieren heute ebenso das Wetterleuchten der Zukunft wie eine Unterschätzung der heraufziehenden geschichtlichen Kräfte des 19. und 20. Jahrhunderts.

Im Jahre 1812, als Boyen durch das österreichisch regierte Galizien im Auftrag der preußischen Regierung nach Rußland reiste, hatte er in einem Lemberger Kaffeehaus ein Erlebnis, mit dem ich schließen möchte. An zwei langen Tischreihen saßen auf der linken Seite die Zivilisten, meist Polen, an der rechten Tischreihe die Offiziere, meist Österreicher. Da er nicht Uniform trug, setzte er sich an einen der Tische der Polen und vernahm nun bald deren lauter werdende Gespräche, die die Hoffnungen einer baldigen polnischen Wiedervereinigung aussprachen und so wenig Schmeichelhaftes über Österreich so laut äußerten, daß es die Offiziere hören mußten. Später hatte Boyen mit den Offizieren ein freundliches Gespräch. Auf ihre Frage, warum sie den Vorfall schweigend ertragen hätten, sagte ihm ein Major: „Das können wir halt nicht ändern, sie sind uns zu stark"[38])! Diese Beharrlichkeit ihres Eintritts für ihre Sache, auch ohne eine eigene Staatsmacht im Rücken zu haben, gereicht den Polen von 1812 zu hoher Ehre.

---

[37]) Bl. 47 b—55. Vgl. dazu das eigenhändige Konzept von Boyens Brief an den Fürsten Wilhelm Radziwill von [1837 Januar]. 8 Seiten Folio, GStA, Rep. 92 Nachl. Boyen, Paket 1, II Nr. 13, Bl. 7, 11—13.
[38]) Erinnerungen 2, S. 209.

Gedanken Hermann Ludwig von Boyens zur preußisch-polnischen Frage

„Das können wir halt nicht ändern, sie sind uns zu stark!" Wird auch über uns einmal ein fremder Beobachter so urteilen? Die Antwort auf diese Frage, die auch von unserem Willen abhängt, hält uns die Zukunft verhüllt. Man mag Hermann von Boyen unterschiedlich beurteilen, seine historische Leistung anerkennen, seine zeitbedingten Vorstellungen kritisieren — auch er war ein Mensch mit seinem Widerspruch. Stets aber hat er bei aller Pflicht am Staat die Pflicht am Menschen für unabdingbar gehalten, hierin wieder in Übereinstimmung mit seinem Lehrer aus frühen Jahren: Immanuel Kant.

Herbert Meinhard Mühlpfordt

KÖNIGSBERG ALS RESIDENZSTADT IN DEN JAHREN 1806—09*)

Nach der Katastrophe von Jena und Auerstedt sah sich der Hof genötigt, in den Osten des Staats auszuweichen. Am 17. Oktober 1806 nachmittags verließen die Königlichen Kinder auf Veranlassung des Gouverneurs von Berlin, Grafen Schulenburg-Kehnert, die Stadt und eilten über Eberswalde, Stettin, Köslin, Stolp, Danzig, wo sie acht Tage blieben, Elbing, Frauenburg, Braunsberg nach Königsberg. Am Montag, dem 3. November, betraten sie in Frauenburg zuerst ostpreußischen Boden. Delbrück schreibt:

„Endlich wurde die Stadt[1]) sichtbar. Wie wenig reizend! Die Einfahrt, wie verschieden von dem Einzuge in Danzig! — Jedoch je tiefer hinein, desto heiterer und freundlicher.

Im Schlosse empfing uns der President, G. FR. v. Auerswald[2]), ein Mann, der die Biederkeit vor sich her trägt und auch den tiefsten Schmerz über die Welthändel. Er wieß uns unsere Zimmer an. — GL. v. Courbière[3]) machte seine Aufwartung. Auch diese beyden Männer klagten über gänzlichen Mangel an Nachrichten. Rücksprache mit Auerswald über die weitere Flucht nach Memel...

Einem schon gestern gefaßten Entschlusse gemäß wurde der Schloßthurm bestiegen. Welch' entzückende Aussicht über die Stadt hin! Es war ein

---

*) Nach Friedrich Delbrück: „Die Jugend Friedrich Wilhelms IV. und Wilhelms I., Tagebuchblätter ihres Erziehers", mitgeteilt von Georg Schuster. Berlin 1907.
[1]) Königsberg.
[2]) Geh. Finanzrat v. Auerswald, Präsident der ostpreußischen Kriegs- und Domänen-Kammer in Königsberg. — Hans Jacob v. A., geb. Plauth 25. 7. 1757, 1808 Geh. Staatsrat und Oberpräsident von Ost- und Westpreußen. In diesem Amte hatte A. hervorragenden Anteil an der Stein-Hardenbergschen Reform. 1811 Landhofmeister, 1813 berief er ohne königliche Genehmigung den Landtag ein, der den Beginn des Befreiungskampfes beschloß. 1824 schied A. aus dem Staatsdienst und starb zu Königsberg am 3. 6. 1833.
[3]) Guillaume René Baron de l'Homme Seigneur de Courbière, geboren Maastricht 23. 2. 1733. 1787 Generalleutnant. In den Kriegen gegen die französische Republik zeichnete sich C. mehrfach aus und wurde 1803 Gouverneur von Graudenz. 1806 befehligte er die ostpreußischen Heimattruppen und kam im November nach Graudenz, wo die Truppenreste sich sammelten und auch der König 14 Tage lang war. Die heldenmütige Verteidigung dieser Festung im Jahre 1807 trug ihm nach dem Tilsiter Frieden die Würde eines Feldmarschalls und Gouverneurs von Westpreußen ein. Er starb am 23. 7. 1811.

heiterer Himmel, und nach der Mittagsseite zu machte der überall aufsteigende Rauch einen malerischen Eindruck. Beym Hinaufsteigen wurde der Moßkowiter-Saal besucht, beym Herabsteigen die Schloßkirche. In beyden machten die Spuren der Krönungsfeierlichkeiten einen furchtbaren Eindruck, wie das Erbleichen und Verscheiden eines großen Mannes. — Wir fuhren zur Domkirche in 2 Wagen. Unter einer großen Menge von Zuschauern traten wir hinein. Ein feyerliches Spiel der Orgel empfing uns; die Prediger der Kirche boten sich zu führen an, aber hätten wir den Baczko[4]) nicht gehabt, wir würden das Wissenwürdigste nicht erfahren haben. In dem hohen Chore bestiegen sämtliche Kinder das Grabmal Albrechts und seiner Gemahlin[5]). Das Monument Kospoths[6]) ist von Seiten der Kunst unstreitig das Beste; weniger gut ist das von Wallroden[7]). Dieses Mannes Bibliothek[8]) unterhielt uns lange; insonderheit Luthers und Melanchthons Mcpte; ingleichen der Sicherheitsbrief für Luther von Carl V.[9]) und letztern Schreiben. Der Andrang der Menge war so groß; wir alle kehrten befriedigt zurück.

Montag 10. XI. Wir gingen zu Fuß nach dem Poetengange[10]); sahen bey dieser Gelegenheit einen Theil der Stadt, den Mechanismus eines Krahns, das große Weinlager des Herrn Scheres[11]), worin unter andern ein Faß ist, das 100 Oxhoft[12]) enthalten kann. Ein Stadtrath leitete uns.

Dienstag 11. XI. Wir fuhren um 9 Uhr im halben Wagen nach Juditten, fünf Mann stark. Richters[13]) Gespann von Schimmeln brachte uns hin. Der Weg nach Juditten hat eine ungehinderte Aussicht über weite Flächen.

---

[4]) „Versuch einer Geschichte und Beschreibung Königsbergs", 2. Aufl. Kgb. 1804.
[5]) Hier liegen Albrecht Herzog in Preußen und seine erste Gemahlin Dorothea nebst fünf kleinverstorbenen Kindern und der überlebenden? Tochter Anna Sophie in einer Tumba begraben.
[6]) Johann v. Kospoth, Ober-Reg.Rat und Kanzler d. Herzogt. Preußen, * 15. 4. 1601, † 20. 10. 1665 in Königsberg. Sein Grabmal wurde von Michael Doebel d. Ä. und seinen Söhnen Johann Michael d. J. und Johann Christoph 1663—64 geschaffen. Es stellt ihn schlafend dar.
[7]) Gemeint ist das Grabmal des Landhofmeisters Johann Ernst v. Wallenrodt, * Tapiau 23. 1. 1615, † Kgb. 21. 3. 1697, aus schwarzem Marmor und Alabaster, holländische Arbeit, 1698 aufgestellt. Das des Vaters Martin v. W., Kanzler, war ein Epitaph von Holz von 1632 und viel bescheidener.
[8]) Martin v. W. hinterließ eine aus etwa 3000 Bänden bestehende Büchersammlung, die von seinem Sohn mit „Büchern, Schaumünzen und Antiquitäten" noch vermehrt und seit 1650 im Dom aufbewahrt wurde.
[9]) Seit 1924 im Königsberger Schloßmuseum im ehemaligen Ordensarchiv ausgestellt.
[10]) Der Poetensteig war ein angeblich nach Simon Dach benannter, mit Bäumen besetzter Damm, der sich hinter den Gärten des Nassen Gartens westlich der Berliner Chaussee nordwärts zum Pregel hinzog und am Festungswall den Philosophendamm traf.
[11]) Commerzienrat Scherres, Königsberger Kaufherr.
[12]) 1 Oxhoft = 200 l.
[13]) Johann Christoph Richter, 1768—1853, Königsberger Weingroßhändler.

Um 10 Uhr waren wir vor Richters Landhaus[14]), das in der Nähe eines anmuthigen Wäldchens[15]) liegt. Ein Chinesisches Haus mit Carousel und einem Balkon, von welchem man mittelst eines Perspectivs Aussicht hat 6 Meilen in die Weite. Außer Richter waren da ein Schwager Toussaint[16]), Hr. Krause[16]), Hr. Collin[16]) und andre. Nach einem Frühstück zu Herrn Krause gewandert. Ein Hurrah empfing uns von einem in Mitte des Hofes errichteten Mastbaume, auf welchem 6—8 Matrosen in Strickleitern hingen. Krausens zwey Schwestern machten freundliche Wirthinnen. Die Prinzen hingen bald in dem Takelwerke. — Gang zur Kirche[17]).

Mittwoch 12. XI. Aus dem Besuche des Waisenhaus[18]) wurde nichts, weil die Masern da sind. Leider haben wir sie unter Dach und Fach by Auerswald; deshalb begannen heute Räucherungen mit Weinessig.

Wanderung durch einen Theil der sehr schmutzigen Stadt nach dem Butterberge. Gang über den Wall bis zur Wache[19]), wo ein Rudel fremder Unteroffiziere stand. Längs dem Pregel. Mancherley Schiffe; eine Dampfmaschine, dem Holze Formen zu geben[20]). Packhofs-Speicher. Wohl beschmutzt kamen wir nach 1 Uhr zurück.

Von 3—4 Uhr die Schloßbibliothek[21]) besucht. Die Kammer-Bibliothek des Markgrafen Albrecht[21]) steht noch ziemlich abgesondert. Silberbibliothek[22]) Mscpt. von 8 Briefen Friedrichs an Fuquet[23]). Ich nahm mit: Oeuvres de Voltaire T. VII, IX u. XIV. Die Prinzen die beyden Bände, worin der Leichenzug des großen Churfürsten abgebildet ist.

---

[14]) Louisenthal. Es lag zu unserer Zeit der Endstation der Elektrischen Bahn gegenüber.
[15]) Juditter Stadtwald (Theodor-Krohne-Wäldchen).
[16]) Königsberger Kaufherren. Collin war Königsbergs erster Stadtverordnetenvorsteher.
[17]) Die Juditter Kirche ist die älteste des Samlandes, 1276—94 erbaut. Unter Hochmeister Conrad v. Jungingen war sie ein berühmter Wallfahrtsort. Wertvolle gotische Innenausstattung.
[18]) Von König Friedrich I. am 18. 1. 1701 gestiftet, von Joachim Schultheiß v. Unfried am Sackheimer Tor erbaut.
[19]) Am Holländer-Baumtor.
[20]) Diese Dampfmaschine muß eine der allerersten in Königsberg gewesen sein; schade, daß D. nicht die Firma nennt.
[21]) Herzog Albrecht besaß eine Privatbücherei: die Kammerbibliothek. 1529 gründete er mit Hilfe von Crotus Rubeanus die Schloßbibliothek, die er 1540 zur allgemeinen Benutzung freigab. 1583 wurden beide Bibliotheken vereinigt: Herzogliche und Universitätsbibliothek.
[22]) Die sog. „Silberbibliothek" des Herzogs Albrecht (richtiger der zweiten Gemahlin, Herzogin Anna Maria) in der Königlichen und Universitäts-Bibliothek zu Kgb. umfaßte 20, mit silbernen Einbänden versehene Werke. „Diese Einbände erregen unsere Bewunderung wegen ihrer Pracht und Kostbarkeit und des ornamentalen Geschicks, das sich an ihnen kund tut". (Ehrenberg). Die Silberbibliothek war seit 1924 im Schloßmuseum (im Turm des Kürschners) ausgestellt — heute verschollen.
[23]) Heinrich August Baron de la Motte Fouqué, geb. 4. 4. 1689 im Haag, wurde militärischer Gesellschafter des Kronprinzen Friedrich (II.), der dem ritterlichen und befähigten Offizier seine Zuneigung schenkte. 1759 General der Infanterie, starb er am 3. 5. 1774 zu Brandenburg a. d. H.

Donnerstag 13. XI. Um 12 Uhr gings in die Bernsteinfabrik des Müller[24]). Wir sahen nichts als ein kleines Warenlager auf einem Tische ausgebreitet. Der weiße Bernstein ist der beste. Am meisten verkauft wird der gelbeste, besonders Halsketten, die namentlich der Bauer sehr liebt. Unverarbeitet wird viel nach der Türkey verhandelt zum Räuchern in den Moscheen an heiligen Tagen. Die Fischerey geht ununterbrochen fort; die Zeit der Stürme ist die ergiebigste.

Sonnabend 15. XI. Die Muße wurde lehrreich ausgefüllt. Um halb 12 Uhr führte uns der Stadtrath Bertram[25]) in das Altstädtische Rathhaus. Gervais[26]), Frey[27]) und Lilienthal[28]) Rathsstube. Gemälde der Ahnherrn des Hauses[29]); der edle Markgraf Albrecht — Stuckatur-Arbeit. Seitentür zu einer Seitentreppe in Form eines Schrankes; ehemals zur Zeit der Russen[30]) ein Ausweg für die gefangenen Rathsherren. Verhörstube der Polizey. Archiv. Waaren-Niederlage von Eisen, meist Schwedischem; von Hanf und Talg, beydes Russische. Es wird hier gereinigt und künstlich gepackt. Heringe, Schwedische, wie sie gebracht werden. Pottasche. Theer, wie er angebohrt wird. In der Niederlage Nr. 4 ein Frühstück. Die verdammten Marzipane. — Der unbeschreibliche Schmutz auf den Straßen machte diese Wanderungen etwas beschwerlich.

Zimmer, wo Friedrich I.[31]) geboren ist; eine wahre Krippe Jesu im Vergleich mit den Wochenstuben heutiger Zeit. Gang dahin, das Gemäuer und sonstige Umgebung widrig. Ich ließ beyde Prinzen allein und besuchte den Professor Baczko, den blinden Historiker[32]). Er weiß viel und spricht gut und belehrend. Zu dem neuesten Bande der Geschichte Preussens[33]) bis 1703 hat er Materialien. Weiter will er vor der Hand nicht gehn. Er wird

---

[24]) Königsberger Kaufmann.
[25]) Karl Friedrich Bertram (1758—1842).
[26]) Bernhard Conrad Ludwig Gervais (1760—1829) war 1796—1809 Königsbergs Stadtpräsident.
[27]) Johann Gottfried Frey (1762—1831) war damals Polizey-Director.
[28]) Erster Polizey-Burgemeister.
[29]) D. meint die Gemälde Herzog Albrechts, Albrecht Friedrichs, Georg Friedrichs, der Herzoginnen und der Kurfürsten Joachim Friedrich, Johann Sigismund und Georg Wilhelm, die Caspar Stein nebst den Bildern Stephan Bathorys und Sigismund III. von Polen als im alten Rathause hängend aufzählt, und die ins jetzige Rathaus übernommen waren.
[30]) 1758—62.
[31]) Friedrich I., * 11. 7. 1657 zu Königsberg, seit 9. 5. 1688 Herrscher, † 25. 2. 1713 in Berlin, wurde nicht, wie man damals glaubte, hier, sondern daneben im „Brautzimmer" des gotischen „Kornhauses" geboren.
[32]) Ludwig v. Baczko, * Lyck 8. 6. 1756, erblindete als Student, 1799 Professor der Artl.-Akademie Königsberg, † Königsberg 27. 3. 1823.
[33]) „Gesch. Preußens", 1. u. 2. Teil Kgb. (Hartung), 1792—93. 3.—6. Teil Kgb. (Nicolovius) 1794—1800.

den Hausbedarf von Mangelsdorf[34]) fortsetzen, wenn anders der Buchhandel nicht eine empfindliche Schlappe leidet durch Umwälzung. Ein gewisser Pokellius, Musiker, auch blind, der aber auf hartem Holze ein Alphabet und Zahlen geschnitten hat, wird mit ihm ein Institut für Blinde errichten. Auch er hält das Lesen nicht für wesentlich, das Schreiben für gut in Hinsicht auf Gerichtsangelegenheiten. Er gab mir ein Buch statistischen Inhalts[35]), das er geschrieben. — Baczko selbst hat eine ansehnliche Sammlung von Bernstein gehabt. Er hält ihn für ein Harz.

Montag 8. XII. In den Stunden von 3—4 Uhr geleitete uns Nicolovius[36]) in die akademischen Gebäude, in das Albertinum. Kants Büste im Hörsaal ist jetzt dem Muthwillen der Cadets, welche daselbst speisen, einquartiert in Albertino, Preis gegeben. Die Buben spielen ihm auf der Nase. Des großen Mannes Grabstätte kaum bekannt; ein fremder Leichenstein liegt auf seinen Gebeinen unter einem Wuste von Holzspänen[37]). Der Kr. Pr.[38]) war empfänglich für den Gedanken, dem großen Manne einen Stein in seinem Nahmen zu setzen. Die Gebäude[39]) selbst sind widrig durch Unsauberkeit. Im Senatszimmer ist es vor Gestank kaum auszuhalten.

Sonntag 21. XII. Fahrt nach dem Steindammer-Thor[40]) und Gang über den Wall bis zum Holsteinschen Damm. Herrliche, heitre, selbst liebliche Luft. Nach Tisch Fahrt nach dem Philosophen Gange[41]). Um 5 Uhr zum Kriegsrath Scheffner, dessen Bekanntschaft ich längst zu machen gewünscht hatte. Lehrreiches Gespräch über mein Berufsgeschäft und manches Andre. Auch ihm ist eine eigne Composition von so hohem Werthe. Ich brachte ihn zum Minister von Schrötter. Gesellschaft beym Kaufmann Richter[13]), die mir nicht sehr behagte. Auf dem Rückwege gegen 11 Uhr wäre ich beinahe von der Patrouille gefangen worden.

---

[34]) Karl Ehregott Andreas Mangelsdorf (1748—1802) schrieb: „Hausbedarf d. allg. Gesch. d. alten u. neuen Welt", 14 Tle. Halle. 1801—10. D. 11.—14. Band stammt aus d. Feder Baczkos. Sie sind auch erschienen u. d. Titel „Gesch. d. 18. Jh.". 4 Bde. Halle.
[35]) „Grundriß e. Gesch. Erdbeschr. u. Statistik aller Prov. d. preuß. Staates f. Schulen". Kgb. (Unzer). 1802—03.
[36]) Georg Heinrich Ludwig N., der älteste der drei Brüder (1767—1839), war 1806 vortragender Rat beim Universitätskurator H. J. v. Auerswald[2]). 1808 wurde er Staatsrat u. Leiter der Kultussektion unter Wilhelm v. Humboldt.
[37]) Im Professorengewölbe. Die Stoa Kantiana wurde erst 1809 von Scheffner errichtet.
[38]) = Kronprinz (Abkürzung Delbrücks im Original).
[39]) Das Albertinum.
[40]) Der Befestigung von 1626. Es stand am linken Ausgange des Steindamms am Trommelplatz, da, wo zu unserer Zeit die kleine Gaststätte „Zum Winkel am Tore" war.
[41]) Ein vom Stadtpräsidenten v. Hippel angelegter, zu Ehren Kants benannter Damm, der dort gern spazieren ging. Er war von Gärten, der Festung Friedrichsburg, Speichern und Häuserreihen der Vorderen Vorstadt im Viereck begrenzt, führte zwischen Wiesen und Anpflanzungen hin und war mit Bänken versehen.

Dienstag 23. XII. Der Stadtrath Bertram[25]) führte uns auf das Kneiphöfische Rathhaus, woselbst eine Feyerlichkeit Statt hatte. Es ist Sitte, daß an einem der letzten Tage des Jahres Deputirte der Bürgerschaft auf dem Rathhause sich versammeln, Dank abzustatten dem Magistrate für geleisteten Schutz, wogegen der Magistrat den Bürgern eröffnet, was den Zeitumständen und sonstigen Verhältnissen angemessen ist. Die Szene hatte Statt in dem Sessionszimmer. Als die Prinzen eingetreten waren, folgten die Corporationen. Zunächst las der Stadtsecretair, wie ein Schüler, die neuesten Verfügungen; dann hielt im Nahmen der Bürgerschaft der Criminalrath Brand[42]) eine Rede, welche Gervey[26]), der dirigirende Bürgermeister, erwiederte. In beyden war Anrede an die Prinzen und uns, daher ich es angemessen fand, nicht zu schweigen[43]).

Donnerstag 1. I. 1807. Schon um 8 Uhr verfügten wir uns zum König. Er überraschte väterlich den Prinz Wilhelm mit der Uniform. Um 9 Uhr war der Fähndrich im Staat und wurde vor das Bett der Königin gelassen, auch mir widerfuhr dieses Glück und die Ehre des Handkusses. Gottesdienst in der Schloßkirche. Zahlreiche Versammlungen; auch in der Königlichen Loge. Glückwünschung von allen Seiten. Erbaulicher das Lied als die Predigt. Nachher Besuch bei Auerswald, der wieder nichts Gutes hatte. Heute früh um 8 Uhr war auch eine Deputation von Danzig gekommen. Die Bürger wollen die Stadt selbst verteidigen.

Gratulation bey den Fürstlichkeiten. Köckeritz[44]), neben welchem ich saß, meynte, unsre weitere Flucht sey unabwendlich, vielleicht sehr nahe.

Sonnabend 3. I. Unruhe und Sorgen, ein Aufstehen nach fast schlafloser Nacht. Bald theilte Auerswald mir mit, daß zwei in der Nacht angekommene Stafetten die Annäherung des Feindes meldeten; er solle bey Guttstadt

---

[42]) Dr. jur. Johann Friedrich Brand, * 26. 1. 1766 Otozna (Polen), verlebte seine Jugend in Soldau, studierte 1783 die Rechte an der Albertina, 1797 Justizcommissarius, 1804 Rat beim Hofhalsgericht in Königsberg, † 30. 11. 1842 in Königsberg.
[43]) „Ich bitte", sagte ich ungefähr, „die Versammlung um die Erlaubniß, ein paar Worte sagen zu dürfen, wie das Gefühl sie mir eingiebt. Der Eindruck dieser Feyerlichkeit wird den theuern Prinzen unauslöschlich seyn. In diesem Saale, in welchem Recht und Gerechtigkeit gehandhabt wird, und von welchem die bürgerliche Ordnung ausgeht, wo außerdem jeder Blick Ahnherrn der Vorwelt dem Auge und Herzen der Prinzen nahe bringt, sind Höchste Zeugen gewesen des schönen Verhältnisses, welches die Bürgerschaft mit der Obrigkeit verbindet, Bey der trüben Gegenwart, die uns umgiebt, kann nur der Blick in die Zukunft uns trösten; die Hoffnung, daß die Kinder in Gottesfurcht und Arbeitsamkeit aufwachsen, begründet die Hoffnung, daß wenigstens für spätere Generationen Segen entspringen wird aus diesen unseligen Zeiten."
[44]) Karl Leopold v. Köckeritz, Generaladjutant des Königs.

seyn. Der Kaufmann Deez⁴⁵), den ich beschieden hatte, empfing mancherley Aufträge und gab Beweise theilnehmender Freundschaft. Wiederholentlicher Abschied von der Familie des Auerswald [Vom 5. Januar 1807 bis zum 15. Januar 1808 blieb der Hof in Memel. Hin- und Rückreise führten über die Kurische Nehrung. Am 17. Januar 1808 waren Delbrück und die Prinzen wieder in Königsberg. (Diese Tagebuchblätter wurden vom Verf. veröffentlicht im Memelland-Kalender 1967, S. 45—56.)]. Schon im Begriff abzureisen, mußten wir noch warten, weil der Wagen nicht geschmiert war. Endlich halb 9 Uhr Abfahrt bey dem trübesten Sturmregen. Schmerz der Einwohner, die den Wagen umstanden oder von deren Häusern wir vorüberfuhren. Ein Feldjäger führte den Zug der Wagen. In dem ersten saß ich mit meinen beyden Prinzen; im zweiten bis vierten die anderen Prinzen und Prinzessinnen, im fünften die Kammerdiener, welchen der Packwagen folgte. Wie hätte dieser Zug einen andern als wehmüthigen Eindruck bey den Zuschauern hervorbringen können! Und die Natur ließ es an nichts fehlen, eine Trauerszene daraus zu machen! Ein tiefverschleierter Himmel, ein von Regen aufgelöster Boden und unaufhörlicher Wind, der bald in Sturm überging.

Sonntag 17. I. 1808. Gegen 3 Uhr im Schlosse, ohne alle, auch die geringste Feyerlichkeit. Auerswalds Familie; Schön, Scheffner, Grf. Dohna⁴⁶). Mittagsmahl. Besuch bey den Majestäten. Wir folgten ihnen in die Kammern der Königin. Erfreulicher Eindruck dieser fürstlichen Umgebungen. Rund umher Gemälde aus dem Schlosse Berlins, andere Berlinica und an der Mitte der Wand ein Ruhebette, mit grünem Sammet beschlagen, welches die Bürgerschaft der Königin geschenkt hatte nebst einem Gedichte, aus dessen Inhalte Stegemann⁴⁷) zu mir sprach. Im ersten Augenblick rieth ich auf ihn. Ordnen der Papiere. Thee bey Hofe. Umfahrt in die Stadt, um die Erleuchtung zu sehen.

Montag 18. I. 1808. Reibnitz⁴⁸) als Magnificus der Universität, einzuladen zur heutigen Feyer des Krönungsfestes. Kaum Muße zu einem Morgenliede. Besuch bey Auerswald in seiner Bibliothek. Wachtparade praes. König,

---

⁴⁵) Gottlieb Martin Deetz (1769—1842), 1809—10 Königsbergs erster Oberbürgermeister. [Vom 5. Januar 1807 bis zum 15. Januar 1808 blieb der Hof in Memel. Hin- und Rückreise führten über die Kurische Nehrung. Am 17. Januar 1808 waren Delbrück und die Prinzen wieder in Königsberg. (Diese Tagebuchblätter wurden vom Verf. veröffentlicht im Memelland-Kalender 1967, S. 45—56.)]
⁴⁶) Graf Theodor Dohna-Schlobitten.
⁴⁷) Friedrich August Staegemann (1763—1814), Geh. Finanzrat, war Dichter vaterländischer Oden.
⁴⁸) Daniel Christoph Reidenitz (1760—1842), Regierungsrat, Kanzler und Rektor der Universität Königsberg, Professor prim. der juristischen Fakultät.

der die Sache ernstlich nahm. Actus academicus im Hörsaale. Der Prorector empfing mit einer Anrede, auf welche der Kr. Prz., einige zweckmäßige Worte erwiederte. Pörschke[49]) hielt die Rede. Jener schloß mit einigen Worten, die tactvoller hätten seyn können. Besuch bey Frau v. Auerswald. Mit dem Könige auf dem Moscowiter Saale, jetzigen Rüstkammer. Fahrt im Schlitten nach Kalthof[50]). — Schauspiel. Zur Feyer des 18. Man spielte nicht übel[51]). Wandernde Abendtafel wegen eines feyerlichen Aufzuges, welchen die Studiosen hielten. Die vier Deputirten wurden vom Könige sehr wohl aufgenommen.

Mittwoch 27. I. 1808. Besuch: Scheffner, zur Königin beschieden, wie ich ihm heute Morgen meldete. Fahrt nach dem Holländer Baum[52]). Kurze Wanderung auf dem Pregel. Rauhe Luft trieb uns bald wieder in den Wagen. Bey Tafel Minister v. Stein, General Stutterheim[53]) und York, Graf Dohna u. a. Ein Wort mit Stein. Er bekam eine entzifferte Depesche, die, wie ich später hörte, vom 15. Jh. aus Paris war, wol nicht des erfreulichsten Inhalts, nach den Gesichtern zu schließen. Mit Widerwillen begaben wir uns dann in das Deutsche Haus[54]), wo die Officiere einen Ball veranstaltet hatten. Es war über Erwarten voll und sehr heiß, aber auch das Ganze übertraf meine Erwartung. Der Kr. Pr. nahm sich äußerst gut und anständig und sammelte um sich einige Altersgenossen.

Sonnabend 30. I. 1808. Troz dem Schneegestöber fuhren wir hinaus vor das Friedländer Tor, stiegen selbst aus, und Preis gebend dem Winde, der durch Regen und Schnee die linke Seite durchnäßte. Ueberall Spuren der Verwüstung[55]). Ein Detachement vom Zietenschen[56]) Regimente. Der Köni-

---

[49]) Karl Ludwig Pörschke, geb. 10. 1. 1752 zu Molsehnen bei Königsberg, studierte in Königsberg, Halle und Göttingen, habilitierte sich 1787 in Königsberg, wurde 1795 zum außerordentlichen Professor der Philosophie und 1803 zum ordentlichen Professor der Poesie ernannt, wurde 1806 „Ordinarius der schönen Wissenschaften, der Pädagogik und Beredtsamkeit" und 1809 der praktischen Philosophie. P. starb zu Königsberg am 24. 9. 1812. Tischgenosse Kants.
[50]) Gut bei Königsberg.
[51]) Das Festspiel fand in dem von Gilly erbauten Schauspielhaus auf dem Kreytzenschen Platze statt; das uns allen wohlbekannte Stadttheater wurde erst am 29. 4. 1808 eröffnet (s. u.).
[52]) Holländer Baum d. i. „das rechte Ufer des aus der Stadt heraustretenden Pregels, da hier die holländischen Schiffe anzulegen pflegten." Hier war in der Ordens- u. Herzogszeit eine Baumstammsperre des Stromes.
[53]) Ludwig August v. Stutterheim, * Köslin 4. 6. 1751, 1797 als Brigadier Yorks Vorgesetzter, 1809—11 u. 1814—25 Gouverneur v. Kgb., 1824 Ehrenbürger, † 13. 10. 1826.
[54]) Einst das Lojalsche Haus in der Kehrwiedergasse (später Theaterstr. 5—8), worin einmal die Synagoge und später eine Post untergebracht gewesen war, wurde als „Hôtel de Prusse" ein Gasthof erster Klasse, dann 1804 der vornehmste Gasthof Königsbergs unter dem Namen „Deutsches Haus". Das blieb er bis 1914, wo er Festungshilfslazarett wurde. Nach dem Ersten Weltkrieg bis 1944 Finanzamt Königsberg-Nord.
[55]) Noch von der Beschießung am 14. Juni 1807.
[56]) Christoph Johann Friedrich v. Zieten, 1806 Oberst i. Regt. Königin-Dragoner (Nr. 5), 1811 Kommandant von Königsberg. † 1817 als Gen.Lt.

gin Wagen. — Mittags sprach der König mit mir über des Kr. Pr. akademische Würde und über den auf heute Abend angeraumten Studentenball. — Um 7 Uhr Ball im Junkerhofe. Große Gesellschaft, größer als das vorige Mal. Anfangs sehr steif, belebter und freier, als der Tanz begann. Wir kehrten gegen 9 Uhr zurück. Der König fragte: „Wo hat Dir es am besten gefallen, heute oder neulich?" — „Neulich; da konnt' ich mich unterhalten."

Montag 8. II. 1808. Wallfahrt zu L'Estocq, um Glück zu wünschen zu dem Ruhme seiner Waffen, an welchen der heutige Tag[57]) erinnerte. Er[58]) und Sie, beyde sehr gerührt. Beym Weggehn umarmte ihn der Kr. Prz. mit vieler Herzlichkeit. — Große Parade, welcher auch der König beiwohnte. Jedem Soldaten, der bey Eylau blessirt worden oder die Ehren-Medaille erhalten, 2 Thlr., jedem Unterofficier 3, dem Feldwebel 4 Thlr. ... Kurze Wanderung. Schauspielhaus. Saal, wo die Decorationen gemahlt wurden. Mittags große Tafel. Alle Stabsofficiere, welche bey Eylau gefochten. Im Ganzen 40 Gedecke. Im Hauptsaale wurden viele Toasts ausgebracht. Nach der Tafel sprach Er[58]) viel über die nothwendigen Aenderungen bey der Kriegsführung, viel, manches gut, mit der gewöhnlichen Bitterkeit gegen die Einheimischen und Hinneigung zum Ausländischen. Einige Männer antworteten wacker und dreist ... 9 Uhr Süverns[59]) dritte Vorlesung. Dann kam unerwartet Wrede[60]) und unterhielt ebenso lehrreich als angenehm über die Höhen in Portugal, Spanien und Frankreich.

Montag 12. II. 1808. Die heutige Vorlesung Hagens[61]) war sehr lehrreich. Thermometer nach allen Rücksichten, Feyerlichkeit im Akademischen Hörsaale zum Gedächtniß Kants, Schulze[62]), des Mathematikers, Mezger[63]), des Arztes Schulze, des Oberhofpredigers Haße[64]), Krause[65]) und Jensichen[66]). Der Empfang des Prinzen wie am 18. h. nur ohne Anrede. Heide-

---

[57]) Jahrestag der Schlacht bei Pr. Eylau.
[58]) der König.
[59]) Johann Wilhelm Süvern (1775—1829), 1800 Gymnas.direktor in Thorn, 1803 in Elbing, 1806 Professor.
[60]) Ernst Friedrich Wrede (1766—1826), Prof. d. Mathematik u. Geographie a. d. Albertina.
[61]) Carl Gottfried Hagen (1749—1829), Hofapotheker, Prof. d. Pharmazie, Chemie, Physik, Mineralogie, Botanik a. d. Albertina. Er unterrichtete die beiden Prinzen in den Naturwissenschaften, Prof. Wrede in Geographie.
[62]) Johann Schulz, * Mühlhausen/Ostpr. 11. 6. 1739, studierte i. Kgb. Theologie u. Mathematik, 1776 Hofprediger, 1787 ord. Prof. d. philos. Fakultät. † Kgb. 27. 6. 1805.
[63]) Johann Daniel Metzger, * Straßburg i. E. 7. 2. 1739, 1777 Prof. d. Medizin a. d. Albertina, † Kgb. 16. 9. 1805.
[64]) Johann Gottfried Hasse, * Weimar 1759, stud. Theologie u. morgenländ. Sprachen, 1786 Professor i. Kgb., 1790 Rektor d. Kathedralschule im Kneiphof, † Kgb. 12. 4. 1808.
[65]) Christian Jacob Kraus.
[66]) Johann Friedrich Gensichen, a. o. Prof. Zweiter Inspector d. Collegii Albertini, Rendant d. akad. Kassen.

mann hielt die Gedächtnißrede über die Pflichten des Staatsbürgers ... Durchkältet, hatten die Prinzen nicht Lust zum Wandern.

Donnerstag 25. II. 1808. Trotz der Kälte von 7°[67]) fuhren wir bis an die Alleee von Plamburg[68]) und gingen zurück, anfangs mit einigem Kampfe, bald aber wohlgemuth. Der Kr. Prz. insonderheit war wie höhern Geistes voll. Sein Blick durchwanderte das Weltall. Die Kälte erinnerte an die Kälte auf dem Uranus. Ob wol alle Sterne bewohnte Cörper währen?

Sonntag 6. III. 1808. Kalte Witterung. Ich ließ mich nicht abhalten, der Proclamation des Kr. Prz. im Akademischen Hörsaale beyzuwohnen. Erbaulich war nur die Vorlesung der beyden Briefe. Als ich gegen 10 Uhr zurückkehrte, war der König mit dem Prinzen in die franz. Kirche gefahren ... Mittags alle Professoren aller Facultäten nebst Canzler von Schrötter[69]) und Auerswald, Scheffner, Nicolovius[36]), Borowsky[70]), Hufeland[71]). Gegen halb 2 Uhr kam die Deputation, die Insignien überreichend. Was der Professor[47]) sagte, war bei weitem unzweckmäßiger, als was der Kr. Prz. antwortete. Die Stimmung bey Tafel war angenehm. Nach Tische Disputation mit Scheffner und Hufeland. Ruhestunde. Argelander[72]) aus Memel. Thee bey Auerswald. Die Gesellschaft verfügte sich in unsere Zimmer. Es wurde am Forte Piano gespielt und gesungen. Nach der Tafel gab mir der König die Tabelle der neuen Eintheilung der Armee nach Provinzen und verlangte mein Urtheil über Kaßuben und Masuren.

Sonntag 24. IV. 1808. Von 8 Uhr an regte sich das Leben auf dem Schloßplatze. Die Feyer der Fahnenweihe hatte drei Acte. Erst Kirchenparade, Gottesdienst in der Schloßkirche, an welchem die Menschenfülle und der Gesang das Erbaulichste waren. Die Garde schloß einen Kreis. Der Probst hielt eine kurze Rede, das Gebet, während präsentirt wurde, worauf der Auditeur, Herr Schöps[73]) nach einigen kräftigen Worten den Eid vorlas, welchen jeder Einzelne laut und vernehmlich nachsprach. Dann formirte sich wieder eine Linie. Die Prinzen (mit den Ordensbändern) traten ein, der König musterte dies Ganze, man salutirte feyerlich der Königin, die vom Balkon herab das Ganze ansah, dann trat die Wache voran, und die

---

[67]) Réaumur.
[68]) pregelaufwärts.
[69]) Karl Wilhelm Frh. v. Schrötter, * Wohnsdorf 9. 4. 1748, seit 1803 „Kanzler d. Kgr. Preußen", 1806 Justizminister, 1809 Chefpräsident des ostpr. Gerichts, † 2. 12. 1819.
[70]) Ludwig Ernst Borowski, * Königsberg 17. 6. 1740, seit 1782 Pfarrer a. d. Neuroßgärter Kirche, 1809 Oberkonsistorialrat, später Erzbischof. † 10. 11. 1831.
[71]) Prof. Dr. Christian Wilhelm Hufeland (1762—1836), Leibarzt der kgl. Familie.
[72]) Johann Gottfried Argelander, Memeler Kaufherr, bei dem die Prinzen gewohnt hatten. Vater des Astronomen. Er starb bereits 1809 in Memel.
[73]) Scheps, 1808 Auditeur des Regiments Garde. 1811 Kriegsrat und verabschiedet.

Fahnen wurden mit dem gewöhnlichen Marsch in die Fahnenkammer gebracht. Das Mahlerische und Erhabene des Schauspiels in Hinsicht auf Menge der Menschen ist über allem Ausdruck. So ein Lebensvolles Gewimmel kann man nicht oft, nicht leicht sehen... Kurze Wanderung auf der Schloßteich-Brücke einige Mal hin und her, aber von wirklicher Hitze bald zurückgetrieben. Um 4 Uhr kam Borowsky. Ist seinen heiligen Äußerungen wohl immer zu trauen? Eine Fahrt vor das Brandenburger-Tor mußte abgekürzt werden. Ein doppeltes Gewitter stieg auf.

Freytag 29. IV. 1808. Die Feyerlichkeit[74]) selbst begann mit der Melodie: „Wie schön leuchtet der Morgenstern." Sodann meine Vorlesung, die mit vieler Theilnehmung und Rührung gehört wurde... Reitübung, sehr gut ausfallend. Gegen 6 Uhr Einweihung des Schauspielhauses[75]). Außer einem Prolog gab man Titus[76]), beydes über Erwartung. Das Ganze machte einen angenehmen Eindruck.

Sonnabend 30. IV. 1808. Fahrt auf dem Wege nach Juditten, Rückwanderung auch durch Hippels Garten[77]), der einen höchst angenehmen Eindruck machte, auch den Wunsch verlebendigte, den Sommer auf dem Lande zuzubringen... Zwischen 6 und 7 Uhr versammelte man sich zur Session. Ihr wohnte auch der Lieutenant Pörsch[78]) bey, der mir vorher einen Bericht abstattete über den hier errichteten „Verein zur Beförderung des Patriotismus"[79]).

Montag 2. V. 1808. Das Frühlingswetter hatte so viel Verführerisches, daß ich die Zwischenstunde verwandte zu einer kleinen Wanderung durch Königsgarten und Brücke über Schloßteich. Reitstunde, wieder sehr gut und mit vieler Willfährigkeit, so daß ich recht erheitert zurückkam. Zu Süvern[59]) gegangen, dessen Vorlesung mir ungemein gefiel.

Freytag 6. V. 1808. Viel Eifer in der Reitübung. Auf dem Wege zu Hagen[61]) begegnete uns nach der Rückkehr aus der Reitbahn der Vater Argelander[72]), den seine verwickelten Geschäfte in voller Verlegenheit hierher treiben.

---

[74]) 29. 4. = alter Kalender 19. 5. 1688: Sterbetag des Gr. Kurfürsten.
[75]) Neues Schauspielhaus, später Stadttheater, dann Opernhaus.
[76]) Titus, Singspiel in 2 Akten nach La Clemenza di Tito frei bearbeitet. Musik von Mozart. Davor gab es „Die Erstlingsgabe", Einakter von dem Königsberger Schauspieler Xaver Carnier.
[77]) dem Schulrat C. G. W. Busolt gehörig, = Luisenwahl.
[78]) Bärsch, Leutnant, Mitglied des Tugendbundes, beteiligte sich 1809 an dem Schillschen Abenteuer, gestorben als Geh. Regierungsrat. Seine Schrift: Ferdinand v. Schills Zug u. Tod im J. 1809. Berlin o. J.
[79]) Die Stifter J. F. G. Lehmann u. F. W. Mosqua nannten den Verein „Sittlich-Wissenschaftl. Verein". Sein Organ war der „Volksfreund". Schon bald nach der Stiftung am 16. 4. 1808 in Königsberg wurde er allgemein „Tugendbund" genannt. Am 31. 12. 1809 aufgelöst.

Prz. W.[80]) hatte sich für seine Lection bey La Canal[81]) gut vorbereitet und erhielt vom Lehrer ein rühmliches Zeugniß... Um 7 Uhr begaben wir uns nach dem Krügerschen Garten[82]) in der Roßgärtschen Straße, woselbst der Hof Thee getrunken hatte. Wir fanden die vornehmsten Herrschaften in einer Gondel auf dem Schloßteiche, an welchem der Garten anmuthig liegt. Gegenüber hatte Fr. v. Knobloch[83]) eine Gesellschaft von Kindern, welche unter den aufknospenden Bäumen sehr angenehmen Eindruck machten. Die Gondel kam zurück, nahm die drey Prinzen[84]) auf und landete an der Brücke. Welch' eine Wanderung über dieselbe und im Bezirk des Königsgarten umher! Welche Umgebung! Welche Ausrufe!

Sonnabend 7. V. 1808. Auf der Wachtparade erschien Schill, der bekannte Parteygänger im letzten Kriege. Das Publicum bezeugte viel Theilnehmung. Fahrt mit Hufeland nach dem Hippelschen[77]) Garten. Untersuchung der beyden daselbst befindlichen Quellen, ob sie mineralisch zu nennen. Etwas fand sich[85]). Besichtigung des Wohnhauses[86]). Der Hof war wiederum seit halb 7 Uhr im Krügerschen Garten[82]), woselbst auch gespeist wurde. Der Abend gewann durch Mondlicht eine unaussprechliche Annehmlichkeit.

Freytag 13. V. 1808. Heitrer Himmel. Die Vorlesung bey Hagen, interessant an sich, vielleicht etwas über die Fassungskraft der kleinen Herren, wurde mit auffallender Zerstreutheit angehört, so daß der alte Hagen fast ganz aus seinem Gleichmuthe kam... Der Schloßthurm wurde erstiegen. Welch' ein herrlicher Anblick! Der Thurmwächter erzählte nicht übel, nicht langwielig von dem Feinde und dessen Annäherung. Fahrt nach Ahweiden[87]). Prediger aus Rositten[88]), sich bewerbend um eine bessere Pfarrstelle. Die Prinzen waren auf der Bernsteinkammer...[89]). Die Luft ruhig und warm, der Weg eben, der Ort selbst anmuthig, erinnernd theils

---

[80]) = Prinz Wilhelm (Abkürzung Delbrücks).
[81]) Der Prediger an der Französischen Kirche, La Canal, unterrichtete die Prinzen in Französisch. Er hatte sich 1807 sehr verdient um die Herabsetzung der ungeheuren Kontribution, die der Generalintendant Napoleons, Graf Daru, der Stadt Königsberg auferlegt hatte, gemacht.
[82]) Das gräfl. Keyserlingsche Grundstück, das der König im Juli 1809 für den Kronprinzen für 32 000 Thlr. kaufte.
[83]) Friedrich Wilhelm Erhard v. Knoblauch, Gen.Major, wohnte im Grundstück Modestengasse 1, das der Gastwirt Bartsch besaß und 1819 die Drei-Kronenloge kaufte. In diesem Hause wohnte jahrelang Dr. W. Motherby zur Miete („die Motherbyschen Gründe").
[84]) Prinz Friedrich, der Vetter der Prinzen, hatte den Erzieher Reimann.
[85]) Die eine, am Bachtal zwischen Weg und Bach, ist stark eisenhaltig.
[86]) Das „Luisenhäuschen".
[87]) Aweyden, Rittergut bei Königsberg, im Landkreise.
[88]) Wahrscheinlich ist Rossitten auf der Kurischen Nehrung gemeint, nicht das Dorf Rositten westl. Pr. Eylau.
[89]) Das Bernsteinregal war 1808 noch staatlich, erst 1811 wurde es an Karl Douglas verpachtet.

an Paretz, theils an Schönhausen. Baron v. Eichel, der Besitzer, ein artiger unterrichteter Mann. Bey allen der Wunsch, daß dieser Ort statt des Hippelschen Gartens hätte mögen gewählt seyn. Auf dem Rückwege hielt man an dem Grabhügel eines Russischen Officiers, und um halb 9 Uhr waren wir zurück.

Sonntag 22. V. 1808. Bereits um 8 Uhr waren wir auf dem Spaziergange. Wir wanderten aus dem Steindammer Thor[40]) zunächst nach der Quelle in Conrads Garten[90]) und im Thale bis zum Ende des Hippelschen Garten, um denselben herum bis zur Schmiede[91]), wo der Wagen uns in Empfang nahm. Nach 10 Uhr waren wir zurück... Bey Tafel war Gen. v. York, Schoeller[92]), Lottum[93]) und Scharrenhorst[94]). Um halb 5 Uhr setzten sich die Geschwister in Bewegung nach der Lautschen Mühle[95]). Die beyden Prinzen mit mir zu Pferde. Das Wetter günstig. An Ort und Stelle abwechselnde Vergnügung. Vier junge Damen aus der Stadt; empfindsame Gattung, mit „Elisa, das Weib, wie es seyn soll"[96]), in der Hand, worin sie übrigens auch unter Weges gelesen hatten. Rückweg über die Mostbude[97]), in jeder Hinsicht angenehm. Gegen 9 Uhr zurück. Die Königin im Schauspiel, Egmont zu sehen. Er zurück. Großer Zapfenstreich nach Russischer Melodie. Donnerstag 26. V. 1808 (Himmelfahrtstag). Um 9 Uhr begaben wir uns in die reformirte Kirche. Weyl[98]) sprach gut. Weiter Spaziergang. Neue Bleiche[99]), Hippels Garten und das neu eingerichtete Wohnhaus[85]). Fahrt nach Holstein, Wanderung bis an die Spitze, wo der Pregel ins Haff fällt. Rückweg über Juditten.

Dienstag 31. V. 1808. Um 8 Uhr Wanderung nach dem Philosophengange[41]). Mühlen aus Schaufelwerk, um vom Naßen Garten[100]) das Wasser abzuleiten. Ermüdet vom Gehn und Hitze, begaben wir uns gleich zu Hagen, der uns über die Rolle und den Flaschenzug unterhielt und viel zu denken gab. ... Es folgten Fragen der Geschichte und Geographie, dann etwas über

---

[90]) Commerzienrat Conrad besaß die Villa Conradshof, an der Stelle des späteren „Drachenfels".
[91]) Sie wanderten also von da durch die Hufenschlucht nach Luisenwahl. Die Schmiede stand vermutlich an der alten Pillauer Landstraße.
[92]) Oberst Moritz Wilhelm v. Schöler.
[93]) Karl Heinrich Friedrich Grf. v. Wylich u. Lottum, Oberstlt. u. Flügeladjutant.
[94]) Scharnhorst.
[95]) Auf dem Felde von Lauth, östl. Königsberg.
[96]) „Elisas, des Weibes, wie es sein sollte, Vermächtnis für ihre Tochter Hinriette". Elberfeld. 1802.
[97]) Moosbude, zum Gute Liep gehörend.
[98]) Weyl, der Prediger der Burgkirche.
[99]) Unterhalb des Veilchenbergs. Bis 1945 erhalten.
[100]) öfters vom Pregel überschwemmter Vorort Königsbergs.

Markgraf Albrecht aus Baczkos' kleinen Abriß[101]... Um 5 Uhr setzte sich der ganze Hof in Bewegung nach Arnow[102]) auf das Gut der Frau v. Wallenroth. Der Kr. Prz. und Frz. Friedrich zu Pferde mit mir. Schönes heitres Wetter. Hinter der Lautschen Mühle treffliche Gegend. Die Lage des Landhauses[102]) in reizender Umgebung. Das Zimmer voll Familiengemälde, welche in frühere Jahrhunderte versetzten. Ein Wallenrod starb 1393 und war der 21-ste[103]) Herrenmeister des deutschen Ordens. Gesellige Stimmung überall. Der Rückweg größtenteils im Galopp. Der Abend lieblich und glückliche Rückkehr um 9 Uhr.

Donnerstag 2. VI. 1808. Hagens Vortrag über Rad und Welle. Eichmanns[104]) Garten wurde besucht. Er war abwesend. Der Garten voll Anmuth über Erwarten. Große Hitze, über 16 Grade[67]) im Schatten. Man beschloß nach der Tafel einen Besuch im Amte Neuhausen. Um 5 Uhr setzte man sich in Bewegung. Die Gräfin Voß mit den Hofdamen war voraus. Prz. W. fuhr mit den Majestäten. Die beyden andern Prinzen mit mir folgten zu Pferde. Um 6 Uhr langten wir an. Garten beym Amte mit schattiger Laube. Prediger des Orts. Wohngebäude. Ehemaliger Saal des Markgrafen[105]). Ueberbleibsel seines Bettes. Schade, daß man dergleichen so verfallen läßt. Schloßberg[106]). Reizende Aussichten und überall romantischer Anstrich. Es herrschte angenehme Gesprächigkeit, eine Folge, daß man war befriedigt worden.

Sonnabend 4. VI. 1808[107]). Nach Friedrichstein. Um 4 Uhr setzte man sich in Bewegung in drey Wagen. Die große Hitze schien ein Gewitter zu verkünden; aber doch verbreitete die Anmuth der Gegend einen frohen heitern Sinn, und die Lage und Beschaffenheit des Ortes selbst übertraf unser aller Erwartung. Außer dem Wirthe, Graf Döhnhof[108]) mit seiner Frau, auch L'Estocq. Er und Sie, und Canzler v. Schrötter mit seiner Frau. Innere des Schlosses. Spuren des Feindes, der hier eine Zeitland gehauset

---

[101]) Ludwig v. Baczko „Kurzgef. Lehrb. d. preuß. Gesch. f. Schulen", Kgb. 1803. (Nicolovius).
[102]) Arnau, Dorf und Rittergut im Landkreise Königsberg. 1827 kaufte es Theodor v. Schön.
[103]) Conrad v. Wallenrodt war der 24. Hochmeister (1391—93).
[104]) Kaufmann in Königsberg. Sein Garten mit dem in den Schloßteich hineingebautem Lusthause lag am Ende des Hintertragheims. Einst von dem Kaufmann Hevelke in der Mitte des 18. Jh. angelegt. Haus und Garten erbte der Kriegs- u. Domänenrat E. u. dann dessen Sohn, der Oberpräsident. Das Luisenhäuschen ist auf einer Zeichnung von 1849 zu sehen.
[105]) Herzog Albrecht.
[106]) ehemalige Prussenschanze.
[107]) vor Pfingsten.
[108]) Grf. August Friedrich Philipp v. Dönhoff, 1809 als Oberst verabschiedet, 1827 Landhofmeister, † 7. 5. 1838.

und manches gewaltsam behandelt. Rückfahrt beym Mondlichte in angenehmer Luft.

Dienstag 7. VI. 1808. Legenden von Herder. „Die Ameise" und „die Weisheit". Geographie von Ostpreußen nach der Schrötterschen Charte zum Behufe der Fahrt nach Pillau. Nachricht, es sey ein Feuer auf der neuen Sorge[109]). Wir bestiegen den Schloßthurm. Man sah nichts, und die Hitze war sehr groß, daher die Reitübung an sich nur kurz. Während derselben ein reichlicher Regen. — Zurüstung zum Hinausziehen in den Garten[110]), woselbst zum erstenmale gespeist wurde ganz en famille, unter dem Gezelte, welches vor dem Hause ausgebreitet ist. Die Unterhaltung war belebt... Gang nach und im Philosophen-Gang und der Klapperwiese.

Dienstag 21. VI. 1808. Hagen unterhielt angenehm über das Verhältniß der festen und flüßigen Cörper. Um 1 Uhr wanderten wir nach den Huben, Satyren, die vorgelesen wurden auf Napoleon und die blinden Anbeter von Göthe. Die Königin wieder hergestellt. Liebliches Wetter. Nach 7 Uhr Wanderung über den Markt, wo das Gedränge lästig, durch den philosophischen Garten[41]), wo der Anblick der reichbegabten Wiese und der grünenden Beete des naßen Gartens erquicklich, und durch das Brandenburger Thor, wo der Weg über den Millionendamm[111]) neu für mich war.

Sonntag 26. VI. 1808. Um halb 9 Uhr in die Haberberg-Kirche. Ein schöner heitrer Morgen, ein großer heitrer Tempel, treffliche Orgel, eine wohl durchdachte Predigt, mit schöner Stimme vorgetragen. Um halb 12 Uhr nach dem Garten[110]) bey großer Hitze unter drohendem Gewitter. Man speiste im Schattten der Bäume des großen Gartens. Die Prinzen streiften im Garten herum mit Armbrust und Pfeil. Die kleinen Damen in der Nähe, von ihren Schafen bewacht', die kleinen Schäferinnen. Um 5 Uhr entflohen wir nach Juditten, während der Hof in die Stadt ging um Thee zu trinken im Krügerschen Garten. Durchstreifung des Waldes[112]). Gegen 9 Uhr waren wir dem Worte gemäß zurück im Garten... Die Königin hatte in der Stadt Süvern gesehn. Bey Scheffner nämlich war eine Gesellschaft von Gelehrten. Prßn. Wilhelm[113]) ließ sie sämmtlich

---
[109]) Neue Sorge: Mühle bei Königsberg im Landkreise. Die gleichnamige Straße hieß damals schon allgemein Königstraße. Der alte Name kommt vom prussischen Zarge = umfriedeter Weideplatz.
[110]) den Hippelschen Garten.
[111]) Mit dem Schutt der großen Feuersbrunst vom 25. 5. 1769, bei der auch Kants Geburtshaus abbrannte, wurde er auf dem Wiesengrunde nördl. des Zuggrabens (spätere Kaiserstraße) geschüttet und entsprach dem nördl. Teile der Neuen Dammgasse.
[112]) Damals noch bedeutend größer in Richtung nach dem Landgraben und den Hufen zu.
[113]) Gattin des Bruders des Königs.

entbieten. Banco-Director Krüger, dem man den Auftrag gab, antwortete dem Frl. Viereck[114]) sehr naiv: „Die Herren würden es nicht gern tun." Und wirklich. Nur der Minister v. Stein kam. Als der Hof auf dem Schloßteich schwamm, fanden sich auch die Andern ein, und im Vorbeygehn sagte dem Süvern die Königin einige verbindliche Worte. Sie hat nämlich seine historischen Vorträge gelesen.

Freytag 1. VII. 1808. Heiterer Himmel, dessen Bläue lange Zeit nicht so reich gewesen war ... Bey Tafel erregte allgemeine Stöhrung die Nachricht, daß Feuer sey. Wir eilten hinaus und sahen bald aus schwarzem Rauch eine dunkelrote Flamme furchtbar emporschlagen. Meldung, daß das neue Schauspielhaus in Flammen stehe. Man lief hin und her, und jeder urtheilte und empfand auf seine Weise. Mir drängte sich der Verdacht gegen einen der Schauspieler auf, welcher, von Neid erfüllt und mit Schulden belastet, vor einigen Tagen nebst seiner Frau entflohen ist[115]). Boten kamen und gingen. Nach 4 Uhr verweilten wir auf der Brandstätte über eine Stunde. Wie wenig Zeit dazu gehört, ein Werk mühsamen Fleißes zu zerstören! Die Soldaten hatten am thätigsten Hand angelegt. Saumselig war der gemeine Mann. Ihm schien diese Zerstörung willkommen zu seyn. Auch fehlte es an reger Thätigkeit. Gerettet war nichts. Garderobe, Decoration, Bibliothek, Musikalien, Instrumente: alles, alles verzehrt. Und gerade erst heute war der letzte Rest aus dem Comödienhaus[51]) in das neue gebracht.

Montag 25. VII. 1808. Spazierritt über den Sprind[116]) bis Dewau[117]), woselbst ein Badeplatz besehen, aber nicht genehmigt worden ... Bei dem Bollschwingschen Gehöfte ereignete sich ein Gefahrvoller Umstand, dessen glücklicher Ausgang zu den Gunstbezeugungen des Himmels zu zählen ist. Wir galopirten neben einem stillstehenden Wagen vorbey, auf welchen leere Bierfässer geladen wurden. Die Pferde scheuten sich, rissen aus mit dem Wagen und in die vier Reiter vor mir, die drey Prinzen und Arendt[118]) hinein. Der Kr. Prz. wich aus links, Prz. W. rechts, Prz. Friedrich aber an der Spitze befindlich, wurde durch sein auch unruhig gewordenes Pferd, welchem die beyden andern, nachdem sie den Wagen umgeworfen und zerbrochen hatten, auf den Fersen folgten, feldwärts getrieben und vermehrte durch sein ängstliches Geschrey unsere Angst und Sorge für ihn. Den Kr. Prz. machte der Anblick seines in Gefahr schwebenden Vetters beinahe ohnmächtig. Der bedrängte Ritter verschwand endlich vor unsern Augen. Sein

---
[114]) Hofdame der Königin.
[115]) Unbewiesen und unwahrscheinlich.
[116]) Quelle östl. Königsbergs. Später Vergnügungsetablissément und Café Sprind.
[117]) Devau: Gut östl. Königsbergs, später der bekante Exerzierplatz, seit 1922 Flugplatz.
[118]) der Stallmeister.

Pferd fiel nämlich in einen Graben, kam aber bald wieder zum Vorschein, so wie er selbst. Gottlob, ohne Zeichen irgend einer Verletzung. Am meisten erschrocken war der unvorsichtige Wagenführer, dem ich heftige Worte sagte. Dann ermannten wir uns und setzten den Weg ruhig fort. Gegen 9 Uhr zurück. Bei Tische, wo Reimann fehlte, war der Unfall unabläßiger Stoff des Gespräches und der Erwägung.

Dienstag 26. VII. Dann gings zum Baden. Auf Anordnung des Kriegsraths Schulz[119]), welcher die Aufsicht über den Landgraben hat, war, wie ich ihn heute früh persönlich gebeten hatte, die Stelle vom Schlamme gereinigt. Montag 1. VIII. 1808. Entwurf zu einem Schreiben an die hiesigen drey Schützengilden, welchen die drey Prinzen zum Behufe des auf heute anberaumten Silberschießens vier paar Taßen von feinem Berliner Porcellain schenkten, bei welchem Anlaß dann auch der Wunsch an den Tag gelegt wurde, daß künftighin die drey Gilden nur Eine bilden möchten ... Um 10 Uhr fuhren wir ins Bad ...

Dienstag 2. VIII. Um 5 Uhr ging es zu der Schützengilde. Wir wurden anständig und Geräuschvoll empfangen. Der Kriegsrath Neumann hielt eine zweckmäßige Anrede, wobey der KrPrz sich auf eine höchst einnehmende Art benahm. Auch das Schießen ging gut von Staaten, wiewol ohne Erfolg. Um 6 1/2 Uhr ritten wir in die Stadt, um dem Concerte beyzuwohnen, welches zur Feyer des morgenden Tages[120]) zum Besten der Abgebrannten des naßen Garten gegeben wurde: eine Hymne, gedichtet von Haman[121]), componirt von Riel[122]), sehr gut ausgeführt von den Mitgliedern des Sing-Akademie[122]), machte einen feyerlichen, erbaulichen Eindruck... Von einer Erleuchtung des Gartens[123]), wo die Studenten ihre Concerte gaben, kam Kunde.

Mittwoch 3. VIII. Geburtsfest des Königs. Bey dem heitersten Sonnenlichte am unbewölkten Himmel verfügten wir uns gegen 10 Uhr nach den Huben. Je näher dem Garten[110]), desto größer die mitfeyernde Menge. Vor uns schritt ein Zug von Erndtefeyernden aus den Huben. Der König mit

---

[119]) Schultz, Kriegs- und Domänenrat und WasserbauDirektor in Kgb.
[120]) Königs Geburtstag am 3. 8.
[121]) Johann Michael Hamann, * Königsberg 27. 9. 1769, Sohn des „Magus im Norden", Rektor der Altstädtischen Stadtschule, wurde bei deren Umwandlung zum Gymnasium ihr Rektor am 9. 9. 1811. † Königsberg 12. 12. 1813.
[122]) Friedr. Aug. Riel, * Potsdam 1774, kam 1798 nach Kgb., wo er nach dem Muster seines Berliner Lehrers Karl Fasch die Singakademie gründete und Oratorien aufführte. 1807 Kgl. Musikdirector, auch Musiklehrer der Königin Luise. Er setzte sich für alle Königsberger Komponisten ein. Seine Aufführungen fanden meist im Junkerhof statt. † Kgb. 30. 4. 1845.
[123]) Der Kneiphöf. Junkergarten am Pregel, der damals noch viel größer war, als zu unserer Zeit.

seiner Familie im großen Garten. Der KrPrz umarmte ihn mit inniger Herzlichkeit und überreichte seine Gaben; in einem Umschlag eingebunden die Zeichnung der Nordseite des Schlosses und einen Silenkopf aus rothem Papier mit grüner Einfaßung. Die Stimmung des Königs und des ganzen Hofkreises war sehr angenehm ... Bald stellte der Erndtkreuzzug sich ein, eine ländliche Scene, von Herrn Commercienrath Conradt veranstaltet. Der Hofcirkel mehrte sich, man wiederholte den Tanz. Ein großer Kreis von Zuschauern erhöhte das Feyerliche ... Die Mittagstafel war glänzend in zwey Zimmern ... Um 6 Uhr begann ein Gewitterregen mit Blitz und Donner, welcher alle Vorkehrungen zu vernichten drohte. Um 7 Uhr erhoben wir uns. Die vier Minister Schrötter, Stein, Golz[124]) und Canzler Schrötter gaben dem Könige ein festliches Mahl im Krügerschen Garten. Man versammelte sich in den Zimmern des Hauptgebäudes. Der franz. Consul Ms. Cleranbeau[125]) war auch anwesend. Ein zweites Regenschauer erneuerte die Besorgniße, das Hauptfest möchte zu Grunde gehen. Indeß der Regen hörte auf. Schrötter führte die Königin in den an den Schloßteich stoßenden Saal. Sogleich erscholl die Musik und als die Königin am Fenster erschien, erhob im Knoblochschen Garten[83]) sich begrüßende Musik und Kanonenschläge. Man fing an, die Lampen anzuzünden. Zwey, drey Mal erneueten sich die Regenschauer. Endlich gegen 9 Uhr war alles Gewölk verschwunden. Luft und Boden erfrischt, das Gemüth erheitert. Die Erleuchtung der gegenüberliegenden Gärten, der Brücke und der Gallerie des Thurmes war vollendet und die Festlichkeiten begannen.

Im Garten der Freymaurerloge[126]) ein Feuerwerk, woran der Regen nicht geschadet hatten. Fahrt auf dem Schloßteich. Man gab die Zahl der Fahrzeuge auf 117 an. Unter ihnen wirkten angenehm die mit bunten Laternen geschmückten. Wahrhaft zauberhaft war der Gesang aus einem, um und um mit Zweigen und bunten Laternen bebauten Fahrzeuge, auf dessen oberer Mitte unablässig eine Flamme loderte. Sehr geschmackvoll war der Garten des Kaufmanns Eichmann[104]), vorzüglich die in den Teich hineingehende Brücke mit dem Lusthause am Ende. Ein schönes Feuerwerk begrüßte die königlichen Fahrzeuge. Es wimmelte um uns her von Schiffen ... Auf der Rückkehr durch die sich drängenden Fahrzeuge längs der erleuchteten und mit unzähligen Zuschauern erfüllten Gärten erfolgte ein Hurrah und Vivat, eine Musik und Donner der Kanonenschläge den andern, so daß der franz. Consul[125]) Anlaß fand, den Unterschied zu fühlen zwischen einem

---

[124]) Franz Karl v. d. Goltz, Kriegsminister.
[125]) Louis de ClérambouIt, frz. Consul in Kgb.
[126]) Loge zum Todtenkopf und Phönix.

freywilligen und befohlenen Volksfeste. Es war einzig und wird einzig in seiner Art bleiben. Um 10 3/4 Uhr hatte man rückkehrend von dem äußersten Ende den Knoblauchschen[83]) von der Kaufmannschaft mit Beschlag belegten Garten erreicht, als das dritte Feuerwerk, vollständiger als die beyden vorigen, jedoch nicht so kunstvoll wie das Eichmannsche, abgebrannt wurde. Um 11 Uhr begab man sich zur Tafel. Auf dem Rückwege fuhren wir bis zu den Huben, wo wir erst gegen 1 Uhr anlangten.

Sonnabend 6. VIII. Um 7 Uhr nach dem Badeplatz mit beyden Prinzen, welche vergnüglich plätscherten... Um 6 Uhr Spazierritt: der KrPrz. mit Friedrich. Über Aweiden links hinein zwischen Kornfeldern über Schönfließ[127]), Seligenfeld[127]), Jerusalem[127]), woselbst abgestiegen wurde, dann rasch bis zum Thore[128]), eine Strecke längs dem Pregel. Ein romantisches Gewölk. Vollmond. Ein lieblicher Abend in jedem Betracht. Erst gegen 9 Uhr zurück. Reimann hatte die Botschaft, daß der Commercienrath Conrad verrückt geworden sey, der am 3. August das Erndtefest veranstaltet.

Dienstag 9. VIII. Der KrPrz, ich nebst Prz. Friedrich saßen bereits halb 6 zu Pferde, um nach Aweiden zu reiten. Kurz nach 6 Uhr in Aweiden. Ländliches wohlschmeckendes Frühstück und 1/2 Stunde nach der Ankunft in Begleitung des Barons v. Eichel[129]) weiter durch die umliegende Gegend. Inzwischen erquickten der Artillerie-Exerzierplatz Karschau[130]) Calgen[131]), wo eine Anhöhe eine weite Aussicht über das Haff gewährt, und Spandien[132]), gehörig dem Feldmarschall Kalkreuth[133]), welcher die Stirn gehabt hat, bey der Contributions-Commission auf Erlaß seines Theils anzutragen. Um 9 Uhr zurück... Im Unterricht wurden in kurzer Zeit ein Jahrtausend und mehr durchlaufen. Hagen[61]) hatte die Camera obscura eingerichtet. Nebenher wurde der Concav-Spiegel vorgenommen, und von jedem eine dahin gehörige Figur gezeichnet... Gegen halb 8 Uhr Wanderung im

---

[127]) Dörfer s. östl. Kgb.
[128]) Friedländer Tor.
[129]) Eigentümer des Guten Aweiden.
[130]) westl. d. Berliner Chaussee.
[131]) Rittergut an der Berliner Chaussee.
[132]) Spandienen an der Berliner Chaussee.
[133]) Grf. Friedr. Ad. v. Kalckreuth (1737—1818) machte den 7j. Krieg vollständig mit. 1762 b. Freiberg Major. 1766 nach Ostpreußen versetzt, wo er 1788 Inspekteur der Kavallerie wurde. 1792 zwang er Mainz zur Kapitulation. 1807 verteidigte er Danzig. Generalfeldmarschall. Dann Gouverneur von Kgb. Gegner der Reformpartei. Starb als Gouverneur in Berlin.

Königsgarten, wo eine Roßmühle[134]) nun beynahe ganz abgetragen ist. Streit, ob er größer oder kleiner sey, als Wilhelmsplatz[135]).

Sonntag 18. IX. 1808. Die Prinzen schon um 8 Uhr im Zeuge, wurden, wie ich ein Raub der Zeit. Auf dem Schloßhof bewegte sich bald viel, um die große Parade zu sehen. Das Läuten der Glocke zur Kirche und der Orgelton rief hinein wie in eine Wüste. Zu einer stillen Sammlung des Gemüths kam es nicht; denn schon um 10 Uhr rückten die Bataillone ein, und wir begaben uns hinab. Der Großfürst[136]) schien nicht sonderlichen Antheil zu nehmen. Aber abgesehen von ihm war das Ganze trefflich, nur daß das Regiment Rüchel schlecht marschierte... Eine Stunde war ich im Königsgarten mit Gneisenau. Um halb 12 Uhr zurück, man eilte, sich in den höchsten Staat zu werfen, man trat in eine glänzende Versammlung, aber, siehe, die Hauptperson war verschwunden... Aller Augenmerk richtete sich auf die Ankunft des Kaisers. Ein blinder Lärm hatte schon früh Morgens 10 Uhr die Damen der Stadt in Bewegung gesetzt.

Zu Fuß auf den Weg nach den Huben, rief mich, kaum außer dem Thore[40]), der Generalmarsch zurück. Der Kaiser sey nahe am Thore, hieß es. Auf allen Straßen wimmelte es von Soldaten und Zubehör... Im Nur war ich umgekleidet und eilte in das Zimmer der Königin, wo bereits viele Damen versammelt waren. Es schlug 5 Uhr, als alles bereit stand, ihn zu empfangen. Es war beinahe 7 Uhr, als er vor dem Schlosse vom Pferde stieg. Der König war ihm entgegengefahren, hatte 1000 Schritt vor der Stadt sich zu Pferde gesetzt und war langsam durch die Kette geritten, welche die Garnison von der Roßgärtschen Straße bis an das Schloß bildete. Voran ein Zug der Knochenhauer und eine Eskadron Zietenscher Dragoner. An Ihm will das Publicum viel Verlegenheit bemerkt haben. An unserm Könige hat es mit Wohlgefallen eine auszeichnende Würde bemerkt. Von der Königin wurde er mit herzlicher Freundschaft empfangen. Um sie her waren alle Damen der Stadt, welche sich bald zurückzogen. Es kam zum Theetisch... Möge der Tag so viel glückliche Folgen haben, als feyerlich die Gefühle, groß das ganze Schauspiel war.

Montag 19. IX. ... Um 9 Uhr ritt der Kaiser aus mit der Königin, die umliegende Gegend zu sehen. Der heiterste wolkenlose Himmel begünstigte sie... Sodann aber füllten sich die Zimmer mit Schaulustigen... Um 10 Uhr stand alles unter Waffen, die drey Prinzen vor der Fronte ihrer Compagnie.

---

[134]) Sie versperrte am Königsgarten den Ausgang der Kehrwiederstraße, woher deren Namen kam (spätere Theaterstr.).
[135]) in Berlin.
[136]) Zar Alexander I. kam mit seinem Bruder, Großfürst Konstantin, zu Besuch nach Kgb.

Als der Kaiser sich in Bewegung setzte aus seinem Zimmer, präsentirte die ganze Garnison und schlug den Grenadiermarsch und ließ unausgesetzt, bis der Kaiser Glied auf Glied ab sie in Augenschein genommen, eine in der That höchst feyerliche Begrüßung, wobey man sich der innigsten Rührung nicht erwehren konnte. Beym Vorbeimarsch zogen die Prinzen Aller Augen auf sich durch die treffliche Haltung und edlen Anstand. Und das unendliche Menschengewühl! Der Kaiser soll, wie Buch[137]) erzählte, dem KrPrz. viel Schmeichelhaftes, unter anderm auch gesagt haben: I'espère, que nous ferons encore les armes ensemble. — ... Hinter dem Obersten Maßenbach[138]), wie er mir bey Tafel erzählte, rief ein Bürgersmann beym Anblick der Prinzen aus: „Wenn die Armee gegen den Feind ginge und die drey Jungens voran, wer würde nicht folgen?" ...

Vom Frühstück wurden die Prinzen entlassen. Wir wanderten durch den Philosophen-Gang nach dem Millionen-Damm.

Ein Commando Cannoniere wurde nach der Festung geführt, um 6 Monate für oftmalige Desertation zu büßen, den neuen Kriegsartikeln gemäß... Eine Schmiede wurde besucht... Man versammelte sich. Indeß erschien Se. Majestät erst halb 3 Uhr. Zwey sehr große Tafeln höchst glänzend, und die Stimmung seltsam, Zutrauensvoll. Nämlich in der Conferenz zwischen Ihm, dem Könige und den Ministern Stein und Golz, welche anderthalb Stunden gedauert, hat er die kräftigsten Versicherungen gegeben. Aber dasselbe that er in Memel, in Kydullen[139]), in Tilsit! Wenn er erst wieder vom Teufel wird umgarnt und umstrickt seyn, wird sich alles wie Schaum auflösen.

Freytag 30. IX. Zur neuesten Geschichte der Stadt gehört, daß in verwichener Nacht aus der Königl. Hofstaatskasse 65 000 Thlr, theils in Tresorscheinen, theils in baarem Gelde gestohlen wurden... Prüfungen in der Altstädtischen Schule. Hamann[121]) und Möller[140]) traten auf. Jener ist, wie man leicht merkt, überall zu Hause. Aber er läßt die Schüler nicht zu Worte kommen, und wenn diese es darauf anlegen, gehört zu werden, entsteht ein wetteifernder Kampf der Stimmen, welcher für den Hörer höchst unangenehm ist. Es kam zum Vorschein Tacitus, Horatii Od:2,16 und 18.Homeri Odyss.et Ilias. Mathematik und Geschichte...

---

[137]) v. Buch, Kammerherr der Königin Luise.
[138]) Friedr. Erhard Fabian v. Massenbach, * Bladiau 3. 5. 1753, † Schrengen, Krs. Rastenburg 3. 6. 1819. 1807 Generalmajor.
[139]) Kedullen, Dorf bei Jurburg am Njemen.
[140]) Konsistorialrat in Kgb.

Kunstgenuß, welchen der Kapellmeister Himmel[141]) gewährte. Er spielte vortrefflich. Der König genehmigte meinen Antrag, daß Himmel dem KrPrz. Unterricht geben möchte, mit der Äußerung, wenn dieß für den großen Künstler nicht zu geringfügig sey. Himmel nahm es mit großer Bereitwilligkeit an.

Sonnabend 15 X[142]) Um 6 Uhr hinschleichend zum Bette des KrPrz, welchem ich das Bildnis des großen Churfürsten[143]) hineinschob, so daß es ihm beym Erwachen zuerst in die Augen fallen mußte. Bald hörte ich ihn aufjauchzen, und meinen Morgengruß begleitete ich mit drey silbernen Schaumünzen auf den Churfürsten, zwey großen, darstellend seinen ersten Besuch allhier und den letzten entscheidenden Sieg über die Schweden[144]), und einer kleinen, welche auch auf das Letzte Bezug hatte.

Von 8 Uhr an erfolgte Besuch auf Besuch. Zu den Ersten gehörte der Oberstlieutenant Gneisenau, welcher nicht in der heitersten Stimmung war. Früher noch erschien die Auerswaldsche Familie. Er[2]) verehrte Plutarch nach der neuesten Franz. Übersetzung, sie eine Brieftasche mit natürlichen Gräsern, Ida eine Zeichnung der Königin, der älteste Sohn[145]) Zeichnung des Königs, jeder der beyden andern[146]) kleine Landschaften. In ihrem Gefolge waren die Grafen Dohna. Nicolovius[147]) brachte dem Kronprinzen den Grundriß der Stadt in Gyps. Joseph Schneider[148]) schickte einen Pokal mit Friedrich II. und seiner Gemahlin Silhouette.

Die erste feyerliche Deputatin, welche erschien, kam aus dem Waisenhause. Die zweyte bestand aus Deputirten des Magistrats, der Bürgerschaft und der Schützen-Gilden. Der KrPrz. antwortete auf die Anrede des Gervais[26]) mit vieler Unbefangenheit und Anstand. Er danke sehr für diese Beweise der Aufmerksamkeit; es sey ihm sehr angenehm, seinen Geburtstag in einer Stadt zu feyern, welche so viele Beweise der Vaterlandsliebe gegeben. Dem Redner der Gilden floß es nicht wie Honig von den Lippen ... Unerwartet dann schon um 1 Uhr die Majestäten.

---

[141]) Friedr. Heinr. Himmel (1765—1814), 1795 Hofkapellmeister, schuf Opern (Fanchon, das Leiermädchen), geistl. Concerte, Oratorien, Kammermusik, Lieder.
[142]) Des Kronprinzen Geburtstag.
[143]) gemalt von dem Königsberger Joh. Friedr. Andreas Knorre, * Berlin 1763, † Kgb. 11. 5. 1841. Prof. an der Kunstschule von Kgb. 1804 nahm er Kants Totenmaske ab. Er malte viele Porträts, u. a. das C. G. Hagens, Auerwalds, Kanzler Schrötters, Heidemanns, Borowskis.
[144]) im Januar 1679 b. Splitter.
[145]) Hans Adolf Erdmann v. Auerswald.
[146]) Rudolf u. Alfred v. Auerswald.
[147]) Der Buchhändler Matthias Friedrich Nicolovius.
[148]) Kaufmann in Kgb.

Um 12 Uhr begann das Frühstück, zu welchem alle Generale, Obersten und Majore, sowie auch die Minister eingeladen waren, desgleichen Deputirte des Magistrats und der Universität, namentlich auch Baczko. Der KrPrz. nahm sich mit einer Mündigkeit und Anständigkeit, wie ich ihm nicht zugetraut hatte. Minister Stein begrüßte ihn mit vieler Herzlichkeit... An der Tafel war kein Fremder. Die Unterhaltung war im Geiste einer sich innig liebenden Familie... Um halb 8 Uhr verfügte man sich zu Auerswalds, welche eine der schönsten Überraschungen bereitet hatten: eine Zigeunerscene, gedichtet von Schenkendorf, ebenso geistreich als trefflich aufgeführt. Es war nur eine Stimmung darüber, besonders ergoß auch Himmel sich in Lob und Zufriedenheit. Die ganze Gesellschaft stieß nun zu der unsrigen, und es ward ein zahlreicher Kreis. Anfangs befangen, aber als zwey Tische zugerichtet wurden, an deren einem die Königin mit der ganzen Familie Lotto, und an dem andern die Jüngsten das Ritterspiel trieben, Himmel aber den übrigen Theil durch seine Kunst entzückte, verbreitete sich der Genuß und die Heiterkeit sichtbarer... Nach 9 Uhr erschienen die Studiosen in feyerlichem Aufzuge. Neun Abgeordnete erschienen im Saale, deren einer, Herr Haße, ein herzliches Wort herzlich sprach. Der KrPrz. antwortete auch diesem mit Artigkeit und Anstand. Sodann erscholl: Vivat Rector Magnificentissimus!

Dienstag 25. X. Mitten im Geschäfte störte die Feuertrommel[149]). Es brannte im Kneiphof in der Kleinen Polnischen Gasse[150]). Wir erstiegen den Schloßthurm, von wo das Schauspiel majestätisch sich entwickelte. In einer dunkeln dichten Rauchsäule bildete sich ein dunkelrother Fleck, der bald in helle Flamme überging, die jedoch ohngefähr 11 Minuten nach dem Ausbruch wieder gelöscht war.

Donnerstag 17. XI. Vorlesung bey Hagen über Electrizität. Bestimmte Abrede über Versuche, welche am heutigen Abend vor der Königlichen Familie gemacht werden sollen. Fahrt aus dem Brandenburger Thor, zu Fuß bis an den Scheideweg nach Dubois[151]) und über den langen Damm nach dem Philosophengang. Es war eine heitere stärkende Winterluft, die Leib und Seele erquickte.

Bey Tafel. Der KrPrz. hatte der heutigen Vorlesung gedacht. Die Königin bezeugte Lust, ihr beyzuwohnen und ließ dieß fest bestimmen. Hagen

---
[149]) auf dem Schloßturm.
[150]) Schon auf dem Beringschen Plan von 1613 ist die Polnische Gasse der Altstadt verzeichnet, die erst in den 30er Jahren ds. Jh. in Steinhauptstr. umgetauft wurde. Im Kneiphof hat es nie eine Polnische Gasse gegeben — Irrtum Delbrücks.
[151]) Dubois-Ruh. Vorher Niederkrug, nachher Schönbusch.

erwähnte heute früh, daß auch mit der Knallluft Versuche angestellt werden würden. Halt, da fiel es dem KrPrz. ein, daß Prz. Carl vor dem Knall sich fürchtet. Es wurde dem Kleinen sofort erzählt, daß auch würde geknallt werden, ärger als ein Pistolenschuß. Der Kleine stimmte seine Freude herab und blieb zu Hause. Er ging eines Vergnügen verlustig.

Nach 5 Uhr versammelte man sich[152]). Außer der Königin kam auch der König. Hagen war außer sich vor Freuden. Electrizität, besonders in Fernen, die durch das Dunkel gehoben werden: Aaronsstab, Sonne, Zikzak, zuletzt das Einschlagen in einem Thurm, so wie Zweykampf geharnischter. Der Versuch mit der Batterie gelang nicht. Lebensluft. Ihre zerstörende Wirkung an Schwefel, Stahl und Kampfer. Zuletzt Knallluft. Höchst befriedigt kamen alle zurück.

Montag 28. XI. Physikalische Versuche bey Hagen in Gegenwart der Przßn. Wilhelm und der Königin erst mit der Luftpumpe, dann mit Electrizität, dem künstlichen Gefrieren und zuletzt Gewinnung der Stickluft.

Freytag 2. XII. 1808. Um 11 Uhr kam Horner[153]). Zunächst zeigte er uns auf der Charte den Weg, welchen er genommen. In Coppenhagen schifte man sich ein. Zunächst nach England, dann über Teneriffa hinab an den Äquator und auf Brasilien, von da um Cap Horn über die Marquesas- und Sandwichs-Inseln nach Kampschatka u. s. w. Neu war mir: Außer Europa hilft das Deutsche und Englische weiter als das Französische. Er legte uns vier Hefte Chinesischer Gemälde vor. Er kaufte sie für ein Spottgeld, für 25 Piaster. Außerdem erzählte er viel Lehrreiches und hinterließ den Prinzen Tafeln und Tusche ächt Chinesischer Art und Zinnober-Pulver. Ein Ball von Gummi Elasticum.

Montag 19. XII. Vorlesung bey Hagen über Magnet fortgesetzt, sehr lehrreich. Aber der alte Mann[154]) war sichtbar schwach und ohne Kraft. Er hatte gestern das Mißgeschick gehabt, mit einem gläsernen Gefäße sich einen Zahn auszustoßen, einen Theil seines Ichs, wie er mit Kants Worten sagte ... C. R. Busold[155]) bey uns, einzuladen zu einer Prüfung in der Dippoltschen Schule[156]), wo die Pestalozzische Methode geübt wird[156]) ...

---

[152]) Im Vorlesungszimmer in der alten Hagenschen Hofapotheke Junkerstr. 6.
[153]) Joh. Caspar Horner, aus Zürich gebürtig, russ. Hofrat, Astronom.
[154]) erst 59 Jahre alt! Er wurde 80.
[155]) Gemeint ist der Kirchen- und Schulrat Chr. G. W. Busolt, Besitzer des Hippelschen Gartens, den er nach seiner Gattin Luisenwahl nannte.
[156]) Eingeführt in Kgb. durch Karl August Zeller (1774—1840), der im Tiepoltschen Waisenhause ein „Normal-Institut" einrichtete.

Mir fiel ein, für den alten Hagen als Belohnung der Mühe, die er zum Besten der Prinzen angewandt hat, eine Gehaltszulage zu fordern. Alle diese Gegenstände unterhielten angenehm auf einer Wanderung vor dem Gumbinner Thor[157]) bey heiterm Winterwetter und 9° Kälte.

Mittwoch 21. XII. Statt der gewöhnlichen Lectionen, besuchten wir auf Besolts[155]) Einladung um halb 9 Uhr eine der Armenschulen in der Tiepoltschen Anstalt, wo man seit October die Pestalozzische Methode in Gang gesetzt hat. Wir fanden die Kinder in zewy Klassen abgetheilt. Eine religiöse Unterhaltung machte den Anfang. Fragen und Antworten über ein Bild, welches jene Worte verherrlicht: „Lasset die Kindlein zu mir kommen und wehret ihnen nicht!" Der Lehrer sprach faßlich, mitunter vielleicht zu spielend. Aber die Aufmerksamkeit war allgemein. Sodann eine Übung im Rechnen und Mathematik, die trefflich war, endlich im Sprechen, auch sehr zweckmäßig, aber nicht in allen Theilen vernehmlich genug. Unter den Kindern war aber der regste Trieb und bey den äußern Spuren der Dürfigkeit eine heitere Stimmung sichtbar. In der zweyten Classe, wo die meisten Schüler sich befanden, dieselben Uebungen. Dann Gesang Aller, erst ein geistlicher, der mich zu Thränen rührte, dann einige andere des frohen Lebensgenusses, endlich Betrachtung und Gebet des Lehrers, nach welchem die Kinder abermals ein Lied anstimmten. Wir gingen wieder herab, um nach der Spinnerey zu sehen, welche unter Leitung einer würdigen Frau steht. Ich kam zurück mit einem trostreichen Eindrucke des Ganzen und voll des Vorhabens, den sämmtlichen Kindern eine Weihnachtsfreude zu bereiten. Dieses theilte ich schon unter Weges den Prinzen mit, welche ihn freudig begünstigend aufnahmen ...

Um 5 Uhr in die Reformirte Kirche. Sie war festlich erleuchtet und von einem stark besetzten Orchester wurde Himmels „Vertrau auf Gott!" gegeben. Fast nie bin ich so innig gerührt und durchaus erbauet worden! Am Schlusse wurde auf meine Veranlassung die Orgel gespielt, so daß der Ausgang aus der Kirche Geräuschlos und Würdevoll war.

Sonnabend 24. XII. Fahrt um die vornehmsten Gewölbe des Weihnachtsmarktes zu besuchen. Erst zu Thomas[158]). Beym Aussteigen bemerkte der KrPrz, daß ein Kerl einen Knaben, den er zwischen den Beinen festhielt, verprügelte. Er wie der Blitz hinzu, um den eigenmächtigen Richter zum Befreien zu bringen. Bey Thomas wurden sodann einige Sachen ausgenommen. Desgleichen beym Nürnberger[159]), noch bey einem, noch beym Kupfer-

---

[157]) etwas nördl. des späteren Königstores, 1840 abgebrochen.
[158]) Königsberger Kaufmann.
[159]) C. Th. Nürnberger, Königsberger Buchhandlung am Schloßplatz.

stichhändler, dann bey Feige, dem Conditor[160]), zuletzt beym Zinngießer, sodaß wir weihnachtslich gesinnt und gestimmt zurückkehrten...

Um 6 Uhr begann der bittersüße Rausch... Der ersehnte Augenblick kam. Es wurde den Eltern im Nahmen der Kinder ein Tischchen bereitet... Die Musik schwieg. Man ordnete sich zur Tafel... Der König rief mich über die Seite und vertraute mir einen Aufsatz, von ihm selbst geschrieben, welcher 8 Tage vor dem Einmarsche der Garden in Berlin in einer der Berliner Zeitungen abgedruckt werden soll.

Freytag 25. XII. Wie hatte die Szene der Natur sich verändert! Statt des Thauwetters starker Frost, ein schneidender Wind, der Schloßhof spiegelglatt. Zunächst wurde hierdurch die befohlene große Kirchenparade unmöglich gemacht. Statt der Schloßkirche besuchten wir nun die Altstädter. Ziemlich durchfroren, kamen wir zurück, hatten jedoch Zeit genug, uns durchzuwärmen zur Wachtparade, welche schnell abgemacht wurde. Bis 12 Uhr ein Kommen und Gehen... Um 6 Uhr begaben sich die beyden Prinzen zum Medizinalrath Hagen, ihm das Cabinetsschreiben zu überreichen. Er war im Kreise der Seinen, die sich versammelt hatten, sein Geburtstagsfest zu begehen. Der KrPrz. sagte ihm einige verbindliche Worte und überraschte den braven Mann auf eine rührende Weise. Man sah seine Thränen... Der König nahm meinen Bericht über Hagens Freude sehr gut auf.

Donnerstag 12. I. 1809. Napoleon hat Stein in die Acht erklärt... Der übrige Theil des Tages wurde in der Natur verlebt. Um halb 12 setzte ein Zug von 9 Schlitten sich in Bewegung. Auf dem Pregel schloß sich an Brühl[161]) und Gneisenau. In Holstein wurde angehalten, um ein wenig zu frühstücken. Dann ging es auf das Haff bis Wangaiten[162]). Um halb 4 Uhr wurde der Rückzug angetreten, bis zum Gumbinner Thor ausgedehnt, sodaß wir erst nach halb 5 Uhr zu Hause waren. Nach der Rückkunft erwärmten wir uns an einer Tasse Kaffee.

Freytag 12. I. Ich verfügte mich gegen 7 Uhr zu Borowsky, der mich eingeladen hatte. Zum ersten Mal fast verrieth er seine Gesinnung über Napoleon. Der alte Fuchs! In naher Verbindung möchte ich nicht mit ihm stehn. In unserm Urtheile über Stein kam er darauf, auch über Scheffner seines

---

[160]) In den Kgb. Staats-Krieges- u. Friedens-Zeitungen v. 2. May 1808 findet sich eine Anzeige „Feige, dem Hofpostamt gegenüber", in der er Torten empfiehlt. Ich glaube nicht, daß mit dem Hofpostamt das Postpackhaus am Altstädtischen Kirchenplatz gemeint ist, sondern das seit 11 Jahren als Postamt verwendete Hippelsche Palais in der Poststraße. Feiges Conditorei lag also da, wo später Steiner war, nämlich Ecke Junkerstraße.
[161]) Hans Moritz Grf. v. Brühl, Oberst u. General-Chaussee-Bau-Intendant.
[162]) Wangitt mit Wangitter Haken, am südl. Haffufer b. Heide-Waldburg.

Herzens Meynung zu verrathen. Die schien denn auch nicht die günstigste zu seyn.

Mittwoch 25. I. Der Älteste griff nach seiner Dichtung „Comola", die ich heute früh mit Vergnügen las.

Donnerstag 26. I. Fahrt im Schlitten auf dem Wege nach Holstein und durch die Stadt zurück. Mittags waren La Canal[81]) und Wrede[60]) geladen, aber siehe da, unangemeldet und unerwartet kam noch Borowsky, der protestantische Pabst. Wrede hatte eine Zeichnung mitgebracht, welche den Stand beyder Planeten (Venus und Jupiter) anschaulich machte, und eine Himmelskarte. Über beydes mußte er eine halbe Stunde dociren.

Freytag 27. I. Um 7 Uhr wurde der Thurm[161]) bestiegen, um die Erscheinung am Himmel durch Telescopen wahrzunehmen. Was zu den Füßen lag, zog mehr an, als das Himmelsgewölbe. Die weite, mit Schnee bedeckte Ebene und die Lichter in den Häusern bildeten einen gestirnten Himmel zu unsern Füßen. Die beyden Himmels-Majestäten waren nicht im selbigen Glanze. Venus ab und zu verschleiert und trübe, Jupiter in gleichmäßiger Heiterkeit, gleichsam, als sollte auch am Himmel der Vorzug unseres Geschlechtes sich bewähren. Die Thurm-Karawane stärkte sich am Punsch ...

Donnerstag 2. II. 1809. ... Mittags waren Gäste der alten Borowsky von unglaublich guter Laune, die uns herzlich zu lachen machte ...

Donnerstag 9. II. Um 12 Uhr Fahrt im Schlitten erst aus dem Gumbinner, dann aus dem Sackheimer Thore. Vor letzterm wurden wir umgeworfen. Zu meiner Beruhigung gereicht es, daß der Kutscher selbst lenkte. Mittags Brühl und Borowsky unsere Gäste. Letzterer verliehrt, je öfter man ihn sieht. Seine hierarchische Laune kommt stärker zum Vorschein. U. a. las er uns ein geistreich zusammengesetztes Räthsel und Charade über Galgenstrick, welches Prz. Wilhelm beynahe errieth. Daher er ihm sein „Magnus mihi eris Apollo" zurief.

Donnerstag 2. III. 1809. Mit Hagen Besuch in der Fayence-Fabrik[164]), worin die Arbeiter uns allen viel Vergnügen machten ... Nachher Verhandlung über den heutigen Abend. Die Königin mißbilligte weder das Stück, noch den Verfasser, Herrn Schenkendorf ... Um 6 Uhr versammelte sich bereits die Gesellschaft, 70 an der Zahl, u. a. auch der Oberbürgermeister Deetz[45]). Gegen halb 8 Uhr verfügte man sich in das im zweyten Stock gelegene Theater der Auerswaldschen Behausung, wo die „Bernsteinküste"

---

[163]) Schloßturm.
[164]) weiland des Hofrats J. E. L. Ehrenreich, die nach dem Zusammenbruch 1787 von verschiedenen Unternehmern noch bis 1810 weitergeführt wurde.

ein Festspiel, sowol von Seiten des Gesangs als Redetheile sehr gut zu allgemeinem Beyfalle gegeben wurde.

Sonntag 10. März[165]). Um 9 Uhr begaben wir uns in die Domkirche, wo die öffentliche Vereidigung des Magistrats Statt fand. Borowsky hielt am Altar, um welchen die Mitglieder des Magistrats mit den hundert Stadtverordneten saßen, eine Rede, an deren Eingange, sowie am Schluße er des heutigen Festes Erwähnung that. Das Ganze nicht unfeyerlich. Beim Austritte aus der Kirche machte das allgemeine Glockengeläute einen trefflichen Eindruck...

Um 11 Uhr bey der Königin. Sie war mit Ihm ganz allein. Beyde Prinzen brachten einfache, nicht einmal gut gerathene Zeichnungen. Reimann überreichte einige Stückchen Bernstein mit Wassertropfen[166]).

Um 7 Uhr erhob man sich nach dem in der Börse[167]) veranstalteten Balle. Der Saal war auf das geschmackvollste verziert und erleuchtet und erinnerte an den Conzertsaal des Berlinischen Comödienhauses. Die Königin wurde beym Eintritt von der Musik begrüßt. Sodann erhob sich von unsichtbarer Stimme ein Gesang, und als er schwieg, gingen 16 Damen vor der Königin vorüber, in weiß und blau gekleidet mit blausammtnen Diadem, worauf in Perlen der Nahme Luise. Jede legte ihr eine Blume zu Füßen, welche zusammen den Nahmen Luise Charlotte[168]) bildeten. Nun Polonaisen, dann Seize, nur von gedachten 16 Damen mit so viel Herren getanzt, endlich allgemeiner Tanz. Erst um 2 Uhr trafen wir wieder in unserm Zimmer ein.
Montag 27. III. Der König theilte uns mit den Bericht des Steenke[169]) über ein kühnes Wagstück, wodurch er ein zwischen Eisschollen eingeklemmtes Schiff, dessen Mannschaft dem Hungertode ausgesetzt gewesen, gerettet und sogar einen Menschen, der auf einer Eisscholle ins weite Meer getrieben war, den Wellen entrissen hatte. Prżßn. Charlotte brach mit Herzlichkeit in die Worte aus: „Ich möchte der Mann gewesen seyn." Bey Tische wurde die neueste Berliner Zeitung herumgegeben.

---

[165]) Geburtstag der Königin Luise (1776).
[166]) ? Luftblasen.
[167]) Vierte Kneiph. Börse im Pregel vor dem Junkergarten. 1875 abgebrochen.
[168]) Ein Irrtum, über den Auerswald, wie D. am 14. 12. vermerkt, sehr betreten war. Die Königin hieß nämlich Luise Auguste Wilhelmine Amalie.
[169]) Joh. Friedr. Steenke, * Kgb. 30. 5. 1770, † Pillau 11. 8. 1818, fuhr 13 Jahre zur See und betrieb in Kgb. eine Reederei. 1801 Lotsenkommandeur und Hafenmeister in Pillau. 1806 rettete er die preuß. „Silberflotte" (4 Schiffe) vor den Franzosen nach Kopenhagen. Dafür „Kgl. Commerzienrat", 1817 gründete er die erste Pillauer Druckerei. Er rettete zahlreiche Schiffbrüchige. Bei dem Versuch, die Mannschaft eines englischen Schiffes zu bergen, ertrank er mit 11 Pillauern. Sein Grab war noch zu unserer Zeit auf dem Alt-Pillauer Friedhof. Sein Sohn war der Baurat Georg Jacob St., der die Schiefen Ebenen des Oberländischen Kanals baute.

Sonnabend 22. IV. 1809. Ich verfügte mich in das deutsche Haus[54]), wo die ehemaligen Tischfreunde Kants zu seinem Gedächtniße, denn heute ist der Geburtstag, ein Mittagsmahl angeordnet hatten. Zwischen Scheffner und Herbart[170]).

Mittwoch 26. IV. Bußtag. Nach 9 Uhr verfügte der ganze Hof sich in die Neue Roßgärter Kirche zu Borowsky. Wenn nur der Papst nicht immer so durchblickte in der tactlosen Strafpredigt, dessen Wort am Ende so gut verhallt, wie jedes Andere!

Donnerstag 18. V. 1809. Um 7 Uhr holte Hagen uns ab und führte uns in den Botanischen Garten, in der Mittelstraße des Sakheim gelegen. Starker Geruch im Gewächshause[171]).

Dienstag 6. VI. 1809. Nachricht, daß der Hof bereits auf den Huben residire ... Hagens Vortrag über Botanik angenehm und mannigfaltig ... Nach 7 Uhr bei Scharnhorst. Nachricht von Schills Tode[172]), der in Stralsund gefallen. Er[173]) war sehr gebeugt. Von 10 Uhr an Fahrt auf dem Schloßteiche.

Dienstag 11. VII. 1809. Abends gegen 7 Uhr langten wir wohlbehalten in Königsberg an[174]) und fanden die Wohnung bereit in dem Krügerschen Hause[175]) in der Roßgärtschen Straße, welches der König für den Kronprinzen um 32 000 Thlr. gekauft hatte ... Beym Aussteigen aus dem Wagen empfing uns Krüger, unser Wirth. Bald kam auch Kriegsrath Scheffner, unser Mithäusler.

Mittwoch 12. VII. Frühstück im Garten ... Thee im Garten ... Abendessen en trois im Garten. Liebliche Wärme. Ferne Musik im gegenüberliegenden Garten. Art Feuerwerk. Reges Leben auf dem Schloßteiche. Erst nach 10 Uhr trennten wir uns vom Sitze am Ufer desselben und rissen uns los

---

[170]) Joh. Friedr. Herbart (1776—1841), 1809—33 Prof. d. Philosophie auf Kants Lehrstuhl.
[171]) Erst im Herbst 1809 wurde, wie Scheffner erzählt, mit der Einrichtung des neuen Botanischen Gartens, den der König 1806 von Scheffner gekauft hatte, durch den Finanzminister Frh. v. Altenstein begonnen, der als Direktor den Professor Schweigger berief.
[172]) † am 31. 5. 1809.
[173]) Scharnhorst.
[174]) D. hatte mit Reimann, Oberstlt. Gaudi, dem militärischen Erzieher, dem Kronprinzen, Prz. Friedrich und den 3 jungen Auerswald vom 26. 6.—11. 7. 1809 eine Reise zu den Schlachtfeldern von 1807 gemacht: Friedland — Angersburg — Steinort — Hlg. Linde — Springborn — Heilsberg — Liebstadt — Mohrungen — Saalfeld — Pr. Mark-Finkenstein — Schönberg — Riesenburg — Neuenburg — Meve — Marienburg — Elbing — Schlobitten — Pr. Eylau.
[175]) Das ehemals Keyserlingsche Palais, das der Sohn Grf. Albrecht Johann Otto K. 1796 für 20 000 Thlr. an den Mechanicus Loyal, dieser 1799 an den Bancodirektor Krüger für 24 000 Thlr. verkaufte. 1814 Sitz des GeneralKdos u. ab 1830 Dienstwohnung des Kd. Generals des I. A. K. — Dort wohnte, seit er sein Haus auf dem Neuroßgarten an den König verkauft hatte, auch Scheffner.

von der Unterhaltung, die sehr lebendig und angenehm war zwischen uns dreyen. Gaudi rauchte sein Pfeifchen und der KrPrz. war der Vertraulichkeit, die zwischen uns waltete, sichtbar froh.

Dienstag 18. VII. Kampf gegen den Wind[176]). Die bedauernswerthe Königin! Im Zimmer, das sie bewohnt, ohne Schutz gegen den eindringenden Wind, hat sie sich auf dem Vorsaal gebettet und eingerichtet. Damit die Thüren nicht geöffnet werden dürfen, geht, was in die Zimmer unten muß, durch das Fenster! Dabey neue Anfälle oder Bedrohungen des Fiebers[177]).

Dienstag 3. VIII. 1809[178]). Fahrt nach den Huben. Überreichung der Geschenke. Der KrPrz. gab zwey Zeichnungen, unter denen die „Ansicht von Mewe" nach der Natur entworfen. Gute Laune beyder Majestäten ... Fahrt nach Medenau[179]), wo im Landhaus des Kaufmanns Berklay[180]) das heutige Fest gefeiert wurde. Des Regens wegen, der immer reichlicher floß, im ganzen Wagen. Um halb 12 Uhr in Medenau. Der fast unaufhörliche Regen verstattete kaum einen Schritt ins Freye zu der geschmackvollen Verziehrung des Gartens ... Rückfahrt von halb 6—8 Uhr[181]). Unablässiger Regen, Gewitter. Gestöhrtes Feuerwerk[182]).

Sonntag 6. VIII. Es fand eine Feyerlichkeit in der Polnischen Kirche[183]) Statt, welche dem Cürassier-Regiment, ehemals Zieten, zur Garnisonskirche dient ... Der Abrede gemäß wurde das Schauspiel besucht, wo man den „Wasserträger"[184]) gab. Das am 3. August im Logengarten verunglückte Feuerwerk wurde heute nachgeholt.

---

[176]) Im Landhaus Busolts.
[177]) Man versteht, daß Rustan, der Leibmameluk Napoleons, den der Oberzeremonienmeister Graf Ségar am 12. Juni 1812 zur Besichtigung dieses Landhauses mitnahm, mit Kreide an das Haus schrieb: „Quel misérable château pour un roi!" Napoleon residierte im Unfriedbau des Schlosses.
[178]) Königs Geburtstag.
[179]) altpr.: medimei = Holzort, Kirchdorf mit schöner Bischofskirche aus d. Anf. d. 14. Jh.
[180]) David Barclay, Königsberger Kaufherr, war durch seine Frau Elisabeth Henriette geb. Dittrich, Mitbesitzer der Dittrichschen Mühlen vor dem Friedländer Tor, und auch der Schimmelpfennigschen Tabaksfabrik. Er starb 1811 durch Selbstmord. Seine Witwe heiratete 1812 den sehr viel jüngeren Max v. Schenkendorf.
[181]) Über sie schreibt Carl Friedrich Zelter, der damals in Kgb. war, in einem Brief v. 5. 8. 1809: „Die Spazierfahrt des Königs an seinem Geburtstage ist schlecht abgelaufen. Das Wetter und der Weg waren so unanständig und gemein, daß sie vier Stunden haben fahren müssen, um nach Medenau zu kommen. 4 Stunden von da zurück [übertrieben!] — also sind sie nur 3 Stunden im Zimmer gewesen und 8 Stunden haben sich auf der Landstraße im Dreck herumgetrieben. Die Königin, welche sich sehr schwach befindet, hat sich dort niedergelegt und bei der Zurückkunft hat der Wagen, worin die königlichen Kinder gesessen, umgeworffen; vor dem Hause des Königs, in der Finsterniß der Nacht, so daß der König sich hat die Laterne anstecken lassen, in allerhöchst eigener Person den Schaden zu besehen und er selbst ist in den Koth gefallen. Übrigens hat Niemand glücklicher Weise Schaden genommen..."
[182]) im Logengarten.
[183]) Steindammer Kirche. Noch um 1900 von älteren Leuten Polnische Kirche genannt.
[184]) Singspiel von Schmieder, Musik von Cherubini.

Dienstag 22. VIII. Die Majestäten erschienen, um einen Luftball steigen zu sehen, welcher aus einem gegenüberliegenden Garten in die Höhe ging. Es gelang trefflich ...

Sonntag 10. IX. 1809. Nachricht, daß die Königin die verwichene Nacht um 2 Uhr die Huben verlassen habe[185]... Besuch bei Zelter. Den Prinzen wurde ein ernstliches Wort gesagt über Bestreben, seiner Muttersprache Ehre zu machen und das Kauderwelsch der höhern Zirkel zu vermeiden. Als er sich zurückgezogen, zeigte ich Zelter die vom KrPrz. angefangene Composition: „Ach, lieber Gott, ich bitte Dich." Er fand sie sehr gut.

Donnerstag 28. IX. Naturgeschichte bey Hagen... Das Schauspielhaus beabsichtigt, wo man weitergekommen ist, als ich mir vorgestellt hatte[186]...
Mittwoch 4. X. 1809. Wir waren im Begriff auszugehen, als unerwartet die frohe Botschaft von der glücklichen Entbindung[187]) der Königin anlangte. Der KrPrz. war außer sich. Er sprang, lachte, schrie. Wir wanderten rasch nach dem Schlosse. Glückwunsch an den König. Wiege des Neugebohrenen... Verweilen im Komödienhause, um die Decorationen mahlen zu sehen... Um halb 5 Uhr Colloquium Chemicun bey Hagen."

Die Tagebuchblätter vom 9.—14. Oktober sind nicht ausgefüllt. Sie beginnen erst wieder am 15. X., dem Geburtstage des Kronprinzen.

„Sonnabend 28. X. Die „Schöpfung" von Haydn in der Schloßkirche."

Mit dem 11. XI. 1809 bricht Delbrücks Tagebuch unvermittelt ab. Es findet sich nirgend ein Anhalt, warum dies geschah.

---

[185]) Auf eindringlichen Rat Hufelands.
[186]) Es wurde am 9. 12. 1809 vor den Majestäten und zahlreichen Geladenen mit dem Prolog „Die Weihe" von Carnier, Musik von Musikdirektor Joh. Friedr. Dorn, und „Dem Puls" von Babo eröffnet.
[187]) Prinz Albrecht, * Kgb. 4. 10. 1809, † Berlin 14. 10. 1872, beigesetzt im Charlottenburger Mausoleum.

Rolf Engels:

DIE PREUSSISCHE REGIERUNG GUMBINNEN IM STURMJAHR 1848

Die Berliner Ereignisse vom März 1848 wurden in den ostpreußischen Regierungsbezirken Königsberg und Preußisch-Litthauen rasch bekannt und bildeten vielerorts den Gegenstand spontan einberufener Versammlungen, in denen die Vorgänge erregt diskutiert wurden. In der Provinz herrschte Aufregung unter all denen, die am politischen Leben jener Tage Anteil nahmen. Allerdings äußerte sich diese Anteilnahme in unterschiedlichen Formen; Gerüchte wurden verbreitet, die zu den gewagtesten Spekulationen Anlaß gaben und manche unüberlegte Handlung hervorriefen. Für konservative Bürger war dies der Anlaß, die Gefahr von Jakobinertum, Anarchie und Revolution heraufzubeschwören, wenn von einer Verfassung die Rede war. Den Begriff der konstitutionellen Monarchie betrachteten sie als Widerspruch in sich. Die Vorgänge im Gumbinner Bezirk machten dies wie auch die uneinheitliche politische Haltung der sogenannten Liberalen und zwischen allen die Position der Regierung deutlich.

In Gumbinnen und Insterburg feierten die Demokraten[1]) die März-Ereignisse durch eine demonstrative Illumination ihrer Häuser. Für die Konservativen war es selbstverständlich, sich einer solchen Kundgebung zu enthalten. Dadurch kam es zu den ersten Ausschreitungen im Regierungsbezirk. Im Freudentaumel über den „neuen Umschwung" und aus Zorn über die Konservativen warf man dort, wo die Häuser nicht beleuchtet waren, die Fensterscheiben ein. Doch solche Exzesse blieben die Ausnahme. Regierungspräsident von Saltzwedel berichtete nach Berlin, daß die Aufregung „zwar laut, aber fast nirgends gewaltsam" gewesen war[2]). Er deutete ferner an, daß diese Erregung verschiedenen Gründen entsprang. Neben den politischen Demonstrationen in Gumbinnen und Insterburg verzeichnete man bei einigen Kreiskassen eine Stockung in der Steuereinziehung.

---

[1]) Das Wort „Demokraten" wird an dieser Stelle als Sammelbegriff gebraucht; vgl. Valentin, Veit: Geschichte der deutschen Revolution 1848—1849, Bd. 2, S. 99; Hartung, Fritz: Deutsche Verfassungsgeschichte vom 15. Jahrhundert bis zur Gegenwart, Stuttgart 1969, S. 253 ff.

[2]) StA. Kgb., Rep. 2 I, Tit. 30, Nr. 30, Vol. 1, fol. 73—74 (jetzt Staatl. Archivlager Göttingen, Preußischer Kulturbesitz).

Die Abgabenpflichtigen weigerten sich zu zahlen, weil die Gewährung der Pressefreiheit als Vorgriff auf weitergehende Freiheiten gegenüber dem Staat verstanden wurde. Saltzwedel wies darauf hin, daß die Regierung es in dieser Beziehung an der nötigen Aufklärung nicht fehlen lasse, und rechnete mit einer baldigen Beruhigung der Gemüter.

Ein weiterer Punkt, der Unruhe schaffte, waren die Gerüchte über russische Truppenbewegungen in der Nähe der Grenze. Landrat Klein aus Goldap meldete dem Oberpräsidenten, daß am 1. April drei russische Armeekorps bei Kowno den Niemen überschreiten und im Gouvernement Augustowo Aufstellung nehmen sollten. Er vermutete, daß die russische Regierung einen Aufstand in Russisch-Polen befürchtete und deshalb die Truppenverlegung angeordnet hätte[3]). Dem widersprach eine Nachricht des Landrats von Wegnern aus Lyck. Er war am 11. April von einer Reise nach Russisch-Polen zurückgekehrt und hatte weder Truppenbewegungen noch eine Verstärkung der Grenzwachen feststellen können. Schon einige Tage vorher hatte der Regierungspräsident mitgeteilt: die Nachrichten über militärische Aufmärsche jenseits der Grenze, „denen ich nur wenig Glauben schenken konnte, bestätigen sich in keiner Weise"[4]). Was grundsätzlich von solchen Gerüchten, sei es auf russischer oder auf preußischer Seite, zu halten war, zeigte ein Bericht des Landrates von Zabeltitz aus dem Kreis Heydekrug. Dorthin war eine Schwadron Dragoner aus Tilsit verlegt worden, und bereits wenige Tage später sprach man in Rußland von einem in Heydekrug stationierten Regiment[5]). Die Widersprüchlichkeit der Berichte aus den Grenzkreisen veranlaßte Oberpräsident Bötticher, der vergeblich auf Weisungen und Informationen aus Berlin wartete, eine Untersuchung durch einen Beamten der Gumbinner Regierung anzuordnen. Daraufhin begab sich Regierungsrat Richter nach Johannisburg, er fand indes nichts, was irgendeine Besorgnis gerechtfertigt hätte[6]).

Es waren ohnehin die innenpolitischen Ereignisse, die im Mittelpunkt standen. Die Anteilnahme an den Bemühungen um eine Verfassung und an den parlamentarischen Versuchen in Berlin und Frankfurt zeigten sich am deutlichsten in der Bildung von politischen Vereinigungen in einigen Städten des Regierungsbezirks. Zumeist war es, wie in Gumbinnen und Insterburg, in Johannisburg und Tilsit, der „Konstitutionelle Klub", der zum Sammlungsort der Befürworter einer Verfassung wurde. Im „Intelligenz-

---

[3]) Ebd., fol. 85 V-R.
[4]) Ebd., fol. 228 V, 266 V.
[5]) Ebd., fol. 286 V.
[6]) Ebd., fol. 321 V, 354 V-R.

blatt für Litthauen" erschien am 20. April eine Anzeige, die zur Bildung eines solchen Klubs in Gumbinnen aufrief. Die Unterzeichner kamen aus verschiedenen sozialen Schichten, neben Handwerkern und Kaufleuten befanden sich unter ihnen auch Ärzte, Juristen, Lehrer und Verwaltungsbeamte. Das vielleicht prominenteste Mitglied war Oberregierungsrat Siehr[7]). In konservativen Kreisen betrachtete man diese Klubs mit Mißtrauen und selbst mit kaum verhüllter Feindschaft. Kurz vor den ersten Wahlen wurde Ende April in Gumbinnen ein Flugblatt verbreitet, in dem man vor dem Gespenst der Republik warnte und die Geister der französischen Revolution heraufbeschwor. Die Redaktion des Intelligenzblattes befaßte sich in einem längeren Artikel eingehend mit dem Text dieses Flugblattes und schloß ihren Kommentar mit der Feststellung, daß man in der Provinz, Königsberg eingeschlossen, selbst „mit aller Mühe" wohl „kaum irgendeine Spur von republikanischen Bestrebungen" entdecken könne[8]).

Bei den ersten Wahlen zum Frankfurter Parlament entfielen auf den Regierungsbezirk Gumbinnen insgesamt zehn Wahlbezirke, die jeweils aus zwei landrätlichen Kreisen bestanden. Die Kreise Heydekrug, Sensburg und Loetzen wurden dabei mit den zum Königsberger Bezirk gehörenden Kreisen Memel, Ortelsburg und Rastenburg zu drei Wahlbezirken vereinigt. Unter den Kandidaten befanden sich die Brüder von Saucken, die Landräte Gamradt—Gumbinnen, Schirmeister—Insterburg und von Wegnern—Lyck, Oberregierungsrat Siehr, der gegen den Münsteraner Oberpräsidenten v. Flottwell antrat, und nicht zuletzt Regierungspräsident von Saltzwedel, der sich in seinem Heimatkreis Oletzko zur Wahl stellte. Sein Gegner war Oberst Hans von Auerswald, der in dem Bemühen, einen Sitz in Frankfurt zu erhalten, die eklatante Schwäche des angewandten Wahlsystems aufdeckte. Auerswald bewarb sich außer im Bezirk Oletzko/Goldap noch im Bezirk Tilsit/Niederung I und im Kreis Rosenberg im Regierungsbezirk Marienwerder. Als nun Auerswald in allen drei Bezirken die Mehrheit der Stimmen erhielt und sich schließlich für das Mandat des Kreises Rosenberg entschied, rückten nicht etwa die übrigen Kandidaten nach, sondern es mußte eine Nachwahl abgehalten werden, ein zeitraubendes und kostspieliges Verfahren. Schließlich reisten aus dem Kreis der Gumbinner Beamten von Saltzwedel und Siehr und die Landräte Schirmeister und von Wegnern

---

[7]) Ebd., Rep. 2 II, N. 2883, fol. 128 V. — Dies spricht gegen die Annahme Valentins, Bd. II, S. 7, daß Honoratioren sich von den preußischen Klubs zurückgehalten hätten.
[8]) Ebd., fol. 121 V.

als Abgeordnete nach Frankfurt[9]). Saltzwedel legte im März 1849 sein Mandat nieder; als Stellvertreter folgte ihm Landrat Karl Gamradt aus Gumbinnen[10]). Während der Abwesenheit des Regierungspräsidenten führte Oberregierungsrat Schirmeister die Präsidialgeschäfte.

Schirmeister übernahm keine leichte Aufgabe, denn die Regierung befand sich zu dieser Zeit in einer fatalen Lage. Als Behörde innerhalb des Verwaltungsapparates repräsentierte sie nicht nur den Staat, sondern war auch im Rahmen der bestehenden Gesetze verpflichtet, die überkommene Ordnung dieses Staates und seiner Verwaltung zu bewahren. Andererseits gehörten einige Mitglieder dieser Behörde zu den Kreisen, die den Staat und mit ihm seine Verwaltung grundlegend verändern wollten. Damit trafen die politischen Gegensätze innerhalb der Beamtenschaft ebenso aufeinander wie in der übrigen Bevölkerung. In Gumbinnen zählten allein acht Regierungsräte und ein Assessor zu den Mitbegründern des Konstitutionellen Vereins, dazu kam noch Landrat Burchard[11]). In Johannisburg dagegen beschwerte sich der Konstitutionelle Klub über Landrat Reuter, der den Klubmitgliedern zu radikal war und nach ihrer Meinung die öffentliche Ruhe und Sicherheit gefährdete[12]). Die Verwaltung war in politischer Hinsicht gespalten, und diese Tatsache rief in der Beamtenschaft und nicht zuletzt in der Bevölkerung Mißtrauen und Unsicherheit hervor, die durch die Vorgänge in Berlin und ihre Auswirkungen auf die Verwaltungsspitze noch verstärkt wurden.

In bezug auf die Regierung wurde diese Unsicherheit nach den November-Ereignissen besonders deutlich. Zunächst erschien eine Deputation aus Tilsit in Gumbinnen und erbat von Schirmeister eine bestimmte Erklärung der Regierung über ihr zukünftiges Verhalten nach den Beschlüssen der Nationalversammlung. Darauf teilte die Regierung mit, „daß wir die städtische Behörde zu Tilsit nicht für befugt erachten, über die Anerkennung des Ministeriums Brandenburg von uns eine Erklärung zu erfordern. Wir können uns nur dahin aussprechen, daß wir fortfahren werden, nach unserem Gewissen und dem von uns geleisteten Diensteid getreu unsere Amtspflichten zu erfüllen"[13]).

---

[9]) Ebd., fol. 10 R, 71 V, 96 V-R, 205 V, 246 V.
[10]) Vgl. dazu: Rosenberg, Bernhard-Maria: Die ostpreußischen Abgeordneten in Frankfurt 1848/49. Biographische Beiträge zur Geschichte des politischen Lebens in Ostpreußen (Veröff. a. d. Archiven Preuß. Kulturbesitz, Bd. 6), Köln und Berlin 1970.
[11]) Rep. 2 II, Nr. 2883, fol. 128 V.
[12]) Rep. 2 I, Tit. 30, Nr. 30, Vol. 2, fol. 78 V—79 V, 184 V.
[13]) Ebd., Vol. 4, fol. 285 V, 289 R.

Diese Antwort war schwerlich dazu geeignet, Klarheit zu schaffen. Ließ sich daraus schließen — weil man ja in dieser Haltung „fortfahren" wollte —, daß es für Schirmeister oder für die Mehrheit des Kollegiums keinen Konflikt zwischen Gewissen und Amtspflichten gab, daß man also die Geschehnisse vorbehaltlos anerkannte? Oder blieb durch die ausdrückliche Anführung des Gewissens als Kriterium für die weitere Arbeit die Haltung der Regierung offen? Diese Frage sollte sich noch einmal stellen.

Am 17. Dezember 1848 veröffentlichten der Magistrat und die Stadtverordneten von Tilsit gemeinsam mit der Unterschrift „Die Gemeindebehörden" einen Aufruf an die Bevölkerung und erklärten, daß das Ministerium mit den letzten Maßnahmen Recht und Gesetz „auf das Schmachvollste" verletzt und „Freiheit und Ehre des Volkes mit Füßen getreten" hätte. Und weiter hieß es, die Gemeindebehörden würden keine andere Macht als „den Willen des Volkes, kein anderes Gesetz, als das Volk sich gegeben", anerkennen[14]). Die Reaktion der Regierung war erstaunlich. Sie zitierte die wesentlichen Passagen der Flugschrift wörtlich im Amtsblatt und machte sie damit erst der gesamten Bevölkerung des Bezirks bekannt. Danach folgte die Stellungnahme der Regierung: „Durch jenen Aufruf sind die Befugnisse der städtischen Behörden völlig überschritten: wir müssen daher denselben für einen ungesetzlichen Akt erklären"[15]). Die Regierung ging also mit keinem Wort auf den Inhalt des Flugblattes ein, sie verurteilte lediglich die Kompetenzüberschreitung und die Verfahrensweise und verlangte eine Erklärung darüber, wieso man sich unter dem Namen Gemeindebehörden zusammengeschlossen und gemeinsam Beschlüsse gefaßt hätte.

In ihrem Bericht bedauerten Magistrat und Stadtverordnete von Tilsit zunächst den öffentlichen Tadel durch die Regierung und wiesen dann darauf hin, daß die gemeinsame Beschlußfassung vor allem nach einigen Exzessen im November 1848 zu schnellen und erfolgreichen Maßnahmen geführt hätte. Außerdem beriefen sie sich auf das Beispiel anderer Städte (die im Bericht leider nicht genannt werden), in denen ebenfalls beide Behörden gemeinsam politische Adressen veröffentlicht hatten. Im übrigen hätten sie sich weniger von strenger Gesetzlichkeit als vielmehr von Zweckmäßigkeit und Notwendigkeit leiten lassen: „Ist uns doch selbst das Königliche Staatsministerium mit dem Beispiel vorangegangen, daß man in dringenden Fällen allerdings über die strenge Gesetzlichkeit hinweggehen dürfe, indem dasselbe, trotz des ausgesprochenen Vereinbarungsprinzips, die Nationalversammlung einseitig vertagte und sogar auflöste. Ein solch dringender

---
[14]) Ebd., fol. 195 V.
[15]) ABl. 1848, S. 233.

Fall war auch für uns eingetreten [...] Vergebens erwarteten wir, daß Eine Königliche Hochverordnete Regierung in dieser hochwichtigen Zeit mit Belehrung für ihre untergebenen Behörden einschreiten würde, es geschah nicht"[16]).

Harte Vorwürfe gegen Regierung und Staatsministerium, ein Aufruf mit „aufregendem, teilweise verbrecherischem Inhalt", wie Eulenburg, der Vertreter des Oberpräsidenten, urteilte, ein Verfahren, bei dem „der Magistrat, unter gänzlicher Verkennung seiner Stellung und seiner Pflichten, entweder nicht den Willen oder nicht den Mut gehabt hat, von dem ihm zustehenden Recht Gebrauch zu machen, gesetzwidrigen Beschlüssen die Ausführung zu versagen. Sein Verhalten beurkundet daher mindestens einen hohen Grad von Schwäche"[17]) — dies waren die Tatsachen. Die Regierung aber beantragte mit der Begründung, daß eine Untersuchung zu schwierig wäre, lediglich einen strengen Verweis und fand damit die Zustimmung des Oberpräsidenten[18]). Erst zwei Wochen vorher hatte sie gegen Landrat Schlick aus Heinrichswalde, den Vorsitzenden des dortigen Vereins für konstitutionelle Monarchie, aus politischen Motiven ein Disziplinarverfahren eingeleitet[19]). Fürchtete man etwa, die aufgebrachte Stimmung in der Tilsiter Bevölkerung noch weiter zu erregen? Oder sprach die Nachsicht gegenüber den dortigen Behörden für eine liberale oder gar sympathisierende Einstellung der Regierung? Beide Fragen müssen offen bleiben, weil die Regierung beziehungsweise Oberregierungsrat Schirmeister sich nicht nur in der Öffentlichkeit auf vage Äußerungen beschränkten, sondern auch im internen Dienstbetrieb eine klare Linie vermissen ließen.

Dies bewies nicht nur der Fall der Tilsiter Kommunal-Behörden. Im November stellte eine Deputation der Insterburger Bürgerschaft bei Schirmeister den Antrag, den König seitens der Regierung darüber zu unterrichten, daß die Maßnahmen des Ministeriums Brandenburg „keineswegs ungeteilten Beifall im Lande finden und daß andererseits die Schritte der Nationalversammlung ebensowenig allgemein mißbilligt würden, wie solches von der Umgebung Sr. Majestät dargestellt werde"[20]). Damit wurde unterstellt, daß in Berlin Nachrichten aus den Provinzen verfälscht würden. Außerdem verlangte man eine Erklärung der Regierung zur Steuerverweigerung.

---
[16]) Rep. 2 I, Tit. 30, Nr. 30, Vol. 4, fol. 196 V—198 R.
[17]) Ebd., fol. 200 V-R.
[18]) Ebd., fol. 199 V.
[19]) Ebd., fol. 242 V—244 V.
[20]) Ebd., fol. 288 R.

Die preußische Regierung Gumbinnen im Sturmjahr 1848

Im Intelligenzblatt vom 30. November 1848 verweigerte Schirmeister jede offizielle Stellungnahme zu den Beschlüssen der Nationalversammlung. Gleichzeitig zitierte er aber, ähnlich wie im Fall von Tilsit, den Antrag der Deputation bezüglich der Immediateingabe im Wortlaut und verbreitete damit, gewollt oder ungewollt, ihren Verdacht unter der ganzen Leserschaft der Zeitung. Unveröffentlicht blieb allerdings die Tatsache, daß er bereits wenige Tage vorher, und zwar immediat, über die Stimmung im Bezirk nach Berlin berichtet hatte: „Euer Königl. Majestät fühlen wir uns gedrungen, unmittelbar alleruntertänigst vorzustellen, daß bereits auch in einigen Teilen unseres Verwaltungsbezirks eine bedenkliche Aufregung der Gemüter — hervorgerufen durch den verhängnisvollen Zwiespalt der oberen Staatsgewalten — sich kundgibt und daß, wie wir besorgen, wir schwerlich imstande sein werden, dieser Aufregung gegenüber noch fernerhin so wie bisher tätliche Störungen der öffentlichen Ordnung zu verhindern, wenn es nicht bald Euer Königl. Majestät huldvoller Fürsorge gelingen sollte, jenen Zwiespalt in friedlicher Weise zu lösen"[21]).

Es lassen sich lediglich Vermutungen darüber anstellen, warum Schirmeister in dieser Situation die Form des Immediatberichtes gewählt hat. Als Vertreter des Regierungspräsidenten hatte er grundsätzlich das Recht dazu. Aber glaubte auch er wie die Insterburger Deputierten, daß im Staatsministerium Nachrichten manipuliert und dem König unzutreffende Berichte vorgelegt wurden? Oder hielt er wirklich die Stimmung innerhalb der Bevölkerung für so gefährlich, daß außerordentliche Maßnahmen ergriffen werden mußten? Für das letztere gibt es keinerlei Hinweise, und Schirmeister selbst teilte zwei Wochen später dem Oberpräsidenten mit, daß man im Gumbinner Bezirk auf die Einrichtung von Kreisschutzmannschaften habe verzichten können; abgesehen von Tilsit sei es gelungen, „Exzesse von Erheblichkeit vom Verwaltungsbezirk fernzuhalten"[22]). Damit bleibt die Vermutung, daß Schirmeister dem Staatsministerium nicht getraut hat, und unter dieser Voraussetzung wäre seinem Entschluß, immediat zu berichten, eine gewisse politische Bedeutung beizumessen. Diese Überzeugung gewann auch Oberregierungsrat Eulenburg im Oberpräsidium. Er hielt Schirmeister vor, daß die Form des Immediatberichtes „zu Zweifeln über die Stellung der Regierung zu dem von der Krone berufenen Ministerium Anlaß bieten könnte"[23]).

---

[21]) Ebd., fol. 288 R—291 V.
[22]) Ebd., fol. 74 V und Bericht vom 30. November, fol. 284 V—292 V.
[23]) Ebd., fol. 284 V-R.

Das vorhandene Quellenmaterial erlaubt es nicht, ein eindeutiges Urteil über die politische Haltung der Regierung zu fällen, zumal es innerhalb des Kollegiums wohl gegensätzliche Anschauungen gegeben hat. Die geschilderten Vorfälle sprechen lediglich für die Annahme, daß die Regierung versucht hat, durch vorsichtiges Taktieren etwaigen Schwierigkeiten aus dem Wege zu gehen. Ihr Verhalten im Falle des Landrates Schlick zeigt, daß sie durchaus bereit gewesen ist, ihre Kompetenzen voll auszuschöpfen. Doch dies war ein Einzelfall, dem der Immediatbericht mit seiner Kritik an dem Zwiespalt der obersten Staatsbehörden und der verhältnismäßig harmlose Verweis der Tilsiter Behörden gegenüberzustellen sind.

Es stellt sich damit die Frage, wie das vorsichtige Taktieren der Regierung zu erklären ist. Beruhte es auf Sympathien, die man nicht offen zu äußern wagte, oder machte sich darin eine gewisse Hilflosigkeit gegenüber dem, was in jenem Jahr geschah, bemerkbar? Im ersten Fall könnte man die Regierung als liberal und verfassungsfreundlich bezeichnen. Dafür gibt es, soweit sich dies übersehen läßt, drei Hinweise. Den einen gibt Viktor von Unruh, der von 1839 bis 1843 in Gumbinnen Baurat gewesen ist und in seinen Erinnerungen dem freien, unbeeinflußten Geist des Kollegiums hohes Lob gezollt hat. Dabei ist allerdings einerseits zu berücksichtigen, daß es sich um die Zeit des Vormärz handelt, und andererseits, daß Unruhs Lob einem Kreis von Beamten gilt, dem er selbst angehört hat. Wichtig ist jedoch, daß Unruh in diesem Zusammenhang vor allem Schirmeister nennt. Einen weiteren Hinweis liefert ein anonymer Brief eines Gumbinner Beamten aus dem Jahre 1865, in dem die Haltung des Kollegiums als „eigentlich sehr liberal" bezeichnet wird. Bei diesem Urteil können die besonderen Verhältnisse der Konfliktzeit eine Rolle gespielt haben, so daß es mit aller Vorsicht zu werten ist. Und schließlich bleibt noch das Argument des Staatsministeriums für die Abberufung des Regierungspräsidenten von Saltzwedel, daß es ihm während seiner Dienstzeit nicht gelungen sei, den Gumbinner Regierungsbezirk zur Ruhe zu bringen, ein Argument, das dem Ministerium der Reaktion als Vorwand für die Beseitigung eines mißliebigen Regierungspräsidenten diente und zudem nicht einmal der Wirklichkeit entsprach[24]).

Auch die Tatsache, daß Staatsbeamte zu Abgeordneten gewählt worden sind, darf nicht überbewertet werden. Unter den im Laufe des Jahres 1848, also einschließlich der Nachwahlen, für das Frankfurter Parlament Gewählten und ihren Stellvertretern befanden sich, wenn man die Landräte

---

[24]) Vgl. dazu das Kapitel „Die Regierungspräsidenten", s. Anm. 27).

wegen ihrer besonderen Stellung nicht berücksichtigt, nur zwei Verwaltungsbeamte aus dem Regierungsbezirk Gumbinnen, Saltzwedel und Siehr. Dazu kamen noch Oberpräsident Flottwell aus Münster, der die Wahl nicht annahm, und Regierungsrat Laudien aus Königsberg. Noch deutlicher war das Ergebnis der Wahlen zur II. Kammer in Berlin, bei denen im Gumbinner Bezirk außer den Landräten Gamradt—Stallupönen und von Sanden—Ragnit keine Verwaltungsbeamten gewählt wurden[25].

Bemerkenswert ist in diesem Zusammenhang auch das politische Schicksal Saltzwedels. Ihm könnte man am ehesten unterstellen, daß er während seiner Dienstzeit in Gumbinnen versucht habe, die Verwaltung im liberalen Sinne zu beeinflussen. Dies hätte sich im Dezember 1851 auf das Ergebnis einer Nachwahl zur II. Kammer im Bezirk Oletzko/Goldap auswirken können, zumal dies Saltzwedels Heimatkreis war. Er kandidierte dort gemeinsam mit seinem Nachfolger von Byern, einem Vertreter der ultrakonservativen Richtung. Byern wurde gewählt, für Saltzwedel zählte man nur eine einzige Stimme, obwohl die Wähler durchaus nicht streng konservativ waren[26].

Eine liberale Haltung der Regierung ist nach all dem nicht zu belegen, aber auch für das Gegenteil gibt es keine Anzeichen. Es spricht demnach viel für die Vermutung, daß die Regierung sich bewußt aus der politischen Auseinandersetzung herausgehalten hat. Der Briefwechsel mit den Tilsiter Behörden zeigt jedoch, daß dieser Versuch als Unentschlossenheit und Schwäche ausgelegt worden ist, weil den Maßnahmen der Verwaltung die klare Linie gefehlt hat. Dies änderte sich erst, als die Reaktion auch in Gumbinnen gesiegt hatte. Äußeres Zeichen dafür war die Abberufung Saltzwedels und die Ernennung von Byerns zum Regierungspräsidenten. Er war ein Mann, der durch massiven Druck und eine autoritäre Amtsführung die Einheitlichkeit der Verwaltungsmaßnahmen garantierte, freilich nur so, wie er es für richtig erachtete. In seinem Kampf gegen alles Liberale war ihm jedes Mittel recht, sein Amt diente ihm letztlich nur dazu, seine politische Überzeugung auf dem Verwaltungswege durchsetzen zu können[27].

---

[25] Rep. 2 II, Nr. 2881, fol. 139 V—140 V.
[26] Ebd., fol. 204 V-R. — Die politische Einstellung der dortigen Wähler erwies sich im Herbst 1852 bei den Wahlen zur II. Kammer, die Byern als „ungemein günstig" für die Konservativen bezeichnete. Dabei bildete Goldap und Stallupönen einen Wahlbezirk, in dem zwei oppositionelle Abgeordnete gewählt wurden. Oletzko war mit Lyck und Johannisburg vereinigt worden, dort wurden Byern selbst und ein weiterer Konservativer gewählt. Das Wahlergebnis zeigt also, daß es dort durchaus genügend viele liberale Wähler gab.
[27] Vgl. „Die Regierungspräsidenten" über Byern, in: Rolf Engels: Die preußische Verwaltung von Kammer und Regierung Gumbinnen 1724—1870 (Studien zur Geschichte Preußens. 20). Köln und Berlin 1974.

Wolfgang Böhm

HERMANN WAGNER UND DIE GEOGRAPHIE AN DER UNIVERSITÄT KÖNIGSBERG

Die Entwicklung der deutschen Geographie in den letzten hundert Jahren ist eng mit dem Namen Hermann Wagner verknüpft. Bevor Wagner 1880 seine Lehrtätigkeit in Göttingen aufnahm, war er vier Jahre lang Ordinarius für Geographie an der Universität Königsberg. Dieser Zeitabschnitt in seiner akademischen Laufbahn soll hier skizziert werden — als ein Beitrag für eine noch zu schreibende Biographie dieses bedeutenden Geographen.

Hans Karl Hermann Wagner, am 23. Juni 1840 als zweiter Sohn des Physiologen und Anthropologen Rudolf Wagner (1805—1864) in Erlangen geboren, studierte Mathematik und Physik und bestand 1863 das Oberlehrerexamen. Als Hilfsassistent seines Vaters, der in Göttingen Nachfolger des berühmten Gelehrten Johann Friedrich Blumenbach geworden war, führte er die Katalogisierung der Blumenbachschen Schädelsammlung durch und promovierte 1864 mit einer Arbeit über die „Maßbestimmung der Oberfläche des großen Gehirns". Im gleichen Jahre trat er eine Lehrerstelle am Gymnasium Ernestinum in Gotha an, wo er nach kurzer Zeit auch den Erdkundeunterricht zugewiesen bekam.

Gotha war damals ein Mittelpunkt der wissenschaftlichen Geographie in Deutschland und in der Welt. In der Geographischen Anstalt von Justus Perthes wurden unter der Ägide des dynamischen August Petermann die zahlreichen Berichte der Forschungs- und Entdeckungsreisenden veröffentlicht und kartographisch bearbeitet. Hermann Wagners lebhaftes Interesse für fremde Länder und Völker bestimmte hier in Gotha seinen weiteren Lebensweg. 1868 trat er als Mitarbeiter in die Geographische Verlagsanstalt ein, ohne seine Stelle als Gymnasiallehrer aufzugeben. Dank seiner mathematischen Kenntnisse und seiner Vorliebe für Zahlen übernahm er zunächst die Bearbeitung des von dem Verlag herausgegebenen Statistischen Jahrbuches. 1872 veröffentlichte er mit Ernst Behm den ersten Band der Reihe „Die Bevölkerung der Erde". Dieses statistisch-geographische Meisterwerk begründete Wagners Ruf als den eines streng kritischen Wissenschaftlers, auf dessen Zahlenangaben man sich verlassen konnte.

1870 gab es an den deutschen Universitäten nur drei Lehrstühle für Geographie. In Berlin lehrte Heinrich Kiepert, in Breslau Carl Neumann und in Göttingen Eduard Wappäus. Ihr Lehrbetrieb bewegte sich jedoch völlig in den Bahnen der Tradition Carl Ritters und diente fast nur zur Ausbildung von Historikern. Die Denk- und Arbeitsweise Ritters hatte dazu beigetragen, daß damals auch in den Schulen Geographie noch als Hilfsfach der Geschichte angesehen wurde. Es bestand das weitverbreitete Vorurteil, daß mathematisch-naturwissenschaftlich vorgebildete Lehrer unfähig seien, geographischen Unterricht zu erteilen.

Wagner, dem 1872 der Professorentitel verliehen worden war, wandte sich entschieden gegen diese Auffassung. In einem auch heute noch lesenswerten Aufsatz[1] führte er den Nachweis, daß in dem Mangel an gut ausgebildeten Fachlehrern der Hauptgrund für das Schattendasein der Geographie an den höheren Schulen zu suchen war. Deshalb forderte er die Errichtung geographischer Lehrstühle an allen deutschen Universitäten. Dieser Aufsatz, der in aller Offenheit die Misere des geographischen Unterrichts an den höheren Schulen bloßlegte, aber auch konkrete Reformvorschläge unterbreitete, machte den damals zweiunddreißigjährigen Gymnasialprofessor auch in schulgeographischen Kreisen zu einer anerkannten Persönlichkeit.

Durch die Tätigkeit als Herausgeber grundlegender statistischer Werke und durch die schulgeographischen Aktivitäten war das preußische Kultusministerium auf Wagner aufmerksam geworden. Wenige Wochen nach dem Beschluß vom 9. März 1875, an allen preußischen Universitäten geographische Lehrstühle einzurichten, erhielt er einen Ruf, das neugeschaffene Ordinariat für Geographie an der Universität Königsberg einzunehmen. Diese Berufung, die von dem Leipziger Geographen Oscar Peschel gefördert worden ist[2], brachte bei Wagner „das ... durch Jahre zurückgehaltene akademische Blut erneut in Wallung"[3]. Sein Vater hatte kurz vor seinem Tode in einem Brief geschrieben: „Ich würde mich unendlich freuen, wenn Du Dein Leben der Geographie widmest"[4]. Der Wunsch des Vaters schien sich zu erfüllen. Hermann Wagner nahm den Ruf an, bat aber um eine

---

[1] H. Wagner: Über die wichtigste Ursache der geringen Erfolge des geographischen Unterrichts auf unseren höheren Schulen. Zeitschr. math. u. nat. Unterricht 3, 1872, 95—113.
[2] G. Engelmann, Peterm. Geogr. Mitt. 109, 1965, S. 38.
[3] H. Wagner: Selbstbiographie. Mitt. Universitätsbund Göttingen Jg. 5, Heft 2, 1924, S. 13.
[4] Ebd. S. 4.

Fristverlängerung bis Ostern 1876, um sich auf die neuen Aufgaben vorzubereiten.

Bereits im Besitz der neuen Wohnung in Königsberg, traf ihn jedoch der schwerste Schicksalsschlag seines Lebens. Seine junge Frau starb nach kurzer, schwerer Krankheit. Mit seinen drei kleinen Töchtern mußte er allein die Reise nach Königsberg antreten.

Dem menschlich tragischen Abschied aus Gotha folgte 1876 ein schwerer Anfang in Königsberg. Als einer der geographischen Autodidakten, die bei ihrer Berufung keine akademischen Lehrerfahrungen in der Behandlung geographischer Fragen besaßen, sollte Wagner nun Vorlesungen und Übungen an einer Hochschule abhalten. Da die Geographie an der Universität Königsberg bis zu seiner Berufung nur von Historikern betreut worden war, gab es für ihn keine Vorbilder. Bei der traditionellen Lehrfreiheit an den deutschen Hochschulen erhielt er auch keine Richtlinien für die inhaltliche Ausgestaltung des akademischen Unterrichtes. Wissenschaftliche Lehr- und Handbücher fehlten fast völlig. Die Vorlesungsmanuskripte mußte er direkt aus den Primärquellen erarbeiten. Vielfach verwendete er dafür die Nachtstunden, die oft nicht ausreichten, „um am anderen Tage mit voller Beherrschung des Stoffs das Katheder zu besteigen"[5].

Im Sommersemester 1876 folgten 18 Zuhörer seiner ersten akademischen Lehrveranstaltung, einer vierstündigen Vorlesung über „allgemeine Erdkunde". Die Geographiestudenten, meist Ostpreußen, waren am Anfang nicht leicht zu begeistern. „Zuweilen mit eisernem Ernst eine scherzhafte Wendung ihres fränkischen Lehrers entgegennehmend", haben sie ihm später jedoch „eine vorbildliche Treue durchs Leben bewahrt"[6].

Seine „allgemeine Erdkunde" las Wagner im Wintersemester 1878/79 ein zweites Mal. Der Zyklus seiner anderen vierstündigen Hauptvorlesungen war ein umfassender Querschnitt durch das gesamte Wissensgebiet der Geographie. Neben fünf länderkundlichen Vorlesungen über Deutschland, Europa, Asien und Amerika, hat er im Sommersemester 1879 über die „Geographische Verbreitung der Organismen" und im Wintersemester 1879/80 über Völkerkunde gelesen, die damals noch von Geographen betreut wurde. In ein- oder zweistündigen Vorlesungen behandelte er die Geschichte der Erdkunde, die Entdeckungsgeschichte Afrikas, die englischen Kolonien, die Alpen und die Methodik des geographischen Unterrichtes[7].

---

[5] Ebd. S. 13.
[6] Ebd. S. 17.
[7] Vorlesungsverzeichnisse der Königlichen Albertus-Universität zu Königsberg für die Jahre 1876—1880.

Geographische Übungen hat Wagner in fast jedem Semester durchgeführt. Er konnte sie aber erst nach zahlreichen tastenden Versuchen zu einer auch für die Studenten gewinnbringenden Form ausgestalten. Die bei den Historikern übliche Methode, gemeinsam ein klassisches Werk zu lesen und zu interpretieren, war wenig erfolgreich. Auch das Verfahren, Vorträge über selbstgewählte Themen halten zu lassen, denen sich eine Diskussion anschloß, hielt Wagner allein nicht für ausreichend. Nach seinen Erfahrungen stand die Mehrzahl der Teilnehmer den Einzelfragen fremd gegenüber und konnte bei der Besprechung der Themen nicht aktiv mitarbeiten[8]). Im Wintersemester 1879/80 führte er erstmals „Kartographische Übungen" durch, damals noch ein Novum im Universitätsunterricht.

In jenen Jahren herrschte in Deutschland noch erhebliche Unklarheit über Aufgaben, Methoden und Ziele der Geographie, obgleich die Zahl der methodischen Schriften im Vergleich zu anderen Ländern sehr groß war. Die meisten dieser methodischen Veröffentlichungen stammten jedoch von Schulgeographen, deren Darlegungen nur selten wissenschaftlichen Ansprüchen genügten, so daß sie von den Hochschulgeographen kaum zur Kenntnis genommen wurden[9]). Für die Geographie, die sich in einer stürmischen Entwicklungsepoche befand, war es aber eine Existenzfrage, daß sie sich Klarheit über ihre methodischen Grundlagen verschaffte.

Auch Hermann Wagner hatte zunächst mit diesen methodischen Schwierigkeiten zu kämpfen. Um sich selbst zu klaren Grundsätzen durchzuringen, begann er mit der Abfassung von kritisch-methodischen Berichten, in denen er sich mit den verschiedenen geographischen Methoden auseinandersetzte und seine eigenen Vorstellungen entwickelte. 1878 erschien die erste grundlegende Abhandlung über den damaligen Stand der Methodik der Erdkunde im Geographischen Jahrbuch. Zusammen mit fünf weiteren Berichten, die bis 1891 folgten, haben sie die methodische Entwicklung der Geographie entscheidend beeinflußt. Sie zählen heute zu den wertvollsten Schätzen der geographischen Disziplingeschichte.

Bereits 1876 hatte Wagner die Neubearbeitung des erfolgreichen geographischen Lehrbuches von Hermann Guthe übernommen, vor allem deshalb, um seine damals noch lückenhaften geographischen Kenntnisse zu vervollständigen. Aus diesem Buch erwuchs später in Göttingen Wagners klassisches „Lehrbuch der Geographie", das jahrzehntelang die geschlossenste und einheitlichste Zusammenfassung des wichtigsten Wissens der allgemeinen

---

[8]) H. Wagner, Geogr. Zeitschr. 25, 1919, S. 97.
[9]) H. Wagner, Geogr. Jahrb. 7, 1878, S. 551.

Geographie gewesen ist. Auch die ersten Arbeiten für den später unter dem Namen „Sydow-Wagner" erschienenen Schulatlas führte er in Königsberg durch. 1879 übernahm er noch die Herausgabe des Geographischen Jahrbuches.

Aus der Königsberger Zeit ist von den kleineren Veröffentlichungen sein Aufsatz über die Probleme beim Bau des Panamakanals[10]) hervorzuheben, in dem er die möglichen wirtschafts- und verkehrsgeographischen Auswirkungen untersuchte. Er zeigte damit an einem aktuellen Beispiel, daß die Wirtschaftsgeographie, die sich damals vorwiegend im Aufzählen von Produkten und Verkehrswegen erschöpfte, durch kritische Denk- und Arbeitsmethoden mit echtem geographischen Geist erfüllt werden konnte. Trotz dieser erdrückenden Arbeitslast führte Wagner während der Semesterferien noch sorgfältig vorbereitete Reisen in mehrere europäische Länder durch. 1878 heiratete er wieder. In Elisabeth von Arnim fand er die „charaktervolle Frau mit dem klaren Verstand und dem liebevollen Herzen", die seinen Kindern die langentbehrte Mutterliebe wiedergab und ihm bis 1918 treue Lebensgefährtin war.

Mit begeisterter Anteilnahme verfolgte Wagner die Forschungs- und Entdeckungsreisen in Afrika. Die Gründung der „Afrikanischen Gesellschaft in Deutschland", die sich das Ziel gesetzt hatte, unbekannte Gebiete Afrikas wissenschaftlich zu erforschen und sie für Kultur, Handel und Verkehr zu erschließen, wurde von ihm lebhaft begrüßt. Als die Gesellschaft 1878 einen Aufruf zur Bildung lokaler Organisationen erließ[11]), versuchte er in Königsberg einen Zweigverein zu gründen. Dieses Vorhaben, seine Lieblingsidee, scheiterte aber nach mehrmaligen Versuchen[12]).

Im Dezember 1879 war Eduard Wappäus, Professor für Geographie und Statistik an der Universität Göttingen, verstorben. Bereits im Januar 1880 erhielt Wagner den Ruf, die Nachfolge auf den freigewordenen Lehrstuhl anzutreten. Als führender Statistiker unter den deutschen Hochschulgeographen, der sich durch seine Arbeiten bereits internationales Ansehen erworben hatte, sollte er die Kontinuität der Arbeitsrichtung von Wappäus weiterführen. Fast gleichzeitig mit dem Ruf nach Göttingen erhielt er im Februar 1880 das Angebot aus Leipzig, den seit 1875 verwaisten Lehrstuhl von Oscar Peschel einzunehmen. Wagner entschied sich für Göttingen. Allein

---

[10]) H. Wagner, Der Columbuskanal in Mittelamerika. In: Deutsche Revue 4, 1879, S. 357 bis 368.
[11]) Mitt. Afrikan. Ges. in Deutschland Bd. 1, Berlin 1878/79, S. 21.
[12]) Abschiedsrede der Königsberger Studentenschaft für H. Wagner im Juli 1880. Handschr. Manuskript, Archiv Geogr. Institut Göttingen, Wa 24.

der Gedanke, an der Hochschule zu wirken, wo sein Vater über zwei Jahrzehnte in einer führenden Stellung tätig gewesen war, faszinierte ihn. Auch seine eigenen Jugenderinnerungen spielten bei seiner Entscheidung eine wichtige Rolle.

Als seinen Nachfolger in Königsberg schlug er Karl Zöppritz vor, der seit 1868 als a. o. Professor für mathematische Physik in Gießen wirkte, sich aber stark mit geographischen Problemen beschäftigt hatte. Ihn als einen weiteren Vertreter aus dem Bereich der Naturwissenschaften ganz für die Geographie zu gewinnen, lag Wagner besonders am Herzen. Zöppritz hat die nach seiner Berufung in ihn gesetzten Erwartungen voll erfüllt. Leider starb er bereits 1885 auf der Höhe seiner Schaffenskraft[13]).

Rückblickend hat Wagner die Gothaer Zeit als „Vorbereitungszeit", seine neun Semester in Königsberg aber als „die wahre Lehrzeit" für seine akademische Laufbahn bezeichnet[14]). Obgleich die Zeit zu kurz war, um „einem wissenschaftlichen Nachwuchs in größerer Zahl den Stempel aufzudrücken"[15]), reichte sie aus, einen Stamm von Fachlehrern heranzubilden, von denen einige auch in der geographischen Wissenschaft einen geachteten Namen erworben haben.

Der bedeutendste Schüler Hermann Wagners aus der Königsberger Zeit war Emil Wisotzki (1855—1899), der im Jahre 1879 mit einer Arbeit über „Die Verteilung von Wasser und Land auf der Erdoberfläche" als erster Student bei Hermann Wagner promovierte. Als Oberlehrer in Stettin trat er später mit wertvollen Arbeiten zur Geschichte und Methodik der Geographie hervor. Sein Buch „Zeitströmungen der Geographie" (Leipzig 1897) gilt heute als ein klassisches Meisterwerk in der Wissenschaftsgeschichte[16]).

Hermann Wagner hat durch seine mathematisch-naturwissenschaftliche Arbeitsweise in Königsberg für die geographische Wissenschaft richtunggebende Arbeit geleistet[17]). Sein Hauptverdienst besteht darin, daß es ihm in den vier Jahren gelang, der Geographie an der Universität Königsberg Anerkennung bei anderen Fachdisziplinen zu verschaffen, sie als eine eigenständige Wissenschaft im Fächerkanon der Hochschule fest zu verankern und sie damit endgültig aus den Fesseln der Geschichte zu lösen.

---

[13]) Nachruf von H. Wagner in: Verh. Ges. Erdkunde Berlin 12, 1885, 298—304.
[14]) H. Wagner, Geogr. Zeitschr. 25, 1919, S. 2.
[15]) H. Wagner, Selbstbiographie a. a. O., S. 17.
[16]) Bespr. v. H. Wagner in: Göttinger Gel. Anz. 1898, 403—414. Vgl. auch H. Beck in: Erdkunde 8, 1954, S. 55.
[17]) H. Wagner war bis 1920 Ordinarius in Göttingen, wo er 1929 starb. Über seine Bedeutung für die Geographie: H. Mecking, Geogr. Zeitschr. 35, 1929, 585—596 u. H. Dörries in: Niedersächsische Lebensbilder Bd. 1, Hildesheim 1939, 421—438.

Fritz Richter

ZUM THEMA „KURZGESCHICHTE"

Das zwanzigste Jahrhundert erfreut sich am Rütteln der vor langer Zeit vereinbarten Übereinstimmungen, Regeln, Gesetze. Das Rütteln ist nur der Anfang. Es dauert nicht lange, und aus dem Rütteln wird ein Kopfschütteln, ein Verwerfen. Manchmal bleibt nur noch ein Höflichkeitsetikett.

Dieses ungläubige Kopfschütteln greift in bisher verschonte Gebiete, z. B. in das Religiöse, in die Mathematik. In der „neuen Mathematik" werden die seit zweitausend Jahren „feststehenden" Lehren Euklids abgetan. Auf dem Gebiet der Literatur steht es ähnlich. Es wird versucht, alte Definitionen lockerer zu gestalten oder sie abzutun.

Man denke an den Begriff der Novelle, den wir noch als Gymnasiasten kennen mußten wie eine algebraische Regel. Das war klar, wie sie gebaut sein mußte, was sie enthalten mußte: ein besonderes Ereignis, einen großen Wendepunkt. Wer gar den „Falken"[1] nicht kannte, der war der Verachtung des Deutschlehrers preisgegeben.

Bernhard von Arx[2], Schüler des Schweizer Germanisten Emil Staiger, will nun nicht nur diesen „Falken" fortnehmen, er will auch fast jedes andere Merkmal der Novelle aufgeben. Alles, was bleibt, ist „eine Erzählung mittlerer Länge". Benno von Wiese erwidert: „Diese apodiktische Formulierung will uns aber für die Novelle nun offensichtlich doch nicht genügen"[3], und er versucht, ihr etwas mehr Charakter zuzusprechen. Noch unsicherer wird es um den Begriff „Kurzgeschichte". Hier herrscht eine andauernd sich verändernde Situation. Was vor wenigen Jahren noch

---

[1] Der „Falke" steht für den Sonderfall, der in einer Novelle beschrieben werden soll. Es ist der Falke aus dem Decamerone des Boccaccio, der Frederigo gehört und ihm neben wenigen anderen Dingen übrig geblieben ist, als er vergeblich um Monna Giovanni warb. Diese kommt ihn eines Tages unerwartet mit einer Freundin besuchen. Sie war Witwe geworden, ihr Söhnchen ist krank. Da Frederigo sehr arm ist, den Besuchenden aber doch etwas vorsetzen möchte, schlachtet er schnell den Falken und bereitet ein Mahl. Es stellt sich nachher heraus, daß die zwei Frauen zu Frederigo kamen, um den Falken zu erbitten, denn Monnas krankes Söhnchen erwünscht sich diesen Falken wie nichts anderes.
[2] Bernhard von Arx: Novellistisches Dasein, Zürich 1953.
[3] Benno von Wiese: Die deutsche Novelle, Düsseldorf 1967, I, S. 13.

als typisch festgestellt wurde, gilt nur noch zum Teil für die heutigen Kurzgeschichten[4]).

In Amerika hat man kurzen Prozeß gemacht. Hier ist die Länge der Erzählung das Ausschlaggebende: eine Prosadichtung von 2000 bis 30 000 Wörtern gilt als „short story"[5]).

Im deutschen Sprachraum ist man vorsichtiger. In der Kurzgeschichte sieht man eine literarische Form mit spezifischen Merkmalen, eine Kunstform, von einem Künstler gestaltet. In Amerika ist die „short story" erlernbar. Es gibt Universitätskurse, in denen gelehrt wird, wie man solche „stories" schreibt.

Natürlich gibt es im deutschen Sprachraum, wo die Kurzgeschichte noch als literarische Form gilt, für den Nichtfachmann keine zu klaren Unterscheidungen zwischen dem Begriff Kurzgeschichte und den Begriffen verwandter Gattungen wie Novelle, Erzählung, Anekdote. Selbst Thomas Mann nannte einige seiner kleineren Werke manchmal Novelle, manchmal Erzählung. Marcel Reich-Ranicki sagt u. a. in seiner Einleitung zu *Auch dort erzählt Deutschland* (München 1960): „So hat beispielsweise Ludwig Renn keinerlei Novellen oder Kurzgeschichten geschrieben", und gleich im nächsten Satz heißt es: „Alle Erzählungen des Dramatikers Friedrich Wolf stehen seinen Bühnenwerken nach."

Die Bezeichnungen dieser verschiedenen literarischen Prosaformen werden oft leichtfertig dahingeschrieben, ohne dem Leser Hilfe zu geben, was er damit anfangen soll. Im Folgenden soll versucht werden, das Charakteristische der heute so viel besprochenen Kurzgeschichte darzutun und, wenn nötig, soll herausgestellt werden, was sie von ähnlichen literarischen Formen unterscheidet.

Die Kurzgeschichte hat von der amerikanischen „short story" (Mark Twain, Bret Harte, William Faulkner u. a.) gelernt, ohne ihr völlig verpflichtet zu sein. Sie hat das Interesse am „gewöhnlichen Menschen"[6]) gelernt, dem hier und heute oder kürzlich etwas geschehen ist. Etwas, das nicht an den

---

[4]) Man vergleiche die Arbeiten von Hans A. Eibing: Die deutsche Kurzgeschichte, Münster 1936 — Hans Doderer: Die Kurzgeschichte in Deutschland, Wiesbaden 1953 mit neueren Arbeiten wie Hans Bender: „Ortsbestimmung der Kurzgeschichte" in Akzente, München 1962 — Walter Höllerer: „Die kurze Form der Prosa", ebenda — Ruth J. Kilchenmann: Die Kurzgeschichte, Stuttgart 1968.
[5]) Eine Prosadichtung unter 2000 Wörter ist eine „short short story" und eine Prosadichtung zwischen 30 000—50 000 Wörtern ist eine „novelette". — Übrigens sollen hier die Begriffe Kurzgeschichte und „short story" nicht unbedingt gleichgesetzt werden. Die deutsche Kurzgeschichte hat eine komplizierte Geschichte. Sie ist nicht nur etwas von den USA Übernommenes.

„Falken" Boccaccios erinnert, an die von Goethe geforderte stattgefundene, unerhörte Begebenheit. Oft wird etwas berichtet, das kaum berichtenswert erscheint, sprunghaft, nach vorn und wieder zurückhüpfend, Uhr- und Kalenderzeit mißachtend, nicht linear zu einem Höhepunkt aufsteigend, um dann schnell einem Ende zuzusausen. Doch merkt man eines: hinter diesem „gewöhnlichen" Menschen, dem dieses Gewöhnliche geschah oder geschieht, steckt der Autor. Er kämpft für seine unbedeutende Gestalt und macht sich alle Mittel zunutze, den Leser auch für diese Gestalt zu interessieren. Das muß durch etwas Neues geschehen, durch etwas Ruckhaftes. Der Leser sitzt da wie jene Menschen auf der traurigen Bank in Wolfgang Borcherts Nachkriegsgeschichte *Die Küchenuhr:* „Die auf der Bank in der Sonne saßen, sahen ihn nicht. Einer sah auf seine Schuhe und die Frau in ihren Kinderwagen." Sie sehen ihn nicht an, denn er sieht aus wie alles in jenen Trümmerjahren. Obwohl er seinem Gang nach erst gegen zwanzig Jahre alt zu sein scheint, hat er ein ganz altes Gesicht. Er hat offenbar nichts, das ihn irgendwie auszeichnet, interessant macht. Doch wird eine hinwegsehende Gestalt neugierig, denn sie sieht etwas in seiner Hand, das er voller Liebe birgt und den anderen gern zeigen möchte, eine kaputte Küchenuhr. Er gibt keine lange, erläuternde Einleitung. Er führt direkt ins Geschehen. So beginnen viele Kurzgeschichten wie überhaupt viele moderne Prosawerke jeglicher Art ohne Einleitung oder mit einem nicht erklären wollenden „offenen" Anfang. Kafkas *Verwandlung* beginnt: „Als Gregor Samsa eines Morgens aus unruhigen Träumen erwachte, fand er sich in seinem Bett zu einem ungeheuren Ungeziefer verwandelt." Uwe Johnson beginnt seine *Mutmaßungen über Jakob:* „Aber Jakob ist immer quer über die Geleise gegangen."

Auch hat die Kurzgeschichte einen „offenen" Schluß. Es fehlt ein endgültiges Ende. In der Geschichte von der Küchenuhr wissen wir nicht, was aus dem jungen Mann wird, wo er hingehen wird, wie er weiterleben wird, nachdem er das Paradies erlebte. Viele Fragen beunruhigen den Leser, der nur erfährt, was für eine Wirkung das Auftauchen des jungen Mannes auf jene gleichgültigen Menschen hatte: „Der Mann, der neben ihm saß, sah auf seine Schuhe. Aber er sah seine Schuhe nicht. Er dachte immerzu an das Paradies." Mit diesem offenen Ende, so bemerkt R. J. Kilchenmann, „hinterläßt die Kurzgeschichte im Leser eine schwebende Frage, eine Disso-

---

⁶) Das haben auch die Expressionisten u. a. getan. Doch sind ihre Gestalten Unglückliche, meistens kurz vor dem Lebensende. Verglichen mit den Gestalten der Kurzgeschichte sind es Extremfälle, manchmal Tote.

nanz, das Bewußtsein des Unzusammenhängenden, Fragmentarischen des Daseins"[7]).

Diese oft logisch oder chronologisch nicht verkettete Begebenheit der Kurzgeschichte, ein Stück herausgefetzten Alltagslebens, wird vom Autor nicht erläutert oder zerlegt. Er richtet den Zeigefinger nicht gegen den bösen Bürger, wie es zu Anfang des Jahrhunderts geschah. Von Borcherts Kurzgeschichte *Das Brot* sagt Heinrich Böll: „... ein Musterbeispiel für die Gattung Kurzgeschichte, die nicht mit novellistischen Höhepunkten und der Erläuterung moralischer Wahrheiten erzählt, sondern erzählt, indem sie darstellt"[8]).

Dargestellt wird das Geschehen durch die oft sprunghafte Handlung, durch die Aussage der Gestalten, die in ganz einfacher Weise stattfindet.

Die Kurzgeschichte mit ihrer Abgerissenheit, ihrer Intensität, ihrer Unbesorgtheit, ob es einen Anfang gibt, ein Ende, oder ob — wenn sie da sein sollten — Anfang und Ende zusammenpassen, war ein willkommenes literarisches Instrument während der Kriegsjahre und nachher. Der Krieg selbst, die Zertrümmerungen, Gefangenschaft, Heimkehr, waren etwas viel zu Monströses, um sie in eine elegante, logisch klar verknotete Erzählung zu zwingen. Obendrein kam noch die Freude hinzu, eine Kurzgeschichte wieder schreiben zu dürfen. Sie war in den Jahren der Diktatur unerwünscht. Heute erscheint sie oft zu intensiv, zu deutlich, zu direkt, zu fragmentarisch. Das liegt an dem inzwischen bequem gewordenen Leben.

Die Kriegs- und Trümmerjahre waren in mancher Hinsicht jenen Jahrzehnten ähnlich, da auch die Meisterwerke der „short story" entstanden. Das war in den Pionierjahren, dem Goldrauschjahrzehnt, als der amerikanische Westen erschlossen wurde. Der Mensch lebte dort in Gefahr. Den Naturgewalten war er ausgesetzt, den gefährlichen, neidischen Mitmenschen und den Indianern. Mark Twain and Bret Harte berichten davon. Sie haben in den „diggings" gehaust und wissen darüber. Die vielleicht bekannteste „short story" von Bret Harte ist die von den Ausgestoßenen aus Poker Flat, *The Outcasts of Poker Flat*. Sie wird heute noch auf den amerikanischen Schulen gelesen. Harte berichtet hier von Ausgestoßenen, die, aus Poker Flat vertrieben, irgendwie versuchen, nach der nächsten menschlichen Siedlung zu gelangen. Auch *The Luck of Roaring Camp* erzählt von einem in-die-Welt-Ausgestoßensein eines eben geborenen Kna-

---

[7]) siehe Anmerkung 4, S. 19.
[8]) Heinrich Böll: Erzählungen, Hörspiele, Aufsätze, Köln 1959, „Die Stimme Wolfgang Borcherts".

ben, dessen Vater man nicht kennt, dessen Mutter bei der Geburt starb. Dieser Tommy Luck wird hinausgeworfen in das brutale Leben eines verrufenen Goldgräberfeldes, wo es nur Männer gibt.

Das Ausgestoßensein, Vertriebenwerden, regte Bret Harte zu den erfolgreichsten „short stories" an. Der zweite Weltkrieg und die Situation nach 1945 mit der Vertreibung und Flucht von Millionen deutscher Menschen, haben ebenso künstlerische Menschen jene Geschehen gestalten lassen. Es ist mir bisher erst zum Teil geglückt nachzuforschen, wie reich jene Ernte an Kurzgeschichten an Zahl und Qualität war. Viele jener Erzählungen sind in unbedeutenden, heute schon fast unzugänglichen Zeitungen oder Zeitschriften erschienen, daß es noch geraumer Zeit bedürfen wird, hierin klarer zu sehen, zu urteilen. Es bedarf wohl auch keines besonderen Hinweises, daß dabei das Ausgestoßensein aus der Goldgräbergesellschaft nur in seinen Folgen mit dem Vertriebenwerden deutscher Menschen nach 1945 verglichen wird.

Friedrich Benninghoven

ANSPRACHE BEIM „BOHNENMAHL"
AM 27. APRIL 1973 IN GÖTTINGEN

Meine Herren!

Mir ist die Ehre zuteil geworden, Sie im Namen der Gesellschaft der Freunde Kants willkommen zu heißen, dessen 249. Geburtstag am vergangenen Ostersonntag wir durch unser heutiges Bohnenmahl feiern wollen. Ich danke Ihnen dafür, daß Sie in so großer Zahl zu diesem Geburtstagsfest erschienen sind, und begrüße neben den Mitgliedern unserer Gesellschaft vor allem auch die unter uns weilenden Gäste, denen ich wünsche, daß sie sich in unserer Mitte wohlfühlen werden. Unser aller Dank gilt besonders den anwesenden Mitarbeitern des Göttinger Arbeitskreises, die bei der Ausrichtung des Bohnenmahls in nun schon traditioneller Weise für unsere Zusammenkunft gesorgt haben.

Meine Herren, als sich im vorigen Jahr beim Verzehr der köstlichen Torte zu meinem freudigen Entsetzen die Bohne in meinem Munde bemerkbar machte, da dachte ich erschrocken, daß es mir wohl leichter sein müßte, besagten Mund zu halten als gerade eine Bohnenrede. Ich danke es meinen Ministern, Herrn Gesandten Köhler und Herrn Professor Schmidt, daß sie mich damals durch ihre Anwesenheit stärkten, was sie auch heute wieder in großer Freundlichkeit tun. Denn was sollte ein armer Historiker und Archivar angesichts der Fülle des Erforschten Neues zu bieten haben über Immanuel Kant, der selbst einmal der „Alleszermalmer" genannt worden ist. Doch ist in Kants eigenen Tafelrunden, deren Andenken wir pflegen, oft auch vom Geschehen seiner Zeit die Rede gewesen, und so möchte ich nachher zu Ihnen über einen Zeitgenossen und Hörer Kants sprechen, über Hermann von Boyens Ansichten zur preußisch-polnischen Frage.

Zunächst aber wollen wir des Mitglieds gedenken, das uns seit unserer letzten Zusammenkunft durch den Tod entrissen wurde. Am 16. April 1973 starb in Meran

Prof. Dr. Reinhard Wittram.

Sie haben sich zu Ehren des Heimgegangenen von Ihren Plätzen erhoben, ich danke Ihnen.

Friedrich Benninghoven

Mit Reinhard Wittram hat unsere Gesellschaft eines ihrer langjährigen Mitglieder verloren. Er wußte um die Bedeutung der Kantischen Philosophie für die östliche Geistesgeschichte ebenso, wie er dem anderen ostpreußischen Freund gerade der kleinen osteuropäischen Völker, Johann Gottfried Herder, verbunden war.

Seit 1928 hatte der am 9. August 1902 in Bilderlingshof bei Riga geborene Wittram erst als Dozent und dann als außerordentlicher Professor am Rigaer Herder-Institut gewirkt. Im Zuge der Aussiedlung der Deutschbalten wurde er 1941 nach Posen berufen, von wo er als Vertriebener 1945 nach Göttingen kam, das er von verschiedenen Gastvorlesungen bereits kannte. Anfänglich als Dozent, dann seit 1955 als Inhaber des für ihn geschaffenen Lehrstuhles für Ostgeschichte hat er bis zu seiner Emeritierung im Jahre 1970 eine fruchtbare Lehr- und Forschungstätigkeit entwickelt.

Aus seinen zahlreichen Veröffentlichungen ragt als ein großer Wurf die 2bändige Biographie Peters des Großen hervor, der ihm nach vielen Jahren Forschung und Vorarbeiten trotz eines von Krankheit geplagten Körpers gelang. Reinhard Wittram war ein Historiker der eindringenden Analyse und subtilen Gestaltungskraft. Er hat unablässig um ein Verstehen vergangener Epochen und Menschen gerungen.

Nach schwerer Erfahrung der Fehlhaftigkeit des Menschen hat er uns reife Einsichten über das Interesse an der Geschichte und den Anspruch und die Fragwürdigkeit der Geschichte hinterlassen. Er warnte vor „vorwitziger Prognostik", vor „unehrlich raunender Prophetie", und er wies darauf hin, „wie schlecht dem Menschen die Vorstellung bekommt, im persönlichen Besitz einer formulierten Wahrheit zu sein, d. h. die Vorstellung, über die ganze, ungeteilte Wahrheit verfügen zu können". Als sein persönlichstes Vermächtnis wird wohl sein Aufsatz über das öffentliche Böse und das achte Gebot zu gelten haben.

Es war ihm nicht vergönnt, befreit von den amtlichen Pflichten neue Kraft schöpfen zu können. Während eines Erholungsurlaubes in Meran ging sein Leben am 16. April zu Ende.

Als neue Mitglieder werden in diesem Jahr in unsere Gesellschaft berufen:

    Ministerialdirigent a. D. Dr. Rudolf Werner Füsslein, Bonn
    Dr. Jens Hacker, Köln
    Prof. Dr. Dietrich Rauschning, Göttingen

Ansprache beim „Bohnenmahl" am 27. April 1973 in Göttingen

Ich begrüße Sie herzlich in unserem Kreise, in dem Sie schon früher Gäste gewesen sind.

Und nun wünsche ich Ihnen allen einen gehaltvollen, heiteren und nachdenklichen Abend im Geiste des Philosophen, dessen wir heute gedenken!

Jahrbuch der Albertus-Universität Königsberg/Pr. Bd. XXIV

INHALT

	Seite
Das Recht als ein Weg zum Frieden zwischen den Völkern im Wandel der Zeit. Von Hans Werner Bracht	5
Juristischer Deutschlandbegriff und Vier-Mächte-Verantwortung. Von Friedrich Klein †	49
Die rechtliche Bedeutung der Gemeinsamen Entschließung vom 17. Mai 1972 für die Ostverträge. Von Otto Kimminich	80
Der Grundvertrag und die Einheit Deutschlands. Von Jens Hacker	106
Hat die deutsche Nation noch eine Zukunft? Von Herbert G. Marzian	127
Gedanken Hermann Ludwig von Boyens zur preußisch-polnischen Frage. Von Friedrich Benninghoven	136
Königsberg als Residenzstadt in den Jahren 1806—1809. Von Herbert Meinhard Mühlpfordt	156

Kleine Beiträge:

Die Preußische Regierung Gumbinnen im Sturmjahr 1848. Von Rolf Engels	187
Hermann Wagner und die Geographie an der Universität Königsberg. Von Wolfgang Böhm	196
Zum Thema „Kurzgeschichte". Von Fritz Richter	202
Ansprache beim „Bohnenmahl" am 27. April 1973 in Göttingen. Von Friedrich Benninghoven	207

Printed by Libri Plureos GmbH
in Hamburg, Germany